R. 2936.
H.

(Cet ouvrage, faussement attribué à Dumarsais, est du baron d'Holbach. Voy. la Biogr. univ.)

*du baron d'Holbach
ou du moins par Jacques-André
Naigeon, d'après Barbier.*

(par M. Du Marsais.)

ESSAI
SUR LES
PRÉJUGÉS,

OU,

De l'influence des opinions sur les mœurs & sur le bonheur des Hommes.

Ouvrage contenant

L'APOLOGIE
DE LA
PHILOSOPHIE

Par M^r. D. M.

Assiduitate quotidianâ & consuetudine oculorum assuescunt animi, neque admirantur, neque requirunt rationes earum rerum quas vident.

CICERO DE NAT. DEOR. LIB. II.

LONDRES
MDCCLXX.

LETTRE

DE L'AUTEUR à M. D. L.

VOUS avez paru desirer, mon cher Ami, que je donnasse plus d'étendue à ma Dissertation du Philosophe (*): c'est pour me conformer à ce desir que j'ai entrepris cet Ouvrage, dont je rens votre amitié dépositaire. Je souhaite que vous en soyez content. Vous y trouverez du moins une Apologie raisonnée de la Philosophie, de tout tems si dénigrée par les Fripons & les Sots. Avant tout, j'ai commencé par l'examen de la question; s'il est utile d'annoncer la vérité aux hommes, & si elle ne peut pas souvent leur devenir dangereuse; Problême qui m'a semblé n'avoir point été jusqu'à présent suffisamment éclairci, puisque de bons esprits paroissent encore incertains de ce qu'ils doivent en penser. C'est à vous, mon Ami,

---

(*) Cette Dissertation est de feu M. Du Marsais; elle est insérée dans un Recueil publié sous le titre de *Nouvelles Libertés de Penser*.

de juger si j'ai bien ou mal réussi quant à la forme; car pour le fond, je sçai que mes sentimens sont conformes aux votres. Dans le monde où nous sommes chacun se pique d'aimer la vérité; cependant personne ne veut l'entendre, & bien des gens condamnent ceux qui osent l'annoncer. Il est vrai que les Apôtres du mensonge paroissent devoir encore longtems être ici-bas les plus forts: voilà, sans doute, pourquoi communément l'on s'imagine que la raison a tort. Elle n'est point faite pour avoir tort auprès de vous; vous la cultivez, vous cherchez la vérité, & en dépit de l'envie vous aimez la philosophie; ainsi celui qui prend en main leur cause a des droits sur votre amitié........

Je suis. &c.   D. M.

   Paris le 7 Mars 1750

ESSAI
SUR LES
PRÉJUGÉS.

SOMMAIRE DE L'OUVRAGE.

*L'*ignorance, les erreurs & les préjugés des hommes sont les sources de leurs maux. La vérité en est le remede. Apologie de la Philosophie. De son utilité dans la Politique & la Morale. De l'influence des préjugés religieux & politiques sur les mœurs des hommes ; ils ont besoin de lumieres pour être heureux & vertueux. La vérité doit tôt ou tard triompher de l'erreur.

CHAPITRE I.

De la Vérité; de son utilité; des sources de nos Préjugés.

SI la nature de l'homme l'oblige dans chaque instant de sa durée de tendre vers le bonheur, ou de chercher à rendre son existence agréable, il lui est avantageux d'en trouver les moyens & d'écarter les obstacles qui s'opposent à sa pente naturelle. Cela posé, la vérité est nécessaire à l'homme, & l'erreur ne peut jamais lui être que dangereuse. ,, La vérité, dit Hobbes, n'intéresse les ,, hommes que parce qu'elle leur est ,, utile & nécessaire: les connoissances ,, humaines pour être utiles doivent être ,, évidentes & vraies: il n'est point ,, d'évidence sans le témoignage de nos ,, sens: toute connoissance qui n'est point ,, évidente n'est qu'une opinion."

L'opinion est la reine du monde. ,, Nos ,, volontés, dit le même Philosophe, ,, suivent nos opinions, & nos actions sui- ,, vent nos opinions; voilà comment le ,, monde est gouverné par l'opinion."

Mais l'opinion n'est que la vérité ou la fausseté établie sans examen dans l'esprit des mortels; les opinions universelles sont celles qui sont généralement admises par les hommes de tout pays; les opinions nationales sont celles qui sont adoptées par des nations particulieres. Comment distinguer si ces opinions sont vraies ou fausses? C'est en recourant à l'expérience & à la raison, qui en est le fruit; c'est en examinant si ces opinions sont réellement & constamment avantageuses au grand nombre; c'est en pesant leurs avantages contre leurs désavantages; c'est en considérant les effets nécessaires qu'elles produisent sur ceux qui les ont embrassées & sur les Etres avec qui ils vivent en société.

Ainsi ce n'est qu'à l'aide de l'expérience que nous pouvons découvrir la vérité. Mais qu'est-ce que la vérité? C'est la connoissance des rapports qui subsistent entre les Etres agissant les uns sur les autres; ou, si l'on veut, c'est la conformité qui se trouve entre les jugemens que nous portons des Etres & les qualités que ces Etres renferment réellement. Lorsque je dis que *le fanatisme est un mal*, je dis une vérité, confirmée par l'expérience de tous les siecles, & sentie par tous ceux que leurs préjugés n'empêchent point de connoître les rapports subsistans entre des hommes réunis en société, où tout nous prouve que les opinions religieuses ont produit de tout tems les plus affreux ravages. Lorsque je dis que *le Despotisme est un abus funeste & destructeur*, je dis une vérité, vu que l'expérience de tous les âges nous prouve invinciblement qu'un pouvoir arbitraire est nuisible & aux peuples sur qui on l'exerce, & à ceux par qui ce pouvoir est exercé. Lorsque je dis que *la vertu est nécessaire aux hommes*, je dis une vérité, fondée sur les rapports constans qui subsistent entre les hommes, sur leurs devoirs réciproques, sur ce qu'ils se doivent à eux-mêmes en conséquence de leur tendance vers le bonheur.

Socrate disoit *que la vertu & la vérité étoient la même chose*. Il eût parlé plus juste s'il eût dit que la vertu est une suite de la vérité ; celle-ci en nous découvrant nos rapports, ou les liens qui nous unissent avec les Êtres de notre espece, & le but que nous nous proposons à chaque instant, nous fait connoître la nécessité de nous conduire de la maniere la plus propre à mériter l'affection, l'estime & les secours des Etres dont nous avons un besoin continuel, & de nous abstenir également de ce qui pourroit leur déplaire ou se tourner contre nous-mêmes.

Nous voyons donc que dès le premier pas la vérité nous montre combien la vertu est nécessaire à un Etre rempli de besoins, vivant en société, pour se mettre à portée de les satisfaire avec facilité. La vertu n'est autre chose qu'une disposition permanente à faire ce qui est solidement utile aux Etres de l'espece humaine & à nous-mêmes. ,, La vérité, ,, dit Wollaston, n'est que la conformité à la nature; ainsi en suivant la ,, vérité l'on ne peut jamais combattre ,, la nature. '' Zénon a dit avant lui que la perfection de l'homme consistoit à vivre conformément à la nature qui nous conduit à la vertu. Enfin Juvenal nous dit que jamais la raison ne nous parle un langage différent de celui de la nature. (*)

C'est donc dans la nature même de l'homme qu'il faut puiser la vérité: c'est la vérité qui nous conduit à la vertu: la vertu n'est que l'utilité constante & véri-

---

(*) *Nunquam aliud natura, aliud sapientia dicit.*
JUVENAL. Satyr. 14. vers. 321.

table des Etres de l'espece humaine; sans la vertu ils tendroient inutilement au bonheur. D'où il faut conclure que sans la vérité les hommes ne peuvent être ni vertueux ni heureux, & par conséquent que la vérité sera toujours le plus preffant des besoins pour des Etres deftinés à vivre en société.

Ce que nous appellons la raison n'est que la vérité découverte par l'expérience, méditée par la réflexion, & appliquée à la conduite de la vie. A l'aide de la raison nous diftinguons ce qui nous peut nuire de ce qui peut nous être utile, ce que nous devons chercher ou fuir. L'expérience nous fait connoître ce qui nous eft avantageux réellement & pour toujours, & ce qui n'a pour nous que des avantages frivoles & paffagers; en conféquence la raison nous décide en faveur de ce qui peut nous procurer le bonheur le plus durable & le plus permanent; c'est celui qui convient le mieux à un Etre forcé par fa nature à defirer conftamment une exiftence heureuse. Ainfi fans la vérité l'homme n'a ni expérience ni raison; il n'a point de regle sûre, il marche au hazard dans le sentier raboteux de la vie, il demeure dans une enfance perpétuelle; il est la victime de ses Préjugés, c'est-à-dire des jugemens qu'il porte ou des opinions qu'il adopte avant d'avoir examiné. Son imprudence finit toujours par le rendre malheureux ; dupe de ses jugemens inconsidérés il n'a des idées vraies de rien, il marche d'erreurs en erreurs, il est à chaque pas le jouet infortuné de son inexpérience propre ou du caprice des aveugles qui le guident. (*)

En effet parmi les Etres qui s'appellent *raisonnables* par excellence nous en trouvons très-peu qui fassent usage de la raison. Le genre humain entier est de race en race la dupe & la victime de ses préjugés en tout genre. Méditer, consulter l'expérience, exercer sa raison, l'appliquer à sa conduite sont des occupations inconnues du plus grand nombre des mortels. Penser par soi-même est pour la plupart d'entre eux un travail aussi pénible qu'inusité ; leurs passions, leurs affaires, leurs plaisirs, leurs tempéramens, leur paresse, leurs dispositions naturelles les empêchent de cher-

(*) Si, comme on vient de dire, le *préjugé est un jugement porté avant d'examiner*, il est clair que toutes les opinions religieuses & politiques des hommes ne sont que des *préjugés*, vû qu'ils ne peuvent examiner les premieres sans crime, & les dernieres sans danger.

cher la vérité ; il est rare qu'ils sentent assez vivement l'intérêt qu'ils ont de la découvrir pour s'en occuper sérieusement ; ils trouvent bien plus commode & plus court de se laisser entraîner par l'autorité, par l'exemple, par les opinions reçues, par les usages établis, par des habitudes machinales. (*) L'ignorance rend les peuples crédules ; leur inexpérience & leur incapacité les oblige d'accorder une confiance aveugle à ceux qui s'arrogent le droit exclusif de penser pour eux, de régler leurs opinions, de fixer leur conduite & leur sort. Ainsi accoutumés à se laisser guider, ils se trouvent dans l'impossibilité de savoir où on les mene, de démêler si les idées qu'on leur inspire sont vraies ou fausses, utiles ou nuisibles. Les hommes qui se sont mis en possession de régler les destinées des autres, sont toujours tentés d'abuser de leur crédulité ; ils trouvent pour l'ordinaire des avantages momentanés à les tromper; ils se croyent inté-

---

(*) *Pauci sunt qui consilio se suâque disponant; cæteri eorum more quâ fluminibus innatant, non eunt, sed feruntur.* Senec. Epist. XXIII. Il dit ailleurs, *Qui pecorum ritu sequuntur antecedentium gregem, pergentes, non quà eundum est sed quà itur.*

Seneca de Vitâ Beatâ C. I.

resſés à perpétuer leurs erreurs ou leur inexpérience ; ils se font un devoir de les éblouir, de les embarrasser, de les effrayer sur le danger de penser par eux-mêmes & de consulter la raison; ils leur montrent les recherches qu'ils pourroient faire comme inutiles, criminelles, pernicieuses ; ils calomnient la nature & la raison; ils les font passer pour des guides infideles ; enfin à force de terreurs, de mysteres, d'obscurités, & d'incertitudes, ils parviennent à étouffer dans l'homme le desir même de chercher la vérité, à écraser la nature sous le poids de leur autorité, à soumettre la raison au joug de leur fantaisie. Les hommes sentent-ils des maux & se plaignent-ils des calamités qu'ils éprouvent, leurs guides leur donnent habilement le change & les empêchent de remonter à la vraie source de leurs peines, qui se trouve toujours dans leurs funestes préjugés.

C'est ainsi que les ministres de la Religion, devenus en tout pays les premiers Instituteurs des peuples, ont juré une haine immortelle à la raison, à la science, à la vérité. Accoutumée à commander aux mortels de la part des Puissances invisibles qu'elle suppose les arbitres de leurs destinées, la Superstition les accable de craintes, les étourdit par ses merveilles, les enlace par ses mysteres, tour à tour les amuse & les effraye par ses fables. Après avoir ainsi préoccupé & dérouté l'esprit humain, elle lui persuade facilement qu'elle seule est en possession de la vérité; qu'elle fournit seule les moyens de conduire au bonheur, que la raison, l'évidence & la nature sont des guides qui ne pourront mener qu'à la perdition les hommes qu'elle assure aveuglés par leur essence & incapables de marcher sans sa lumiere divine. Par ce lâche artifice on leur montre leurs sens comme infideles & trompeurs, l'expérience comme suspecte, la vérité comme impossible à démêler, comme environnée de ténebres épaisses, tandis qu'elle se montre sans peine à tout mortel qui veut écarter les nuages dont l'imposture s'efforce de l'environner.

Le gouvernement, par-tout honteusement ligué avec la superstition, appuye de tout son pouvoir ses sinistres projets. Séduite par des intérêts passagers, dans lesquels elle fait consister sa grandeur & sa puissance, la Politique se croit obligée de tromper les peuples, de les retenir dans leurs tristes préjugés, d'anéantir dans tous les cœurs le desir de s'instruire & l'amour de la vérité. Cette Politique, aveugle & déraisonable elle-même, ne veut que des sujets aveugles & privés de raison; elle hait ceux qui cherchent à s'éclairer eux-mêmes, & punit cruellement quiconque ose déchirer ou lever le voile de l'erreur. Les secousses effrayantes que si souvent les préjugés populaires ont excitées dans les Empires, ne font point capables de détromper les Chefs des peuples; ils s'obstinent à regarder l'ignorance & l'abrutissement comme utiles; la raison, la science, la vérité, comme les plus grands ennemis du repos des nations & du pouvoir des Souverains.

L'éducation, confiée aux ministres de la superstition, ne semble par-tout se proposer que d'infecter de bonne heure l'esprit humain d'opinions déraisonnables, d'absurdités choquantes, de terreurs affligeantes; dès le seuil de la vie l'homme s'abbreuve de folies; il s'habitue à prendre pour des vérités démontrées une foule d'erreurs qui ne seront utiles qu'aux imposteurs, dont l'intérêt est de le façonner au joug, de l'abrutir, de l'égarer pour en faire l'instrument de leurs passions & le soutien de leur pouvoir usurpé. Par-là les Sociétés se remplissent d'ignorans fanatiques & turbulens, qui ne connoissent rien de plus important que d'être aveuglément soumis aux décisions capricieuses de leurs guides spirituels, & d'embrasser avec chaleur leurs intérêts, toujours contraires à ceux de la Société.

Après s'être ainsi dès l'enfance empoisonné dans la coupe de l'erreur, l'homme tombe dans la Société ; là il trouve tous ses semblables imbus des mêmes opinions, qu'aucun d'entre eux ne s'est donné la peine d'examiner ; il s'y confirme donc de plus en plus ; l'exemple fortifie chaque jour ses préjugés en lui ; il ne lui vient pas même dans l'esprit de s'assurer de la solidité des principes, des institutions, des usages qu'il voit revêtus de l'approbation universelle ; en conséquence il ne pense plus, il ne raisonne plus, il s'obstine dans ses idées : si par hazard il entrevoit la vérité, il referme aussitôt les yeux, il s'accommode à la façon de penser générale ; entouré d'insensés, il craindroit le ridicule, le blâme ou les châtimens, s'il ne partageoit point le délire épidémique.

Voilà comment tout conspire en ce monde à dépraver la raison humaine, à étouffer la lumiere, à mettre l'homme en garde contre la vérité. C'est ainsi que les mortels sont devenus par leur imprudence les complices de ceux qui les aveuglent & les tiennent dans les fers. C'est en les trompant au nom des Dieux que les Prêtres sont parvenus à les rendre étrangers à la raison, dupes de l'ignorance, opiniâtrément opposés à l'évidence, ennemis de leur propre repos & de celui des autres. Les oppresseurs de la terre ont profité de leurs préjugés religieux pour s'arroger le droit cruel de les fouler aux pieds, de les dépouiller, de les sacrifier à leurs fantaisies. Par une suite de leurs opinions extravagantes les hommes sont par-tout plongés dans la servitude; ils baisent humblement leurs chaînes; ils se croyent obligés de souffrir sans murmurer; ils perdent l'idée même de jamais voir cesser les miseres, sous lesquelles ils se persuadent que le ciel les condamne à gémir ici-bas.

Les mortels ainsi égarés par la terreur, avilis & découragés par leurs préjugés religieux & politiques, ne sont par-tout que des enfans sans raison, des esclaves pusillanimes, inquiets, malfaisans. Leurs opinions sacrées les rendent arrogans, entêtés, turbulens, séditieux, intolérans, inhumains; ou bien ces mêmes opinions, suivant leurs tempéramens, les jettent dans le mépris d'eux-mêmes, dans l'apathie, dans une honteuse léthargie, qui les empêchent de songer à se rendre utiles. Leurs préjugés politiques les font dépendre le plus souvent d'un pouvoir inique, qui les divise d'intérêts, qui les met en guerre les uns avec les autres, qui ne répand ses faveurs que sur ceux qui secondent ses vues pernicieuses.

D'où l'on voit que les mobiles les plus puissans conspirent à briser les nœuds qui devroient unir le Citoyen à la Société & aux Etres qui l'environnent. Ce n'est pas encore tout, il est perpétuellement enivré de mille objets futiles, desquels l'opinion l'accoutume dès l'âge le plus tendre à faire dépendre son bonheur: en conséquence il devient ambitieux, il soupire pour des distinctions frivoles, pour des grandeurs puériles, il brûle de s'élever au dessus des autres, il desire ardemment des places qui le mettent à portée de vexer & d'opprimer impunément; il se croit malheureux quand il ne lui est point permis de prendre part aux dépouilles de sa patrie. Dévoré d'une soif inextinguible pour les richesses, il ne croit jamais pouvoir en acqué-

PRÉJUGÉS. Chap. I.　15

rir assez pour satisfaire l'inconstance de ses passions, de son luxe, de ses fantaisies; il porte envie à tous ceux que l'opinion du vulgaire imbécille lui fait regarder comme plus heureux & plus favorisés que lui, il cherche à s'égaler à eux, à les imiter, à les supplanter; il emploie pour réussir la ruse, la fourberie, la trahison, le crime; il se croit tout permis pour devenir heureux; & les opinions de ses Concitoyens, toujous favorables aux succès, l'encouragent à la perversité, ou étouffent bientôt en lui les remords passagers que pourroient lui causer ses forfaits. D'ailleurs il voit partout le crime honoré, approuvé, autorisé, récompensé par le pouvoir suprême, applaudi par la voix publique, légitimé, pour ainsi dire, par le consentement tacite d'une Société qui n'ose point réclamer. (*)

Corrompu par tant de causes, le Citoyen n'est point tenté de régler sa conduite; il voit le vice, le déréglement,

---

(*) L'illustre Président de Thou dit dans la Préface de son histoire „qu'un Etat est perdu, dès „ que ceux qui gouvernent ne distinguent plus les „ gens de bien des méchans." *Eam civitatem interire necesse est, cujus præfecti probos ab improbis discernere nesciunt.*

l'indécence, la débauche respectés dans les grands; il voit la dissolution, les voluptés honteuses, la corruption des mœurs traitées de bagatelles & incapables de nuire à la réputation, à l'avancement, à la fortune; il voit l'oppression, l'injustice, la rapine & la fraude regardées comme des moyens naturels de parvenir; enfin il voit la religion toujours prête à laver tous les forfaits & à tout pardonner au nom de la Divinité. Dès-lors, rassuré pour ce monde & pour l'autre, l'homme ne connoît plus de frein; l'usage & les exemples de tant de criminels heureux, calment les cris de sa conscience importune, il est sans mœurs, & dans la Société depuis les chefs jusqu'aux derniers des sujets l'on ne trouve qu'une chaîne immense de vices, qui forme une barriere impénétrable à la raison.

La science, les talens, les connoissances utiles ne sont pas moins négligés que les mœurs. La naissance, le crédit, l'opulence, la faveur, l'intrigue, la bassesse étant les seuls moyens de parvenir aux places, personne ne se trouve intéressé à se procurer à grande peine les lumieres nécessaires pour les remplir. D'ailleurs les dépositaires de l'autorité, très-

très-souvent incapables, négligens, corrompus eux-mêmes, ne sont point en état d'apprécier le mérite dans les autres ; ils le dédaignent, ils le haïssent ; le génie leur fait ombrage ou leur semble ridicule ; la probité les gêne & les condamne, la vertu leur déplaît. Ainsi les grands talens sont le partage de quelques hommes obscurs, qui deviennent des objets de haine & de mépris pour la grandeur hautaine ; elle ne répand les bienfaits que sur des ames rampantes, à qui la fraude, la lâcheté, la souplesse, la complaisance tiennent lieu de mérite & de capacité. Ainsi le sort des nations est communément livré à des mains incapables & souillées ; la félicité des peuples est immolée aux caprices de quelques enfans remplis de vanité & de folie, qui se transmettent les uns aux autres le droit exclusif de se jouer de la patrie, que leur inexpérience conduit aussi sûrement à sa ruine que leur méchanceté.

Il est donc évident que l'ignorance est la source commune des erreurs du genre humain ; ses préjugés sont les vraies causes des malheurs qui l'assiégent de toutes parts ; ses guides spirituels l'allarment, l'inquiétent, le rendent frénétique, ou bien étouffent son énergie jusque dans le fond de son ame: ses guides temporels l'asserviffent, l'oppriment, le corrompent & croyent avoir tout gagné quand ils régnent sur des misérables. Ainsi l'état de société, qui sembloit destiné à multiplier les biens & les plaisirs de l'homme, n'est qu'un fléau pour lui; il y vit plus malheureux que dans l'état sauvage.

CHAPITRE II.

La Vérité est le remede des maux du genre humain. De la raison, & des avantages qu'elle procure.

IL est évident que la faculté de communiquer ses idées est un des plus grands avantages que la Nature ait donné aux Etres de l'espece humaine; c'est à cette faculté que la société est redevable de ses douceurs. A l'aide de la parole les hommes rassemblés sont à portée de se faire part de leurs expériences, de leurs découvertes, de leurs conseils, de leurs secours. C'est ainsi qu'en mettant en commun leurs forces, leurs réflexions, leurs talens, ils font bien plus en état de repousser les maux & de se procurer des biens que s'ils vivoient isolés ou séparés les uns des autres. Ainsi la libre communication des idées est essentielle à la vie sociale. L'homme qui ment ou qui trompe trahit la société; celui qui lui refuse ses talens & les vérités qui lui sont nécessaires, est un membre inutile; celui qui met obstacle à la communication des idées est un Ennemi public, un violateur impie de l'ordre social, un Tyran qui s'oppose au bonheur des humains.

C'est dans la vérité qu'il faut chercher les moyens de multiplier les biens & d'écarter les maux de la société: la vérité, librement communiquée, peut seule perfectionner la vie sociale, civiliser les hommes, amortir en eux l'esprit farouche & sauvage, rectifier les opinions qui les rendent vicieux, insensés, imprudens, & qui souvent les replongent dans leur stupidité & leur férocité primitives. Cette vérité fera rougir tout citoyen raisonnable & policé de ces fables puériles dont les nations dans leur enfance se sont follement abbreuvées; devenu plus sensé & moins crédule, il sentira l'imutilité de ces dogmes inintelligibles, de ces mysteres inconcevables, dont le Sacerdoce s'est servi de tout tems pour redoubler les ténebres des habitans de la terre, & pour les tromper sur la vraie cause de leurs maux ; il reconnoîtra la cruelle folie de ces nations qui cent fois se sont égorgées pour des systêmes absurdes qu'elles ne comprenoient point. Enfin plus éclairé, plus prudent & plus doux, l'homme sociable se convaincra du danger de ces Religions qui si souvent ont été les prétextes des animosités, des persécutions, des violences, des carnages, des révoltes, des assassinats & de tous ces excès également funestes pour les nations & pour ceux qui les gouvernent.

La vérité rectifiera pareillement les opinions fausses que les peuples se sont faites sur la politique. L'expérience les convaincra du danger de confier un pouvoir arbitraire & sans bornes à des hommes qu'une puissance démesurée doit nécessairement précipiter dans le vice & la licence. Les sociétés reconnoîtront qu'elles ne se sont formées que pour augmenter leur bien-être ; qu'elles ont consenti à être gouvernées pour obtenir plus aisément le but qu'elles se proposent, & non pour procurer à quelques citoyens la faculté de les accabler sous le poids d'un pouvoir, qu'on ne peut regarder que comme une usurpation & une violence dès qu'il cesse de faire jouir les nations de la liberté, de la propriété, de la sureté. Cette vérité fera sentir à ces Princes que ce despotisme destructeur, pour lequel on les voit partout soupirer, ne sert qu'à creuser plus ou moins promptement le tombeau commun des Souverains & des sujets. Cette vérité leur prouvera la futilité d'une politique qui se fait un principe de tromper les peuples, de les asservir à des Prêtres, de donner à ceux-ci le droit exclusif de les instruire ou plutôt de les aveugler. (*) Cette vérité fera connoître à ces Souverains la cruelle extravagance dont ils se rendent coupables en se mêlant des querelles excitées par les plus méchans, les plus trompeurs, les plus turbulens de leurs sujets, elle leur

―――――――――――――――――――――

(*) Les Chefs de la société ne semblent point faire attention au pouvoir immense que la prédication donne au Clergé. Des milliers d'hommes, uniquement attachés aux intérêts de leur corps, sont à portée de remuer les passions de tout un peuple, & l'expérience nous prouve que souvent leurs harangues sacrées ont donné aux peuples superstitieux le signal de la révolte. L'Auteur d'Hudibras appelle la chaire *le tambour Ecclésiastique*,

prouvera qu'ils agiffent directement contre leurs propres intérêts & contre ceux de l'Etat ; quand ils ont l'injuftice de perfécuter, de violenter la penfée, de tourmenter des citoyens utiles pour des fyftêmes dignes de mépris. Cette vérité convaincra les mêmes Souverains qu'en travaillant à la grandeur du Sacerdoce, en le comblant de richeffes, d'honneurs, de prérogatives, ils ne font que diminuer leur propre puiffance & fufciter à leur autorité propre une autorité rivale, que l'expérience de tous les âges montre affez forte pour ébranler & renverfer les trônes.

En un mot quand les Princes de la terre confulteront la vérité, ils fentiront que leurs vrais intérêts font les mêmes que ceux des peuples qu'ils gouvernent ; ils fe détromperont de l'utilité fauffe & paffagere du menfonge ; ils trouveront dans l'équité les fondemens du pouvoir le plus folide ; dans la vertu la vraie bafe des Empires ; dans les lumieres & la raifon des nations les vrais remedes contre leurs maux ; dans la déftruction des préjugés des reffources abondantes ; dans le bonheur de leurs fujets les appuis les plus fermes de la grandeur réelle, de la puiffance véritable, de la fureté permanente des Souverains; dans une tolérance universelle & dans la liberté de penser le préservatif assuré contre les révolutions, les fureurs, les guerres, les attentats que la superstition & le fanatisme ont de tout tems produit sur la terre.

Guidés par la vérité, les chefs des nations sentiront les dangers & les conséquences fatales qui accompagnent à présent toutes les institutions humaines; pour lors l'utilité réelle & permanente de la Société sera la mesure invariable de leurs jugemens sur les loix, sur les coutumes, sur les usages, sur les opinions, sur les mœurs des hommes. En un mot ils reconnoîtront qu'il n'est point d'erreur qui n'ait des suites funestes; qu'il n'est point de préjugé qui ne produise tôt ou tard les effets les plus nuisibles & les plus étendus; enfin qu'il n'est point de folie qui ne se punisse elle-même. (*)

L'habitude a tellement identifié l'esprit humain avec les erreurs sans nombre dont il est le jouet, que des personnes très-éclairées d'ailleurs semblent quelquefois douter s'il est utile & sage de dire la vérité, & si l'on ne feroit pas plus

---

(*) *Omnis stultitia laborat fastidia sui.*

SENEC.

de mal que de bien aux hommes en les détrompant de leurs préjugés. Pour peu que l'on réfléchisse, l'on trouvera facilement la solution de ce problême, & l'on sera forcé de reconnoître que douter des avantages de la vérité, c'est douter s'il vaut mieux pour eux d'être heureux que malheureux, raisonnables qu'insensés, vertueux que vicieux, paisibles que furieux : c'est douter si les mortels marcheront plus sûrement au grand jour que dans les ténèbres; c'est douter s'il leur est plus avantageux de connoître les maux compliqués dont ils souffrent & d'y porter les remedes convenables, que de languir & de périr des calamités durables qui les minent à leur insçu.

Les hommes ne sont par-tout si corrompus & si malheureux que parce que tout conspire à leur cacher la vérité. L'erreur, l'ignorance, les préjugés sont évidemment les sources du mal moral, ou de la perversité générale que l'on voit régner dans le monde. Ce mal moral devient à son tour une source intarissable de maux physiques dont des nations entieres sont chaque jour les victimes déplorables. D'où viennent ces carnages, ces guerres continuelles, ces férocités indignes d'Etres raisonnables dont notre globe est perpétuellement ensanglanté? Ces désordres si révoltans sont dus aux idées fausses que des Souverains & des peuples entiers se sont faites de la gloire; les Princes s'énervent pour acquérir de la puissance; ils s'appauvrissent dans l'idée d'augmenter leurs richesses; ils immolent des millions d'hommes pour se procurer des forces; dans toutes leurs entreprises ils semblent tourner le dos à la félicité vers laquelle ils croyent s'acheminer. A quelle cause sont dues ces disettes, ces campagnes incultes & stériles, ces habitans languissans dans la faim & la misere, ces dépopulations, ces contagions? C'est à l'ambition, à la négligence, à l'avidité de ces chefs qui ont la folie de prétendre être opulens, puissans considérés à la tête d'un peuple réduit à la mendicité & découragé par des injustices multipliées. Quelle est la source de ces passions effrénées qui font que tant de Souverains ne semblent occupés que des moyens de rendre de jour en jour leurs sujets plus malheureux? C'est l'ignorance où ils sont de l'art de gouverner, des liens qui les unissent à leurs concitoyens, des devoirs qui sont les appuis réciproques des nations & de leurs chefs ; c'est la flatterie de ceux qui les entourent & qui profitent des dépouilles de leurs concitoyens ; ils se servent du Souverain, qu'ils prennent soin d'aveugler, comme d'un instrument pour écraser les peuples & l'abbreuver de leur sang. Comment les peuples semblent-ils consentir à tous les maux qu'on leur fait ? Quelle cause est assez puissante pour les forcer à se laisser piller, opprimer & conduire à la mort ? Cette merveille est due à la superstition ; elle tranforme aux yeux des peuples les Princes les plus méchans en des Divinités, faites pour suivre impunément tous leurs caprices, & pour disposer arbitrairement du sort de la race humaine. Par quel renversement, des Prêtres oisifs, querelleurs, factieux jouissent-ils de la considération, des priviléges, de l'opulence au milieu des sociétés indigentes qu'ils dévorent ? C'est que des Princes & des peuples également superstitieux s'imaginent que ces hommes merveilleux sont indispensablement nécessaires à leur bien-être ; c'est que des Despotes aveugles ont besoin de leurs mensonges pour tenir leurs sujets sous le joug. Enfin pourquoi les nations se trouvent-elles remplies d'hommes pervers ? C'est que l'éducation n'en fait que des esclaves ; c'est que l'exemple, l'habitude, l'opinion, l'usage, l'autorité conspirent à les rendre méchans ; c'est que l'erreur leur montre un bien-être imaginaire dans des objets qu'ils ne peuvent se procurer qu'en se déchirant les uns les autres. (*)

Ce sont donc visiblement les préjugés des hommes qui les éloignent à chaque pas de la félicité vers laquelle ils croyent tendre sans cesse. La religion leur montre leur bonheur dans les régions de l'Empyrée ; à force de prestiges & de fables elle empêche l'homme d'appercevoir la route facile que la nature lui présenteroit, si au lieu de fixer obstinément ses yeux vers le ciel il consentoit à regarder à ses pieds. Quand par hazard cette religion lui montre des vérités, elles sont toujours entremêlées de mensonges & de fictions propres à rendre ses principes incertains. En fondant la morale sur la volonté des Dieux, elle la fonde réellement sur l'autorité de quelques fourbes qui se chargent de parler au nom de ces Puissances invisibles, qui leur font toujours tenir le lan-

(*) *Id honestum putant quod à plerisque laudatur.*
CICERO.

gage le plus conforme à leurs propres intérêts, & souvent le plus contraire au bien-être de la société.

Ainsi tout nous prouve l'importance de guérir les mortels de leurs préjugés religieux, qui font naître leurs préjugés politiques, tandis que ceux-ci corrompent leurs mœurs en obscurcissant la connoissance des rapports qui subsistent entre eux. Les hommes ne sont si malheureux, si vicieux, si divisés d'intérêts, si inconsidérés dans leurs passions, si lâchement soumis à leurs tyrans religieux & politiques, si étrangers à la vérité, si ennemis du bien qu'on veut leur faire que parce que dès l'enfance on leur met un bandeau sur les yeux auquel la tyrannie les empêche de jamais porter la main ; ils sont forcés de rester aveugles, afin de ne point appercevoir les abîmes où des aveugles se croyent intéressés de les conduire ; ils chérissent leurs erreurs parce que leurs superstitions, leurs gouvernemens, leurs loix, leurs opinions, les exemples journaliers les apprivoisent avec elles, & leur montrent du danger à vouloir s'en défaire. La vérité leur seroit chere si on leur permettoit d'être raisonnables ; ils seroient raisonnables s'ils connoissoient leurs véritables intérêts ; ces guides qui les trompent aujourd'hui, s'ils n'étoient point eux-mêmes aveuglés par des préjugés, sentiroient que leur intérêt propre est de suivre la raison, de chercher la vérité, & de la montrer aux autres, ce qui leur donneroit un ascendant bien plus sûr & plus durable que celui qui n'est dû qu'au mensonge & aux prestiges de l'opinion.

Presque en tout tems & en tout pays les hommes sentent qu'ils sont malheureux, mais ne sachant à qui s'en prendre de leurs maux, quand ils sont portés à l'excès, ils aiguisent leurs couteaux & s'en frappent les uns les autres ; enfin lassés de répandre du sang, ils s'arrêtent, & sont tout surpris de voir que leurs maux au lieu de diminuer n'ont fait que s'aggraver & se multiplier. Faute de connoître les remedes qu'ils pourroient y appliquer, ils recommencent bientôt à se frapper de nouveau. C'est ainsi que nous voyons souvent les peuples par des révoltes, des massacres, des guerres civiles se venger d'un Tyran qui les opprime pour tomber entre les mains d'un Tyran nouveau, qui leur avoit fait espérer la fin de leurs miseres. C'est ainsi que des nations fatiguées d'une superstition incommode & violente l'abandonnent quelquefois pour en adopter une plus douce, qui finit bientôt par les plonger dans de nouvelles disputes & de nouvelles fureurs, souvent pires que les premieres. En un mot nous voyons par toute la terre les hommes faisant des efforts pour adoucir leur sort sans jamais y parvenir. Ils ne cessent de s'égorger que quand la vérité s'est montrée. En effet le caractere distinctif de la vérité est d'être également & constamment avantageuse à tous les partis, tandis que le mensonge, utile pour quelques instans seulement à quelques individus, est toujours nuisible à tous les autres.

C'est l'apparence du vrai que l'homme adore dans le mensonge; il n'aime ses erreurs que parce qu'on les lui montre sous les traits de la vérité; il n'est attaché aux objets divers de ses folles passions que parce qu'il s'est faussement persuadé que c'est d'eux que dépend sa félicité; il ne tient opiniâtrément à ses habitudes les plus vicieuses que parce qu'il ne voit point les maux qui en découlent; il n'est si paisiblement malheureux sous le joug des Puissances invisibles & visibles que parce qu'il se figure qu'en voulant s'y soustraire il attireroit sur lui-même des malheurs plus grands encore.

PRÉJUGÉS. *Chap.* II.

Enfin les Tyrans qui l'affligent n'appésantissent continuellement ses chaînes & ne poursuivent la vérité avec tant de fureur que parce qu'ils ont des idées fausses de la puissance, parce qu'ils s'imaginent que l'on n'a point de pouvoir si l'on n'a celui de nuire, que l'on n'est point obéi si l'on n'est craint par ceux dont il faudroit se faire aimer.

,, L'homme, a dit un Philosophe,
,, n'est si contraire à la raison que parce
,, qu'il s'imagine que la raison lui est
,, contraire." Disons la même chose de la vérité ; l'homme ne la craint que parce qu'il croit qu'elle peut lui nuire; il ne fait le mal, il ne se repaît d'illusions, de préjugés, de chimeres, que parce que tout concourt à lui montrer son bonheur dans des opinions & dans une conduite qui font réellement son malheur. (*)

(*) St. Augustin dit : *hoc quod amant volunt esse veritatem.* M. Nicole a dit depuis : ,, nous n'ai-
,, mons pas les choses parce qu'elles sont vraies,
,, mais nous les croyons vraies parce que nous les
,, aimons." *V. Essais de Morale Tom.* II. Hobbes dit que *toutes les fois que la raison s'oppose à l'homme, l'homme s'oppose à la raison.* V. son Epître dédicatoire au Comte de Newcastle. César avoit dit avant eux : *Quæ volumus & credimus libenter, & quæ sentimus ipsi reliquos sentire speramus.*
DE BELLO GALLIC. LIB. II. CAP. 27.

Pour découvrir la vérité il faut, comme on l'a dit, recourir à l'expérience; pour faire des expériences sûres il faut des organes sains & bien constitués; la suite de ces expériences recueillies par la mémoire & appliquées à la conduite d'un être sensible, intelligent, amoureux de son bien-être, constitue la raison. Ainsi sans la vérité l'homme ne peut être raisonnable. Comment veut-on qu'il soit capable de faire des expériences vraies tandis qu'il est infecté dès l'enfance d'une fièvre contagieuse qui le mine continuellement & le plonge dans la langueur, ou qui par intervalles le jette dans des accès de fureur? La superstition est une contagion héréditaire qui saisit l'homme dès le berceau; suivant son tempérament, elle l'abbat, elle le rend lâche & pusillanime, elle lui ôte le pouvoir & le courage de s'instruire, ou bien elle excite en lui des transports qui le rendent également incapable d'expérience & de raison. Si la force de son tempérament fait qu'il résiste à la violence de son mal, n'y est-il pas à chaque instant replongé par les craintes dont l'accablent ses guides sacrés ? Le premier principe de leur politique ne fut-il pas toujours de proscrire l'expérience, de dé-

déprimer la raison humaine, de la soumettre à leur propre autorité, d'interdire l'usage du jugement, de mettre en défiance contre les sens, de faire craindre la vérité? (*)

Priver l'homme d'expérience, c'est rendre ses organes inutiles pour lui; lui interdire l'usage de sa raison c'est lui défendre les moyens d'être heureux; lui cacher la vérité c'est vouloir qu'il s'égare. En effet comment veut-on qu'il travaille à son bonheur propre ou qu'il s'occupe de celui des autres s'il ne connoît les objets qu'il doit desirer ou craindre, rechercher ou éviter? Comment découvrira-t-il la nature de ces objets, s'il ne lui est point permis de les examiner par lui-même, & s'il ne les voit jamais que par les yeux de ceux qui sont ou des dupes ou des menteurs intéressés

―――――――――
(*) Les Ennemis de la raison humaine nous répetent sans cesse que l'expérience est douteuse, que les sens nous trompent, que leur témoignage est suspect, &c. Nous leur demanderons si l'imagination & l'enthousiasme, qu'il leur plaît d'appeller *illumination*, *inspiration*, *révélation*, *grace*, sont des guides plus sûrs que l'expérience ou que les sens? Nos sens peuvent nous tromper, sans doute, & nous faire porter des jugemens précipités lorsqu'ils sont viciés, ou lorsque nous ne réfléchissons point. La réflexion nous sert à redresser les erreurs de nos sens..

C

à le tromper? Enfin comment l'homme peut-il devenir un être raisonnable s'il lui est défendu d'exercer sa raison sur les objets les plus importans à sa félicité?

C'est pourtant sur la raison que l'on fonde la dignité de l'homme & sa prééminence sur les autres animaux. Que deviendra cette supériorité, si l'on ne lui permet point de faire usage de sa prérogative? Comment cette même religion qui fait de l'homme le favori de la Providence, l'objet unique de ses travaux, se plaît-elle à le dégrader ensuite au point de lui faire un devoir de ne point raisonner, de s'avilir & de se mettre au niveau des bêtes? C'est dans la raison que consiste la dignité de l'homme; c'est par son secours qu'il conserve son être & qu'il peut rendre son existence heureuse; sans elle il n'est plus qu'un automate, incapable de rien faire pour sa félicité. En effet n'est-ce pas la raison qui le rend sociable? Ne lui fait-elle pas sentir qu'il a besoin de ses semblables pour se procurer les biens que son cœur desire, & pour résister aux maux que sa faiblesse l'empêcheroit d'écarter? N'est-ce pas la raison aidée de l'expérience, qui lui suggere les moyens de soutenir, de défendre & de rendre agréable pour lui-même une société dont les intérêts sont invariablement unis aux siens ? N'est-ce pas la raison, éclairée par la vérité, qui prouve à l'homme que sa conservation, sa sureté, ses plaisirs dépendent des secours de ses associés, & de la conduite qu'il doit tenir pour obtenir leur bienveillance ? Ainsi la morale est fondée sur la raison qui n'est rien elle-même sans l'expérience & sans la vérité.

C'est la raison qui pour l'intérêt des peuples oblige peu-à-peu la férocité sauvage & impétueuse de céder au droit des gens ; elle leur découvre les nœuds qui unissent les nations aux nations, les citoyens à leurs concitoyens, les hommes avec les hommes. C'est la raison qui fixe les droits des Souverains & des sujets ; elle découvre au Législateur les mobiles qu'il doit mettre en usage pour contenir & prévenir les passions nuisibles & pour exciter & diriger celles qui sont avantageuses à l'Etat ; c'est la raison qui suggere à la politique les voyes les plus sures pour contenter les besoins des nations, pour veiller à leur défense, pour les rendre puissantes & fortunées.

C'est la raison qui dans l'intérieur des familles montre à tout homme les avantages des nœuds qui unissent l'époux avec son épouse, le pere avec l'enfant, l'ami avec son ami; elle lui découvre les moyens de resserrer ces liens, d'empêcher qu'ils ne blessent, de prévenir leur dissolution, enfin d'alimenter dans les cœurs des autres les sentimens nécessaires à sa propre félicité. D'où l'on voit que sans la vérité, sans l'expérience, sans la raison l'homme ne peut avoir des idées justes ni sur la morale ni sur le gouvernement, ni sur aucun de ses devoirs. Il ne peut être ni homme ni citoyen. La vérité doit guider l'expérience & celle-ci conduit à la raison, qui nous prouvera toujours que nous chercherions vainement un bonheur solide & durable sans la vertu; & que le moyen le plus sûr d'établir notre félicité en ce monde est de la fonder sur un commerce constant de bienfaits & de secours.

C'est encore l'expérience qui toujours occupée du soin de perfectionner notre sort fait éclorre pour nous les sciences, les arts, l'industrie & cette foule de connoissances soit utiles, soit agréables, qui rendent à l'homme son existence plus chere; sa vie se passe à faire des expériences qui ont pour but de conserver son être, d'en écarter la douleur, de l'inſtruire des vraies qualités des objets qui l'entourent, de les tourner à ſon profit, de diverſifier ſes ſenſations, de multiplier ſes ſens. C'eſt ainſi que l'expérience parvient à ſoumettre, pour ainſi dire, la nature entiere aux beſoins, aux plaiſirs, aux fantaiſies de l'homme, qui, étant l'être le plus agiſſant, ſemble exercer ſur la terre l'empire le plus abſolu, au point qu'il ſe perſuade que la nature entiere n'a que lui ſeul pour objet dans ſes travaux.

La morale eſt l'expérience appliquée à la conduite de l'homme en ſociété; la politique eſt l'expérience appliquée au gouvernement des Etats; les ſciences ſont l'expérience appliquée aux objets divers dont il peut réſulter ſoit de l'utilité, ſoit de l'agrément pour les hommes; l'induſtrie n'eſt que l'expérience appliquée aux beſoins des hommes à meſure qu'ils ſe multiplient. Les nations ſauvages ſont celles qui n'ont eu l'occaſion que de faire un petit nombre d'expériences, ou qui n'ont point appris tout le parti qu'elles peuvent tirer de leurs facultés, & des objets que la nature leur préſente; l'homme ſauvage, ainſi qu'un jeune enfant, eſt dénué d'expérience ou ne connoît que peu de vérirés. Empêcher les peuples de s'éclairer, c'est vouloir les tenir dans une enfance perpétuelle, ou vouloir les ramener à l'état des Sauvages.

Lorsqu'un pere avertit son enfant de se garantir du feu, en lui disant qu'il peut en résulter de la douleur, il lui annonce une vérité que l'expérience l'a mis lui-même à portée de connoître; cet enfant que son inexpérience rend imprudent, n'est-il pas intéressé à s'instruire d'une vérité d'où dépend sa sûreté? Lorsque le Philosophe apprend aux nations que la superstition est un feu dévorant qui finit communément par embraser les peuples & par les exciter à leur propre destruction, ne leur découvre-t-il point une vérité confirmée par l'expérience d'un grand nombre de siecles? Lorsque le Sage fait sentir aux Souverains & aux sujets que le pouvoir absolu est une arme également dangereuse pour les uns & pour les autres, ne leur annonce-t-il pas une vérité fondée sur l'expérience de tous les tems, qui prouve que sous un tel gouvernement le Despote privé de puissance réelle finit par régner sur de vastes solitudes, ne commande qu'à des esclaves chagrins, qui tôt ou tard s'en prendront à leur

PRÉJUGÉS. Chap. II.

Tyran des malheurs qu'ils éprouvent?

Ceux qui prétendent qu'on ne doit point annoncer la vérité aux hommes font à-peu-près ce raisonnement. „ Le
„ feu eſt néceſſaire aux hommes; cet
„ élément eſt pour eux de la plus gran-
„ de utilité, il ne faut donc point les
„ avertir de ſes dangers, il vaut mieux
„ qu'ils demeurent expoſés à périr à
„ chaque inſtant par imprudence que
„ d'être mis en garde contre un élé-
„ ment deſtructeur, qui duement appli-
„ qué leur procure de très-grands avan-
„ tages. . . . . . ." „ L'oppreſſion eſt un
„ mal accablant pour les peuples; l'é-
„ quité & la liberté ſont néceſſaires à
„ leur bien-être, mais il n'eſt point à
„ propos de les avertir des maux que
„ leur fait l'oppreſſion, ni de leur en
„ indiquer les remedes; ce ſeroit leur
„ annoncer une vérité fâcheuſe qui les
„ dégoûteroit d'un mauvais gouverne-
„ ment : quand les hommes ſont une
„ fois malheureux il vaut mieux qu'ils
„ continuent de l'être que de les faire
„ ſonger aux moyens de rendre leur ſort
„ plus deſirable."

On tient à-peu-près le même langage à l'égard de la ſuperſtition. „ Nous ſça-
„ vons, nous dit-on, que la ſuperſti-

„ tion est une dangereuse chimere, qui
„ de tout tems fit les plus grands maux
„ au genre humain ; mais nous la voyons
„ partout solidement établie ; les nations
„ qu'elle mine & détruit lui sont très-
„ attachées ; un malade qui ignore son
„ mal n'est jamais en danger : ainsi lais-
„ sons aux hommes leurs erreurs sa-
„ crées, qu'ils continuent à s'abbreuver
„ de fiel & de poison ; il vaut mieux
„ leur laisser la langueur qui les accable
„ ou la frénésie qui les transporte, que
„ de leur rendre des forces ou leur don-
„ ner un calme & un bien-être aux-
„ quels ils ne sont point accoutumés,
„ dont ils abuseroient peut-être ; l'hom-
„ me malade est moins à craindre que
„ lorsqu'il est en santé."

Non, la vérité ne peut jamais être funeste aux hommes ; elle ne peut être à craindre que pour ceux qui se croient faussement intéressés à les tromper. L'homme de bien est-il donc fait pour se rendre complice de la violence & de l'imposture ? Pour peu qu'il réfléchisse, il saura que toute erreur, tout préjugé sont nuisibles à la terre ; il connoîtra sur-tout les dangers infinis qui résultent de nos erreurs religieuses. Plus nous regardons ces erreurs comme importantes, plus elles sont propres à nous rendre insensés, à troubler notre esprit, à produire des ravages. Quelle apparence qu'un homme qui se fait un principe de s'aveugler & de renoncer à sa raison dans la chose qu'il regarde comme la plus essentielle pour lui, l'écoute en toute autre chose ? En effet, pour peu que nous y réfléchissions, nous verrons dans les prestiges de la religion la vraie source des préjugés en tout genre dont le genre humain est imbu. C'est la superstition qui corrompt les Souverains; les passions, les vices & les préjugés de ces Souverains infectent la société; la superstition détruit la morale en substituant ses dogmes mobiles, fabuleux, & ses extravagances à des vertus réelles. L'éducation, l'habitude, l'exemple, l'autorité concourent à donner une durée éternelle à des erreurs dont les suites nécessaires sont de multiplier les vices, & de rendre les hommes ennemis de toute vérité. Les tyrans la haïssent parce qu'elle porte la lumiere sur des excès dont ils sont forcés de rougir; le Sacerdoce la poursuit & la décrie parce que c'est au mensonge que son existence est attachée; les grands la redoutent parce que c'est sur les préjugés des peuples avilis que leur grandeur est fondée; enfin le peuple la rejette parce qu'il est ignorant, & incapable d'examiner par lui-même la valeur des objets pour lesquels il conserve une vénération machinale & un respect héréditaire; enfin ce peuple craint la vérité, parce que ses Prêtres & ses Tyrans ne lui ont inspiré que de l'horreur pour elle.

Il n'est point d'erreur utile au genre humain; il n'est point de préjugé qui n'ait des suites plus ou moins terribles pour la société. Les principes de la morale exigent la même exactitude que le calcul; une supposition fausse suffit pour falsifier tout calcul & le rendre inutile. La vérité n'est dangereuse que lorsqu'elle est alliée avec l'erreur. La morale est fondée sur l'intérêt du genre humain; fondez-la sur la religion, vous la rendrez vague, incertaine & flottante. La politique est fondée sur les besoins de la société; si vous la fondez sur la volonté d'un despote, elle n'aura plus de solidité. L'autorité souveraine est fondée sur la volonté des peuples; donnez-lui pour baze l'autorité Divine, & bientôt les Souverains en abuseront pour rendre leurs sujets malheureux & se plonger dans le crime. Les rangs, les distinctions, les dignités doivent être fondés sur les services réels que les Citoyens rendent à leur patrie; fondez-les sur le hazard de la naissance, sur la faveur d'un Souverain, sur la vénalité, & bientôt les plus inutiles des Citoyens seront les plus honorés & les mieux récompensés. Il ne peut point y avoir de mœurs; il ne peut point y avoir de bonne éducation, par-tout où c'est l'argent & non le talent qui conduit aux grandes places; fondez l'éducation sur tout ce qu'il vous plaira; si elle ne promet rien de sûr, de grand; si elle ne donne point de récompenses, vous la fondez sur une baze étroite & peu solide. Tout le monde regarde la fausseté, la fourberie, le mensonge comme des choses odieuses & détestables; n'y auroit-il donc que sur les objets les plus intéressans pour les hommes qu'il fût permis de les tromper sans conséquence?

Si nous entrons dans les détails de la vie humaine, tout nous prouvera qu'il n'est point de préjugé qui ne soit accompagné de conséquences infinies. Nous voyons par-tout les préjugés des peuples s'opposer très-souvent au bien même que l'on veut leur faire. Ce sont leurs préjugés qui empêchent la réformation des abus & des mauvaises loix sous lesquels ils gémissent pendant une longue suite de siecles; ce sont les préjugés dans les sciences qui nuisent continuellement à leurs progrès; ce sont les préjugés qui donnent de la solidité aux usages les plus pervers, que chacun condamne en les suivant toujours; ce sont les préjugés qui arment les hommes contre toutes les innovations, qui leur font rejetter les plus utiles découvertes, qui les mettent en garde contre les vérités les plus claires & les mieux démontrées; ce sont les préjugés qui font que les mortels sont perpétuellement aux prises & occupés à s'arracher un bonheur dont ils ne jouiront jamais.

CHAPITRE III.

Le Peuple est-il susceptible d'instruction? Est-il dangereux de l'éclairer? Des maux qui résultent de l'ignorance des Peuples.

L'OPPOSITION que la vérité rencontre toujours dans l'esprit des mortels ne devroit-elle point rassurer ceux qui s'exagerent le danger qui pourroit résulter de la leur annoncer ? A en croire quelques raisonneurs superficiels, il sembleroit que des vérités découvertes à tout un peuple devroient renverser sur le champ toutes ses idées & produire une révolution subite dans toutes les têtes. C'est connoître bien peu la marche de l'esprit humain que d'en prendre cette opinion; ce danger paroîtroit bien plus chimérique encore si l'on faisoit attention à la lenteur incroyable avec laquelle les moindres vérités se répandent parmi les hommes. Les principes les plus évidens sont souvent les plus contredits, ils ont à combattre l'ignorance, la crédulité, l'habitude, l'opiniâtreté, la vanité des hommes; en un mot les intérêts des grands & la stupidité du peuple, qui font qu'ils s'attachent toujours à leurs anciens systêmes. L'erreur défend son terrein pied à pied : ce n'est qu'à force de combats & de persévérance qu'on peut lui arracher la moindre de ses conquêtes. Ne croyons point pour cela que la vérité soit inutile ; son germe une fois semé subsiste, il fructifie avec le tems, & semblable à ces semences qui avant de lever demeurent long-tems enfouies dans la terre, il attend les circonstances qui pourront le développer. C'est lorsque la vérité s'accorde avec les intérêts des hommes puissans qu'elle devient toute-puissante; c'est lorsque des Souverains éclairés gouvernent les nations que la vérité produit les fruits que l'on est en droit d'en attendre. Enfin quand les nations sont fatiguées des misères & des calamités sans nombre que leurs erreurs ont fait naître, la nécessité les force de recourir à la vérité, qui seule les met à couvert des malheurs que le mensonge & le préjugé leur avoient long-tems fait souffrir.

Le Physicien, le Géometre, le Méchanicien, le Médecin, le Chymiste, à force de réflexions, d'expériences & de travaux, découvrent dans leurs cabinets ou dans leurs laboratoires des vérités utiles; mais souvent contredites & combattues dans leur nouveauté : cependant lorsque le tems a constaté leur utilité, leurs découvertes se transmettent jusqu'au peuple, & l'artisan le plus grossier finit par exécuter machinalement & sans peine des opérations, qui dans l'origine ont été les résultats des plus grands efforts de la science & du génie. Pourquoi la science du gouvernement ne se perfectionneroit-elle pas de même? Pourquoi les vrais principes de la politique & de la morale ne pourroient-ils pas se simplifier au point d'être sentis par les hommes les plus ordinaires? (*)

Quand même la vérité feroit dans l'esprit des peuples un progrès assez rapide pour produire des factions, & même des révolutions; quand même les partisans de la vérité seroient assez nombreux pour joûter à forces égales contre les partisans de l'erreur, seroit-ce donc une raison pour rejetter la vérité? Le mensonge ne cause-t-il donc pas des troubles continuels? Les hommes ne se sont-ils

(*) Horace a dit:
interdum vulgus rectum videt.
Cependant tout homme qui écrit ne peut se proposer de faire connoître la raison qu'à ceux qui sont susceptibles de l'entendre; ainsi pour l'ordinaire les ouvrages utiles ne sont faits ni pour les grands ni pour les hommes de la lie du peuple; les uns & les autres ne lisent gueres; les grands d'ailleurs se croyent intéressés à la durée des abus & le bas peuple ne raisonne point. Ainsi tout écrivain doit avoir en vue la partie *mitoyenne* d'une nation, qui lit, qui se trouve intéressée au bon ordre, & qui est, pour ainsi dire, une moyenne proportionelle entre les grands & les petits. Les gens qui lisent & qui pensent dans une nation ne sont point les plus à craindre. Les révolutions se font par des fanatiques, des Grands ambitieux, par des Prêtres, par des soldats, & par une populace imbécille, qui ne lisent ni ne raisonnent.

pas égorgés de tout tems pour des impostures ? Que de sang inutilement répandu pour des folies ! Si l'on se battoit pour la vérité, le sang répandu pour elle produiroit au moins un accroissement de bonheur, au lieu que les combats si souvent livrés pour l'erreur n'ont jamais produit qu'un accroissement de miseres.

C'est à l'erreur, sur-tout quand elle est consacrée par la religion, qu'il appartient de troubler le repos des nations ; elle trouve dans les esprits des peuples des matieres combustibles toujours prêtes à produire des embrasemens. La raison & la vérité ne causeront jamais de révolutions sur la terre ; toutes deux sont les fruits de l'expérience, qui ne peut avoir lieu que dans le calme des passions ; elles n'excitent point dans les cœurs ces emportemens fougueux qui ébranlent les Empires ; la vérité ne se découvre qu'à des ames paisibles ; elle n'est adoptée que par des ames analogues ; si peu à peu elle change les idées des hommes, c'est par des nuances insensibles ; c'est par une pente douce & facile qu'elle les conduit à la raison ; les révolutions qu'elle amene, toujours avantageuses au genre humain, ne peuvent être fâcheuses que pour ceux qui l'oppriment & l'égarent.

Le

Le philosophe à force de méditer découvre la vérité; elle n'est si difficile à découvrir que parce que tout conspire à la voiler à nos yeux; perpétuellement adultérée par le mensonge, elle devient méconnoissable; c'est en la séparant de l'alliage de l'imposture que le Sage la reconnoît; si sa nudité paroît d'abord choquante à des hommes prévenus, leurs yeux s'accoutumeront peu à peu à contempler ses charmes naturels, sans doute bien plus touchans que tous les vains ornemens dont on la couvre & qui ne servent qu'à la défigurer. Avant d'être ornée, la vérité doit avoir des fondemens solides; elle doit ressembler à ces monumens d'architecture dans lesquels l'ordre le plus stable sert d'appui à tous les autres.

C'est au gouvernement & sur-tout à l'éducation qu'il appartient de rendre commune & populaire la vérité que le Sage a tant de peine à découvrir; en vain l'auroit-il tirée du fond du puits, si l'autorité tyrannique la force d'y rentrer. L'expérience & l'habitude parviennent à faciliter à l'homme du peuple, à l'artisan le plus grossier, des opérations très-compliquées; sommes-nous donc en droit de douter que l'habitude

& l'expérience ne lui facilitassent de même la connoissance si simple des devoirs de la morale & des préceptes de la raison desquels dépend évidemment son bonheur ? *J'ai vu, dit Confucius, des hommes peu propres aux sciences, je n'en ai point vu qui fussent incapables de vertus.*

L'erreur n'est une maladie innée du genre humain, la guérison de son esprit n'est devenue si difficile que parce que l'éducation lui fait sucer avec le lait un venin dangereux, qui finit par s'identifier avec lui, & qui, développé par les circonstances, produit dans les sociétés les ravages les plus affreux. Par-tout les Empoisonneurs du genre humain sont chéris, honorés, récompensés; leurs attentats sont protégés, leurs leçons & leurs instructions sont chèrement payées; l'autorité suprême, complice de leurs iniquités, force les peuples à recevoir de leurs mains la Coupe de l'imposture, & punit tous ceux qui refusent d'y boire. Par-tout les Médecins qui possedent le contrepoison de l'erreur, sont traités d'imposteurs, sont découragés, proscrits ou forcés de se taire. Si les gouvernemens donnoient à la vérité les mêmes secours qu'ils fournissent au mensonge, l'on verroit bientôt les folies des hommes disparoître & faire place à la raison. C'est dans l'âge tendre que l'erreur s'empare de l'homme, c'est dans sa jeunesse qu'il se familiarise avec des opinions monstrueuses dont il est la dupe toute sa vie ; si l'éducation parvient à lui faire adopter les notions les plus fausses, les idées les plus extravagantes, les usages les plus nuisibles, les pratiques les plus gênantes, pourquoi l'éducation ne parviendroit-elle pas à lui faire adopter des vérités démontrées, des principes raisonnables, une conduite sensée, des vertus nécessaires à sa félicité ?

L'opinion, comme on a dit, *est la reine du monde*. Mais qu'est-ce que l'opinion ? C'est la vérité ou la fausseté environnée de ténebres. Si le mensonge pris pour la vérité, si la vérité enveloppée d'obscurité, gouvernent le monde, pourquoi la vérité simple ne prendroit-elle pas le même empire sur l'esprit des mortels ? Si l'on refusoit ce pouvoir à la vérité, il ne faudroit plus dire que l'homme est un Etre raisonnable par son essence, il faudroit dire qu'il est destiné à une éternelle déraison.

Si la religion est parvenue à dégrader l'homme, à le rendre l'ennemi de lui-même & des autres, pourquoi la raison ne lui inspireroit-elle pas de l'élévation, de l'estime pour lui-même, le desir de mériter celle de ses concitoyens? Si la superstition fait éclorre en lui un zêle destructeur, un fanatisme dangereux, une ardeur fatale pour nuire, pourquoi une politique éclairée n'exciteroit-elle pas en lui la grandeur d'ame, la passion d'être utile, l'enthousiasme de la vertu ? Si dans la Grece & dans Rome l'on est parvenu jadis à former des peuples de Héros; si les écoles d'Athènes se sont remplies de Sages, en se servant des mêmes mobiles pourquoi désespérer aujourd'hui de faire naître au sein des nations des citoyens actifs, éclairés, magnanimes & vertueux? Est-il donc plus aisé de faire un fanatique, un martyr, un pénitent, un dévot, un courtisan abject que de former un enthousiaste du bien public, un soldat courageux, un homme utile à lui-même & précieux aux autres ? Est-il donc plus facile de briser que d'élever l'ame? La race humaine seroit-elle donc entièrement dégénérée?

Ne lui faisons point l'injure de le penser ; les mêmes ressorts auront toujours le même pouvoir sur les volontés humaines. Si nos institutions politiques veusent encore des Citoyens, des Héros & des Sages, nous en verrons, sans doute; si nous ne trouvons par-tout que des superstitieux pusillanimes, des guides ignorans, des enthousiastes dangereux, des Ministres incapables, des Grands sans mérite, des esclaves rampans, c'est parce que la religion, le gouvernement, l'éducation & les opinions ridicules dont les nations sont infectées, conspirent à ne former que des Etres abjects ou nuisibles à la patrie. (*) Pourquoi dans cette Espagne, si favorisée par la nature, ne vois-je par-tout que des dévots plongés dans la misere, indifférens sur la

(*) Ceux qui doutent de la possibilité de guérir les peuples de leurs préjugés, n'ont qu'à jetter les yeux sur les Anglois, les Hollandois, les Suisses, &c. qui se sont très-promptement guéris d'une partie des opinions de l'Eglise Romaine, qu'ils avoient longtems respectées, & des préjugés politiques qui les tenoient asservis au Despotisme. On nous dira que c'est par des troubles & des révolutions que ces peuples sont parvenus à se détromper. On répondra que c'est l'esprit tyrannique & persécuteur des Princes, le fanatisme des Prêtres, l'ambition des Grands qui ont causé ces troubles, qui eussent été moins grands si les peuples eussent été plus instruits, & leurs guides plus raisonnables. Enfin on répondra que ces peuples, après tout, y ont visiblement gagné, & que des troubles passagers sont plus avantageux qu'une langueur éternelle sous une tyrannie continuée.

patrie, dépourvus d'industrie, étrangers à toute science ? C'est que dans ce pays la superstition & le despotisme sont parvenus à dénaturer l'homme, à briser les ressorts de son ame, à engourdir les peuples ; il n'existe point de patrie pour eux ; l'activité & l'industrie leur seroient inutiles ; la science seroit punie ; l'oisiveté, l'ignorance & des connoissances futiles y sont uniquement honorées, encouragées, récompensées ; le génie y est étouffé à moins qu'il ne se porte sur des objets méprisables ; la nation ne veut que des superstitieux & des Prêtres ; elle ne considere que les guides qui l'aveuglent, elle regarde comme un ennemi tout homme qui voudroit l'éclairer ; elle fait bien plus de cas du fainéant qui prie que du soldat qui la défend ; il n'est donc point surprenant si elle ne renferme ni Citoyens, ni Soldats, ni Sages, ni talens. D'où viennent dans le midi de l'Europe ces mœurs si dissolues, ces fréquens adulteres, ces assassinats sans nombre ? C'est que dans ces pays l'orthodoxie est la seule vertu ; la religion y expie tous les crimes ; des pratiques religieuses & la croyance de quelques dogmes absurdes tiennent lieu de la morale, & les écoles de la jeunesse ne retentissent que des disputes vaines & des subtilités puériles de quelques Théologiens, qui employent leur génie à des objets totalement étrangers au bien-être des peuples.

Dans tous les pays du monde les Prêtres furent de tout tems en possession d'enseigner la jeunesse; ce sont eux qui commencent dans l'âge de l'inexpérience par mettre le bandeau sur les yeux des mortels; on diroit que par-tout l'éducation n'est destinée qu'à former des esclaves au Sacerdoce: dans les nations mêmes qui se vantent d'être les plus dégagées de préjugés, des Prêtres sont les seuls instituteurs de la jeunesse; on les voit bien plus occupés du soin de faire des superstitieux, dévoués à leurs intérêts, que de former des citoyens à l'Etat. (*) Cette conduite fondée sur

(*) Les Souverains Pontifes des Chrétiens prétendent avoir exclusivement le droit de permettre la fondation des Universités. Dans les Etats de la Communion Romaine ce sont des Ecclésiastiques qui enseignent les Belles-Lettres & les Sciences les plus étrangeres à la religion. Cet abus subsiste même en Angleterre; dans les Universités d'Oxford & de Cambridge ce ne sont que des Ecclésiastiques qui enseignent. En Allemagne les Universités Protestantes laissent à des Théologiens le soin d'enseigner la Théologie, mais dans les Uni-

les avantages chimériques que l'on attend de la religion, est sans doute nuisible à la politique. En conséquence de ce préjugé la jeunesse est exclusivement confiée à des guides dont le principe invariable fut & sera toujours d'éterniser les erreurs du genre humain, de le rendre aveugle, soumis, pusillanime; de le détourner des voies qui le conduiroient à la vraie science, de le prémunir contre la raison & la vérité. Ne soyons donc point étonnés si par-tout nous ne voyons que des superstitieux, remplis de préventions funestes, dépourvus de lumieres, étrangers à la morale, inutiles ou nuisibles à la société, toujours prêts à la troubler dès qu'on leur dit que le ciel le demande.

Un Etat a besoin de Citoyens laborieux, industrieux, vertueux. Une nation ne peut être florissante & puissante si son chef éclairé ne réunit les volontés & les forces d'un peuple libre & magnanime, instruit de ses vrais intérêts, de ses droits, de ses devoirs; attaché à

---

versités Catholiques ce sont des Prêtres & des Moines qui seuls ont le droit d'instruire la jeunesse dans toutes les Sciences. Nous voyons les mêmes abus chez les Indiens & les Mahométans. En un mot par-tout les hommes ne semblent avoir été créés que pour les Prêtres,

son gouvernement & à ses loix; en état de sentir son bonheur, & toujours prêt à le défendre avec courage contre tous ceux qui tenteroient de le lui ravir. Un Souverain à la tête d'une nation animée de cet esprit envieroit-il la puissance précaire de ces Sultans divinisés à qui la religion ne forme que des esclaves, sans énergie, sans activité, sans mœurs; toujours prêts à regimber contre le joug qui les opprime; toujours indifférens sur la patrie qui n'est pour eux qu'une prison; toujours ennemis des loix qui les mettent à la gêne; toujours disposés à troubler l'Etat & à changer de maîtres?

Assez longtems les hommes ont été élevés pour les Dieux, les Prêtres & les Tyrans; le tems ne viendra-t-il donc plus de les élever pour la patrie & pour eux-mêmes? Les peuples s'obstineront-ils toujours à espérer de ces religions, qui jamais ne leur firent que du mal, un bien-être que la raison leur procurera dès qu'ils voudront la consulter? Des Souverains, ennemis nés de leurs sujets, seront-ils donc toujours forcés de faire descendre du ciel les faux titres de leur pouvoir, tandis que l'équité, la bienfaisance, la vertu suffiroient pour les faire régner sur tous les cœurs, & pour rendre à jamais leur trône inébranlable ? La vérité, la science, les talens seront-ils donc les victimes éternelles de la haine sacerdotale, d'une politique imprudente, de l'ignorance opiniâtre, de la barbarie des nations ? Faudra-t-il toujours recourir à la ruse, à la fourberie, à la violence pour contenir les peuples & se servir des récompenses chimériques ou des vaines terreurs d'une autre vie pour mettre un frein à des passions que tout allume ici-bas ? Croira-t-on toujours que le bitume de la superstition soit bien propre à les éteindre ?

Le gouvernement tient dans ses mains les volontés de ses sujets ; les nations le rendent dépositaire de leur félicité, il est maître des mobiles qui peuvent faire agir les hommes, il dépend de lui seul de les rendre vertueux ou vicieux. Que le Souverain qui voudra sincérement le bien-être de son peuple, s'empare donc de l'éducation ; qu'il l'ôte à ces mercenaires qui vivent de l'imposture. Si les préjugés des nations s'opposent à ses projets, qu'il permette au moins à la raison de les combattre, & peu à peu l'erreur en perdant du terrein fera place à la vérité. Qu'il confie les premiers ans de ses sujets à des hommes éclairés & honnêtes qui soient considérés. Que la morale, la philosophie, l'expérience, les sciences utiles & véritables succedent à cette théologie, à ces dogmes obscurs, à ces mysteres ténébreux, à ces fables risibles, à ces devoirs frivoles qui ne servent qu'à troubler l'entendement du citoyen, à confondre ses idées, à le rendre méchant. Que l'antique sagesse, tirée de l'abjection & du mépris où depuis tant de siecles elle est forcée de languir, soit admise dans la Cour des Rois; qu'elle soit estimée, écoutée, récompensée; qu'elle puisse au moins se faire entendre. Que les honneurs & les récompenses si longtems décernés à l'inutilité, à l'incapacité, à la rebellion, soient enfin accordés au mérite, aux lumieres, à la vertu; bientôt on verra naître une nouvelle race d'hommes qui serviront la patrie, qui auront de la science, de l'activité, de l'industrie; qui connoîtront leurs devoirs, qui seront animés par les mobiles réels de la gloire, & de la considération publique; enfin qui détachés des préjugés n'en seront que plus capables de vaquer au bien-être de l'Etat, aux intérêts de la morale.

On ne peut trop aveugler un peuple

qu'on veut rendre malheureux ; on ne peut trop éclairer celui dont on veut faire le bonheur. Un Tyran ne voit rien au delà de ses passions actuelles ou de ses fantaisies passageres ; il ne doit récompenser que les complices dont il a besoin pour les satisfaire ; il doit se liguer avec eux pour aveugler un peuple que la vérité ne feroit que révolter contre son joug. Il lui faut des Prêtres qui trompent & qui séduisent, des Soldats qui répandent la terreur, des Visirs impitoyables, des Flatteurs ennemis de toute vertu, des Ignorans présomptueux qui décrient la vraie science, des lâches sans énergie, des Courtisans & des sujets à qui la soumission tienne lieu de mérite & de talens. (*)

Ces réflexions suffisent pour nous mettre à portée de juger des maximes de

---

(*) *Plerique rerum potentes perversè consulunt, & eò se munitiores putant quò illi, quibus imperitant, nequiores fuere. At contrà id eniti decet, cum ipse bonus atque strenuus sis, uti quam optimis imperites.* SALLUST. S. Augustin s'exprime de même : *Reges,* dit-il, *non curant quam bonis sed quam subditis regnent ; provincia Regibus non tanquam rectoribus* MORUM, *sed tanquam rerum Dominatoribus & deliciarum suarum provisoribus serviunt ; eosque non sinceriter honorant, sed nequiter ac serviliter timent.* V. DE CIVITATE DEI LIB. II. CAP. 10.

ces vains spéculateurs qui prétendent que les hommes ont besoin d'être trompés, que leur bien-être dépend de leurs erreurs, que la vérité leur seroit dangereuse. C'est la faute des Tyrans & des Imposteurs, si la vérité rencontre si souvent dans les peuples des esprits fatigués de l'oppression & disposés à secouer le joug. Si les Princes écoutoient eux-mêmes sa voix, ils n'auroient point à craindre qu'elle fût entendue de leurs sujets; l'ignorance où trop souvent ils sont eux-mêmes de leurs véritables intérêts, leur fait trouver la vérité redoutable; leur propre incapacité les force d'empêcher qu'elle ne désabuse leurs sujets des erreurs fatales sans lesquelles ils ne consentiroient point à souffrir patiemment les maux dont ils sont accablés. Si des nations entieres sont aveugles, corrompues, déraisonnables, ce n'est qu'à la perversité de leurs gouvernemens & de leurs institutions que ces malheurs sont dûs. Si l'on considère avec attention la funeste chaîne des erreurs & des vices qui affligent l'humanité, on verra qu'elle part de l'Autel & du Trône. Rien de plus étonnant que les systêmes ingénieux que l'on a de tout tems imaginés pour tromper les hommes & pour leur persuader qu'ils n'étoient points faits pour être heureux en ce monde ; que d'artifices pour les forcer de plier sous la plus affreuse oppression, & pour les mettre en garde contre la raison & la vérité ! La religion & une fausse politique éternisent ainsi les maux des nations, elles sont parvenues à étouffer en elles jusqu'au desir d'y remédier : par leurs soins vigilans la vérité ne parle qu'à la dérobée, elle ne se montre qu'en secret à un petit nombre de disciples choisis, les peuples ne la connoissent jamais ; & lorsqu'ils veulent mettre fin aux miseres dont ils sont impatientés, ils ne sont jamais guidés que par l'ambition & l'imposture, qui savent profiter de leur stupidité. (*)

En effet dans toutes les réformes religieuses & politiques nous voyons les peuples, faute d'instruction, de lumieres & de raison, combattre comme des bêtes féroces, s'acharner à leur propre ruine, & devenir les dupés & les instrumens de quelques fanatiques, de quel-

---

(*) *Fallitur quisquis ullum facinus in rebus humanis publicum putat. Persuadentium vires sunt quidquid civitas facit; & quodcumque facit populus, secundùm id quod exasperatur, irascitur.*

V. QUINTILIAN. ORAT. XI.

ques séditieux, de quelques fourbes, qui profitent de leur ignorance pour troubler l'Etat & pour s'en rendre maîtres. Un peuple ignorant, dès qu'il est mécontent, est toujours prêt à suivre l'étendart de la révolte sous la conduite des charlatans politiques & spirituels qui lui promettent de mettre fin à ses peines. Une nation malheureuse croit trouver des consolateurs dans tous les factieux qui la séduisent ; elle se jette donc dans leurs bras, & ne fait pour l'ordinaire que changer un Tyran contre des Tyrans plus cruels encore.

Voilà pourquoi les révolutions, loin de rendre les peuples plus heureux, ne font communément que redoubler leurs miseres ; on réforme avec fureur ; la démence & la brutalité président aux changemens ; on n'a ni plan ni prévoyance, & l'on s'expose à de nouveaux orages au lieu de gagner le port que l'on avoit espéré. Si les peuples étoient éclairés, ils connoîtroient leurs intérêts ; ils supporteroient avec patience les maux attachés à toute administration ; ils y porteroient les remedes les plus doux ; ils sentiroient le prix de la tranquillité ; ainsi que leurs Souverains ils ne seroient pas continuellement exposés à devenir les bourreaux ou les victimes des mauvais Citoyens, qui sçavent tirer parti des calamités publiques pour contenter leurs passions particulieres. Un peuple instruit & bien gouverné est paisible & soumis pour son propre intérêt; un peuple stupide & malheureux n'a rien à perdre; il se livre tête baissée à quiconque veut le tromper en lui faisant entendre qu'il y a pour lui quelque chose à gagner.

Que l'on juge après cela des principes de cette fausse politique qui veut que l'on tienne les peuples dans l'ignorance, & que jamais on ne leur montre la vérité. A en croire quelques spéculateurs superficiels *le monde veut être trompé*; il lui est plus avantageux de croupir dans les erreurs d'où découlent toutes ses miseres, que de connoître les moyens qui les feroient cesser. Dire qu'il est des vérités que l'on doit taire, c'est prétendre qu'il est des maladies & des plaies auxquelles il est à propos de ne point appliquer les remedes infaillibles & connus.

Ne pourroit-on pas demander aux partisans de ces maximes insensées s'ils prétendent que l'état sauvage est préférable à l'état policé? Croyent-ils que l'homme me soit condamné à une misere & à une stupidité éternelles ? En un mot doit-on réduire le peuple, c'est-à-dire la partie la plus nombreuse du genre humain, à la condition des bêtes ? Quelle insulte plus cruelle pour l'espece humaine que de croire que la raison ne soit réservée que pour quelques individus, & que tout le reste n'est point fait pour la connoître ? Mais enfin jusqu'où doit donc aller cette stupidité politique que l'on juge si avantageuse au bien-être des peuples ? Quels sont les objets sur lesquels il convient de tenir leurs yeux éternellement fermés ? Si l'on propose à un Tyran, à un Ministre, à un Courtisan, cette question à résoudre ; ils nous diront, sans doute, qu'il ne faut jamais que le peuple s'éclaire sur l'administration politique, & quoique le gouvernement soit destiné à rendre les sujets heureux, on prétendra que ceux-ci n'ont jamais le droit de se mêler de la chose qui les intéresse le plus. Que l'on propose le même problême au Prêtre, il répondra que c'est sur la religion qu'il seroit dangereux que le peuple fût à portée de raisonner. Demandez au Jurisconsulte, au Magistrat, s'il est permis au Citoyen d'examiner les loix ; aussitôt

E

ils vous diront que les loix sont sacrées, qu'il n'appartient pas au vulgaire d'en raisonner, que les institutions & les usages les plus nuisibles doivent être maintenus & respectés, que le Citoyen n'est pas fait pour critiquer ou pour entendre les régles & les formes qui décident de son sort; il fera de la jurisprudence un mystere impénétrable qu'il faut adorer en silence. (*)

Enfin chacun prétendra que c'est sur l'abus qu'il lui importe de voiler que l'on doit se garder de raisonner ou de jamais ouvrir les yeux du peuple. Si l'on s'en tient à leur décision, la partie la plus nombreuse du genre humain ne sera faite que pour servir de marche-pied à quelques imposteurs puissans qui s'arrogent le droit de l'outrager, de le piller, de disposer de sa personne & de ses biens, & qui ne pourroient y parvenir sans les ténebres de son esprit. Si la nature n'a fait des nations entieres que

---

(*) Les Magistrats dans la plûpart des Etats prennent le titre d'*interprêtes des Loix*; mais les Loix doivent être claires, le Magistrat est fait pour les appliquer, elles sont vicieuses dès qu'elles ne sont point à la portée de ceux qui doivent leur obéir. Un Juge qui a le droit d'interpréter la Loi ne tardera pas à la faire parler conformément à ses propres vues.

pour être les jouets des passions des Princes, des Prêtres, des Magistrats & des Grands, l'on ne peut nier qu'il ne soit très-utile à ceux-ci de les tenir dans l'ignorance la plus crasse & dans l'abrutissement le plus profond; mais si l'homme a reçu de la nature le droit de travailler à sa conservation, si les nations ont le droit de se rendre heureuses, tout mortel a droit à la vérité; tout mortel a besoin de lumieres, la raison lui est nécessaire, & celui qui éclaire ses semblables est un bon citoyen. (*)

Plaignons l'homme de ses égaremens; tâchons de le détromper, ne l'insultons jamais; il est fait pour la vérité, il l'aime, il l'embrasse toutes les fois que ses craintes ne l'empêchent point de l'envisager d'un œil tranquile, ou toutes les fois que des intérêts mal entendus ne l'en

───────────────

(*) Chacun plaide en ce monde pour l'erreur ou le préjugé qui lui sont favorables, comme chaque homme corrompu plaide en faveur du vice qui lui plaît. Cependant l'intérêt de la société est une Loi générale qui proscrit tout préjugé ainsi que tout vice, quelque favorables ou agréables qu'ils puissent être à quelques individus. C'est l'intérêt général qu'il faut consulter, & d'après cet intérêt l'on trouvera qu'il n'y a point de préjugé ni de vice qui ne nuisent à la société, dont l'avantage doit être la Loi suprême.

rendent point ennemi. L'homme est grand dans toutes les choses qu'il s'est permis d'examiner, il n'est resté petit que dans celles qu'il n'a point osé voir de ses propres yeux. L'homme a mesuré les cieux; il a découvert les loix du mouvement; il a traversé les mers; il a pénétré dans les entrailles de la terre; il a soumis les élémens à ses besoins, & à ses plaisirs; il a perfectionné son sort toutes les fois qu'il a pensé librement; il est resté dans les ténebres de l'enfance sur tous les objets qu'il s'est fait un scrupule d'examiner par lui-même, ou qu'il n'a vus qu'en tremblant.

Le préjugé engourdit l'ame, la crainte est le premier pas vers l'esclavage; les hommes ne languissent dans la misere que parce qu'ils manquent de courage, ou parce que leur inexpérience leur fait redouter des malheurs chimériques, qu'ils se figurent plus grands que les maux réels qu'ils éprouvent. Le genre humain ne tremble sous les phantômes de la superstition que parce que ses Peres, ignorans, séduits par les prestiges des apôtres de l'imposture, lui ont transmis leurs frayeurs & leurs préjugés; les nations ne gémissent sous le joug des Despotes les plus cruels & de leurs Loix arbitraires que parce qu'elles craignent encore plus les remèdes que les maux habituels qui les accablent. Si les mortels rassurés de leurs vaines allarmes eussent employé à perfectionner la politique, à rectifier leurs institutions, à corriger leurs loix, à se faire de vrais systêmes sur le gouvernement & la morale, la moitié des efforts de génie que leur ont couté leurs rêveries théologiques ; s'ils eussent appliqué à leurs besoins réels la moitié des dépenses qu'ont occasionnées leurs cultes, leurs cérémonies, leurs guerres, le faste de leurs Sultans, les sociétés humaines jouiroient de toute la félicité dont elles sont susceptibles en ce monde ; mais l'homme n'est qu'un enfant toutes les fois qu'il s'agit de ses Dieux & de ses Rois ; il n'a jamais le courage d'examiner leurs titres ; il croupit dans la fange de la servitude & de la superstition, parce que ses Peres ont été des esclaves superstitieux.

Pour peu que l'on médite on est tout surpris de voir que les choses que l'homme doit regarder comme les plus intéressantes sont précisément celles qu'il a le moins examinées : l'importance des objets lui en impose, la difficulté le rebute, l'habitude lui donne un attachement stupide pour des principes, des institutions, des usages entiérement opposés à ses intérêts les plus chers. C'est ainsi que l'opinion devient *une maladie sacrée*, à laquelle on se persuade que l'on ne peut sans crime & sans danger apporter du remede. Accoutumés à croire que leurs maux sont des effets de la volonté du Ciel, à contempler leurs Souverains comme les images des Dieux, à se regarder eux-mêmes comme des malheureux indignes des bienfaits de la Divinité & les objets de sa colere, à n'envisager la terre que comme une demeure périssable d'où la félicité sera toujours bannie, les hommes se croiroient des impies, des sacrileges, des rebelles s'ils songeoient à se soustraire aux rigueurs de leur sort. C'est ainsi que la religion donne une durée éternelle aux erreurs des humains & leur ôte jusqu'à la pensée de chercher du soulagement à leurs peines. Par une suite de ces opinions sacrées les hommes résistent à la raison, au bon sens, aux penchans de leur nature pour se soumettre aveuglément aux opinions de leurs Prêtres. En conséquence de ces mêmes préjugés, des nations entieres oublient leur dignité, leurs forces & leurs droits pour se préter aux fantaisies extravagantes des conquérans qui les dévorent & les conduisent à la boucherie. C'est par un effet des mêmes préventions que la partie la plus considérable des sociétés est continuellement sacrifiée au luxe, à l'avarice, aux intérêts d'un petit nombre de Courtisans affamés qui ne sont grands que par la bassesse des malheureux qu'ils oppriment; tandis que ceux-ci, dégradés à leurs propres yeux, admirent & révèrent des hommes dont les titres & le pouvoir ne sont fondés que sur des préjugés déshonorans pour ceux qui les ont.

La vérité élève l'ame; elle fait sentir à l'homme sa dignité; il ne peut être actif & courageux s'il ne s'estime lui-même, & s'il n'est jaloux de l'estime de ses semblables; pour consentir à travailler il faut qu'il soit assuré de jouir du fruit de son travail; pour qu'il aime son Pays, son gouvernement & ses loix, il faut qu'il en retire des avantages réels; pour qu'il ait des vertus il faut que la raison lui prouve le besoin qu'il a de ses associés pour son propre bonheur.

Ainsi sans la vérité l'homme ne sera jamais qu'un esclave sans cœur, découragé par l'oppression, inutile à lui-même & à son pays, & prêt à redevoir tous les vices & les préjugés que voudront lui inspirer ceux dont il est forcé de dépendre. Des hommes de cette trempe ne peuvent être ni des citoyens généreux, ni des sujets fideles, ni des défenseurs intrépides de la patrie, ni des membres dont l'industrie, les talens & les vertus rendront une société puissante & considérée.

CHAPITRE IV.

La vérité n'est pas moins nécessaire aux Souverains qu'aux sujets. De la corruption & des vices qui résultent des préjugés des Souverains.

CE qui vient d'être dit prouve assez la fausseté des maximes de ceux qui prétendent que la vérité peut être dangereuse pour les peuples. Pour peu que les Souverains voulussent y réfléchir, ils sentiroient eux-mêmes que cette vérité qu'ils redoutent, que la flatterie leur cache toujours, dont leurs passions les rendent si souvent les ennemis & les persécuteurs, est pourtant le fondement le plus solide de leur gloire, de leur grandeur, de leur puissance, de leur sûreté. Les égaremens des Princes auxquels leurs sujets sont si fréquemment sacrifiés, ne viennent que des mensonges dont on empoisonne leur enfance, des passions que l'on sème dans leurs cœurs, des vices que la bassesse & la flatterie font éclore & nourrissent en eux : élevés dans l'ignorance & la corruption, ils font le mal parce qu'ils se croyent intéressés à le faire ; ils tyrannisent, parce qu'ils n'ont de leur bonheur, de leurs droits, de leur pouvoir que les idées trompeuses qu'une éducation criminelle s'est efforcée de leur inspirer. Ils ne veulent des sujets abrutis que parce que trop souvent incapables de gouverner ils ne sçavent qu'opprimer. Ils ne sont superstitieux que parce qu'ils n'ont point assez de force pour être vertueux.

C'est donc sur-tout aux conducteurs des peuples que la vérité est nécessaire. Les erreurs d'un particulier, nuisibles pour lui-même & pour ceux qui l'entourent, n'ont que des effets bornés, celles d'un Souverain influent sur des nations entieres & détruisent leur bien-être pour des siecles entiers. C'est aux idées fausses que les Princes ont de la gloire que font dues ces guerres continuelles qui tariffent le fang & les tréfors des Etats : c'eft aux idées fauffes qu'ils fe font de leurs droits que font dues ces vexations & ces injuftices multipliées fous lefquelles leurs fujets font forcés de gémir : c'eft aux idées fauffes qu'ils fe font du bonheur que font dûs ces monumens faftueux, ces plaifirs difpendieux, ces profufions inutiles, dans lefquels les Souverains font fi fouvent confifter toute leur grandeur : enfin c'eft aux idées fauffes qu'ils ont de la puiffance qu'eft dû ce defir effréné du pouvoir arbitraire qui tôt ou tard fe tourne contre l'infenfé qui l'exerce, & qui ne manque pas de conduire l'Etat & le Souverain lui-même à la décadence & à la ruine.

Il n'y a que la vérité qui puiffe défabufer les Rois de ces vaines idées. Elle leur apprendra qu'ils font des hommes & non des Dieux ; que leur pouvoir n'eft point émané du Ciel, mais emprunté des nations, qui les ont choifis pour veiller à leurs intérêts : que la légiflation n'eft point faite pour être l'expreffion des caprices d'un feul ou de l'avidité d'une Cour, mais des volontés générales de la nation qui s'y foumet pour son bien; que l'autorité est établie pour assurer le bien-être de tous & ne peut sans crime être tournée contre eux; que les récompenses de l'Etat ne sont point destinées à l'inutilité titrée, à la naissance orgueilleuse, au vice intriguant, à la bassesse rampante, à l'incapacité favorisée; que ces récompenses sont faites pour encourager & payer le mérite personnel, les services réels, les talens véritables, les vertus dont la patrie recueille les heureux fruits. En un mot tout Souverain qui voudra consulter la raison apprendra qu'il ne peut avoir de vraie puissance, de titres assurés, de droits incontestables, s'il ne les fonde sur les volontés de ses sujets, réunis pour concourir au bien public avec lui; qu'il ne peut en être sincérement aimé, s'il ne mérite leur amour; qu'il ne peut obtenir de la gloire, s'il ne fait des choses utiles & grandes; qu'il ne peut échapper à l'ennui qu'en s'occupant de ses devoirs. La vérité lui montrera par des exemples sans nombre que ce despotisme effréné, que cette puissance sans limites, à laquelle tous les Princes desirent de parvenir, que la flatterie leur adjuge, que la religion sanctifie & décerne au nom des Dieux, que l'inertie des peuples leur laisse souvent exercer, est un glaive à deux tranchans, toujours prêt à blesser l'imprudent qui le manie.

Ne regardons point comme impossible le projet de concilier les intérêts de la vérité avec ceux des Souverains & des peuples qu'ils gouvernent. Que l'on ne traite point de chimérique l'espoir de voir des circonstances favorables dans lesquelles la Politique éclairée par la raison sentira l'importance d'anéantir les préjugés, qui par-tout s'opposent à la félicité publique. Quoi ! les maîtres de la terre ne verront-ils jamais que leurs intérêts véritables ne peuvent être séparés de ceux de leurs nations sans lesquelles ils ne seroient rien ? Ne se convaincront-ils point que leur bien-être propre, que leur pouvoir réel, que la solidité de leur trône, dépendent des efforts sinceres d'un peuple magnanime, que son propre bonheur intéresse à seconder leurs vues ? Préféreront-ils toujours le foible avantage de commander à des esclaves ignorans & mécontens, au plaisir de commander à des citoyens fideles, attachés, industrieux, vertueux ? Ne se lasseront-ils jamais de voir leurs Etats dévastés par les fureurs religieuses, dévorés par des Prêtres inutiles, déchirés par leurs querelles; soulevés par les passions des Grands ambitieux, pillés par des sangsues publiques, réduits au désespoir pour enrichir des Courtisans perfides ou pour charmer l'oisiveté d'une Cour?

Pour peu que l'on ouvre les yeux on sentira que c'est à l'ambition des Princes & aux divisions insensées des Prêtres, que sont dûs ces tristes préjugés qui rendent quelquefois des nations ennemies pendant une longue suite de siecles. Des peuples détestent ou méprisent d'autres peuples, & sont toujours disposés à les combattre & à les détruire, soit parce que les intérêts futiles de leurs Souverains ou les intrigues de leurs Ministres mettent la discorde entre des nations, toujours intéressées à la paix; soit parce que des Prêtres leur inspirent de l'aversion pour tous ceux qui ne pensent point comme eux sur des matieres totalement inintelligibles. (*)

Faut-il donc avoir toujours devant les yeux l'affreuse perspective des nations sans cesse gémissantes des playes cruelles qu'elles se font sans cause? Faut-il ne re-

(*) Il est évident que ce sont uniquement les intérêts des Princes & des Prêtres qui font naître ces aversions nationales qui mettent à chaque instant tout l'univers en feu.

garder ce globe & tous les peuples qui l'habitent que comme les jouets éternels de quelques méchans, intéressés à les aveugler pour les agacer les uns contre les autres ? Faut-il ne voir la terre entiere que comme une sombre prison destinée à renfermer des captifs, gardés par des geoliers inquiets, souvent plus misérables qu'eux ? Les Rois ne renonceront-ils jamais à ce pouvoir destructeur qui répand par-tout la désolation, le découragement, l'inquiétude, & qui leur fait des ennemis cachés de chacun de leurs sujets ? Ne liront-ils point dans cette Asie, malgré les bienfaits de la nature, dépeuplée, changée en solitude par le Despotisme & la guerre, le sort futur de leurs Empires qu'ils détruisent par les mêmes folies ? Enfin ne reconnoîtront-ils jamais les ouvrages de la tyrannie politique, de la frénésie religieuse, de la férocité des peuples impatientés d'un joug cruel, dans ces révolutions terribles, dans ces trônes renversés, dans ces Despotes égorgés que l'histoire leur montre à chaque page ? *O Solon, Solon !* s'écrie Crœsus prêt à périr. Solon avoit osé lui montrer la vérité.

Ce sont les délires des mauvais Rois qui causent les délires, les vices & les malheurs des peuples; c'est du trône que découlent toutes les folies des nations; c'est donc cette source qu'il est important de tarir; c'est aux Souverains que la vérité doit sur-tout se faire entendre. Si la puissance suprême, par une fatalité constante, n'est que trop communément livrée à des mains peu capables ou indignes de l'exercer, il est pourtant quelquefois des momens favorables où le sort permet aux nations de respirer. Le destin a placé des Titus, des Trajans, des Antonins sur le trône de ces mêmes Césars, qui si souvent ont fait gémir la nature humaine de leurs honteux excès. Pourquoi douterions-nous de voir encore la sagesse couronnée? Pourquoi renoncerions-nous à l'espérance de trouver des cœurs droits revêtus du pouvoir écouter la vérité, dessiller les yeux des peuples & bannir ces vains préjugés qui depuis tant de siecles ont infecté les nations? La vérité, armée de la puissance souveraine, a des forces invincibles; il n'est point d'erreur qui puisse résister aux coups d'un Monarque équitable, magnanime, bienfaisant, dont les soins ont acquis des droits sur tous les cœurs. Malgré le prestige de l'opinion, la superstition elle-même sera forcée de plier devant un Prince que ses vertus réelles rendront cher à ses peuples.

Si le mensonge, aidé de la puissance souveraine, a inondé tant de pays, quels fruits ne pourroit-on pas se promettre de la vérité appuyée des mêmes secours ! Cependant les chefs des nations se proposeroient en vain d'anéantir tout d'un coup les préjugés de leurs sujets ; pour opérer la guérison de leur esprit ils doivent donc commencer par s'attirer leur confiance, & pour la mériter il faut qu'ils leur montrent des talens, des vertus. Pourquoi un Prince qui veut affaiblir l'empire de l'opinion n'useroit-il pas contre elle du même stratagême que les tyrans ont souvent employé contre des sujets qu'ils vouloient asservir ? *divide & impera*; qu'il laisse aux partisans du mensonge le soin de se diviser ; que les ministres de l'Erreur se combattent & se détruisent ; qu'ils se couvrent de ridicule aux yeux des nations; qu'ils disputent entre eux ; qu'ils se décrient; que leurs hypothèses fragiles s'entrechoquent librement ; leurs querelles ne peuvent avoir des conséquences pour l'Etat, elles ne dégénerent en des combats sanglans que lorsque l'autorité se mêle de leurs futiles

les débats; jamais ils ne deviennent sérieux que par le poids que leur donne l'autorité souveraine. Les armes de l'imposture, & de l'opinion seroient bientôt émoussées si la raison, la vérité, la philosophie avoient le droit de dévoiler leurs complots, de faire sentir l'indignation & le mépris que méritent des disputes qui ne sont jamais que des folies diversifiées. Malgré les égaremens des hommes la raison a toujours des droits sur leur esprit, leurs importantes rêveries sont forcées de céder aux traits de la satire; le fanatisme lui-même ne peut résister au ridicule. Que les Apôtres du mensonge perdent au moins le droit exclusif de parler aux nations; qu'il soit permis à la raison de les instruire à son tour; si elle ne peut totalement dissiper leurs chimeres, elle affoiblira du moins leurs funestes influences. Que l'autorité souveraine, occupée d'objets plus réels, plus dignes de son attention, se tienne neutre, & bientôt les impostures sacrées, les sectes, renversées les unes par les autres & attaquées par le bon sens, disparoîtront ou du moins rentreront dans la poussiere des écoles, d'où jamais elles n'auroient dû sortir. La tolérance universelle, la liberté d'écrire & de penser font les remedes infaillibles qu'un Souverain éclairé peut apporter aux préjugés de ses peuples.

On nous demandera, sans doute, ce que le Prince peut substituer à la religion ; je réponds qu'aux chimeres il pourra substituer des réalités. La vraie morale enseignée de bonne heure par une éducation sensée; la vertu rendue habituelle, fortifiée par l'exemple, consacrée par les loix, encouragée par les récompenses ; le vice, l'incapacité, la fraude, l'injustice, punis, découragés, méprisés, suffiront pour former des citoyens honnêtes & vertueux, des sujets convenables à un gouvernement qui se propose la vraie grandeur, la vraie sûreté, la véritable félicité de sa nation. Les bonnes mœurs & le bien-être d'une société ne peuvent être les fruits que de l'heureux accord de la politique & de la raison. Un gouvernement capricieux, corrompu, dépourvu de raison, n'est point fait pour avoir des sujets vertueux & raisonnables : en vain appellera-t-il les Dieux, les Prêtres, la religion à son secours, il ne fera que joindre le fanatisme aux déréglemens de ses esclaves : en vain l'éducation leur enseigneroit-elle la morale ; en vain la religion leur montreroit-elle des récompenses & des peines à venir; l'exemple du maître, les récompenses dont il est le dépositaire, le desir de lui plaire, la passion de s'élever & de s'enrichir pour se souſtraire à l'oppreſſion, ſeront des mobiles bien plus forts que les ſpéculations d'une morale que tout dément à chaque inſtant, ou que des terreurs religieuſes que l'on oublie toutes les fois que l'imagination eſt occupée d'un intérêt préſent.

Il eſt aiſé de prouver à tout eſprit non prévenu que les idées religieuſes ſont plutôt un principe de deſtruction que de ſolidité pour la vraie morale; la ſcience des mœurs ne peut ſans danger être ſoumiſe aux caprices des Prêtres, à leurs oracles contradictoires, à leurs interprétations changeantes. La ſaine morale, ſi néceſſaire à la politique, ne peut ſe concilier avec les principes d'une religion turbulente par ſon eſſence & faite pour altérer tôt ou tard la tranquilité publique. Ces vérités ne paroîtront étranges qu'à ceux que leurs antiques préventions auroient rendus ſourds à la raiſon. Si une Divinité malfaiſante dans ſes décrets éternels a réſolu que les nations fuſſent toujours malheureuſes en ce monde, il ne leur est point permis de songer à finir leurs miseres; si un Dieu, partial pour les Rois seuls, a voulu que ses représentans sur la terre eussent le droit d'être injustes impunément, & d'exercer de *droit divin* la licence la plus effrénée, ce Dieu a, sans doute, voulu que les hommes étouffassent la passion d'être libres, l'amour de leur conservation propre, le desir du bonheur, l'activité, l'industrie, le courage, l'énergie. Des Etres ainsi dénaturés ne peuvent plus être regardés comme des hommes; réduits par la superstition à l'état des bêtes, devenus de vils automates, ils ne doivent recevoir leurs impulsions que de ceux qui les gouvernent, & ceux-ci rendus licentieux par l'abus du pouvoir, ne doivent leur donner que des impulsions criminelles. L'esclave d'un Tyran ne peut être que vicieux & dépravé; l'élévation, la grandeur d'ame, l'honneur véritable, ce respect légitime que le mérite se doit à lui-même ne sont point faits pour des Pays où le caprice décide seul de la valeur des hommes & fixe les objets de la considération publique. Le point d'honneur n'est dans des esclaves que leur vanité allarmée. Le vrai mérite n'est point ombrageux: il se met au dessus des insultes & des mépris.

En un mot la vertu est incompatible avec l'abjection d'ame que produit la servitude; le vrai mérite & les talens sont alors inutiles ou dangereux; la probité, la modération, les lumieres, l'amour du bien public écarteroient de la fortune ceux qui auroient la témérité de les montrer. Le vice & la médiocrité sont seuls faits pour réussir auprès des hommes que leur incapacité rend inquiets. La morale n'est qu'une chimere & la vertu n'est qu'un vain nom sous un gouvernement où les intérêts les plus forts concourent à dégrader les esprits & à ne faire des sujets que des enfans frivoles, vains, envieux de leurs jouets puériles & capables de tout pour se les procurer; (*)

(*) Il est aisé de sentir que la *frivolité* que l'on voit régner dans quelques nations est l'effet du gouvernement, qui néglige de porter les esprits vers des objets grands & utiles, ou qui les en détourne. D'ailleurs l'instabilité qui regne dans les pays soumis au pouvoir arbitraire doit influer sur les esprits & les rendre volages, légers & vains, ou leur faire attacher un grand prix à des objets futiles. Le faste, la parure, l'amour de la dépense deviennent des choses nécessaires dans les pays gouvernés par des hommes qui prennent eux-mêmes le faste & la prodigalité pour de la grandeur, & qui n'ont point d'idées de l'utilité. *Sicut Principes, ita & Populus.* Dans une nation où les grands

Dès que l'homme est forcé de se mépriser lui-même il n'est plus susceptible de vertu; dès qu'il ne peut travailler à son propre bonheur il faut qu'il tombe dans l'apathie & le découragement, il devient inutile; dès que tout lui montre son intérêt à mal faire, à quoi pourroient servir les préceptes stériles d'une éducation & d'une morale qui lui diroient de faire le bien? Sous un gouvernement qui opprime il faut se mettre à portée d'opprimer, ou consentir soi-même à souffrir l'oppression : sous un maître injuste il faut lui ressembler ou renoncer à ses faveurs; il faut se conformer à ses goûts, servir ses passions, le flatter dans ses vices, lui faciliter ses extorsions : en vain une éducation honnête auroit-elle inspiré des sentimens vertueux à un homme destiné à servir un tel maître, il s'apperçoit bientôt ou qu'il faut oublier ses principes, ou s'éloigner d'une Cour qui n'est faite pour recevoir que des Etres corrompus.

La raison ne peut rien contre un gouvernement injuste, contre les exemples d'une Cour dépravée, contre les pro-

peuvent tout, il faut suivre cette maxime : *Principibus placuisse viris non ultima laus est.*

HORAT. Epist 17. Lib. 1 vers. 35.

messes & les menaces d'un despote en démence. La vertu n'est point faite pour un pays mal gouverné; elle ne peut y être le partage que de quelques sages obscurs, dont l'ame noble & généreuse refuse de plier le genou devant le crime puissant, ou le vice méprisable, devenus les distributeurs des graces. Dans une nation soumise au pouvoir arbitraire l'éducation pourroit se borner à dire:
„ Souviens-toi que tu es esclave; étouf-
„ fe les sentimens de la nature; ne te
„ rappelle jamais les priviléges de ton
„ être; sois souple, rampant & soumis,
„ si tu veux t'élever; imagine de nou-
„ veaux moyens d'affliger & d'écraser
„ ta patrie, si tu veux que tes talens
„ te soient utiles. Sois ambitieux; mais
„ souviens-toi qu'il faut cacher ta mar-
„ che, afin de donner le change à tes
„ rivaux. Sois toujours complaisant pour
„ le vice en crédit, si tu cherches la fa-
„ veur. Sois injuste & sans pitié, si tu
„ songes à ta fortune. Sois hypocrite
„ ou dévot, si le Prince le demande.
„ Sois débauché & licentieux, s'il est
„ voluptueux; en un mot renonce à des
„ vertus puériles, qui mettroient des
„ obstacles perpétuels aux desirs de ton
„ cœur."

Telles sont les maximes qui conviennent aux sujets d'un Despote; telles sont celles que suivent ces Courtisans ennemis de toute vérité, qui l'écartent soigneusement du trône, qui la traitent de dangereuse, qui arment sans cesse contre elle la puissance souveraine, & qui endorment les Princes dans une ignorance profonde de leurs devoirs, & des malheurs qui les menacent. Ces esclaves flatteurs craignent de contrister leur maître & de perdre sa faveur. Ainsi les Rois ne s'apperçoivent que sur le bord de l'abîme des conséquences terribles que l'ignorance, la corruption des mœurs, l'oppression multipliée ont fait de longue main éprouver à leurs Etats : ils voyent avec étonnement leurs provinces incultes, appauvries, dépeuplées, incapables de fournir à leurs profusions accoutumées, à leurs guerres inutiles, à leurs fantaisies insatiables : en vain cherchent-ils des chefs expérimentés pour écarter les dangers, des conseillers habiles & sinceres pour les aider de leurs avis; des soldats courageux pour défendre leurs Empires; ils ne rencontrent par-tout que des ames vénales, des mercenaires sans lumieres, des ambitieux ignorans, propres à redoubler les playes des nations ; ceux-ci contens de s'assurer un port contre l'orage s'embarrassent très-peu de ce que deviendront après eux & l'Etat & le Prince.

Un Souverain ennemi de la vérité, dépourvu de lumieres & d'équité, étranger au mérite, qui ne veut que des flatteurs, ne peut être servi par des sujets fideles, sincérement attachés à sa personne, occupés du bien public, intéressés à la gloire de leur maître. Uniquement occupés de leur propre fortune ils applaudiront à ses vices qu'ils espéreront faire tourner à leur profit; ils s'efforceront de le corrompre, ils lui montreront la grandeur dans la prodigalité, ils le détourneront des affaires, ils le plongeront dans la molesse & dans la volupté. L'exemple du Prince, toujours contagieux, infectera tous ceux qui l'approcheront; il n'aura point d'amis, il n'aura que des complices de ses déréglemens, des ennemis du mérite & de toute vertu, qui obsédant leur maître, empêcheront la triste vérité de frapper ses oreilles. Ainsi les maux des nations se perpétuent; le Souverain, endormi dans le vice, n'est averti de sa ruine que lorsqu'il est trop tard pour y porter remede. *Celui*, dit Saadi, *qui conseille un Ty-*

ran, lave ses mains dans son propre sang.

En vain la vérité tenteroit-elle de se faire entendre à des hommes de cette trempe, sa langue leur seroit totalement inconnue, & d'ailleurs comment pénétreroit-elle jusqu'à eux ? Comment se feroit-elle entendre au milieu des plaisirs, de la dissipation, & des acclamations de la flatterie ? C'est donc aux peuples que la vérité doit pour lors s'addresser. Une nation s'éclaire à mesure qu'elle renferme un plus grand nombre d'hommes capables de méditer, de faire des expériences pour elle, de rectifier ses idées, de combattre ses préjugés; quelles que soient les préventions de la multitude, les lumieres ne laissent pas de se répandre peu à peu, elles portent à la fin une portion de clarté dans tous les yeux.

Les vices du Gouvernement font souvent éclore la vérité. Les mécontentemens généraux mettent les esprits en mouvement; au lieu des révolutions cruelles qui se font dans les contrées totalement abruties, il se fait une heureuse révolution dans les idées de ceux qui habitent des pays plus éclairés; alors la vérité, appellée par le vœu public, force souvent toutes les barrieres qu'on lui veut opposer. La raison une fois sentie devient un besoin si pressant pour les hommes, que ceux qui gouvernent, malgré leur attachement pour leurs erreurs, malgré l'intérêt qu'ils s'imaginent avoir de les maintenir, malgré l'ignorance où ils sont de leurs propres intérêts, malgré le peu de volonté qu'ils ont de remédier aux maux publics, sont forcés quelquefois de céder à la force de l'évidence, appuyée des suffrages de toute une nation.

C'est ainsi qu'à mesure que les nations s'éclairent nous voyons les mœurs s'adoucir, nous voyons l'humanité tempérer les fureurs de la guerre; nous voyons le despotisme lui-même prendre un ton plus raisonnable & n'oser braver ouvertement la décence & le cri public. Dans l'Europe instruite le despotisme n'exerce point ses fureurs à front découvert comme dans l'ignorante Asie. Les ministres de la superstition, forcés par la raison qui peu à peu s'est répandue, sont quelquefois obligés de renoncer à leurs principes inhumains, de se montrer au moins plus pacifiques & plus doux; ils n'osent plus abuser aussi impudemment de la crédulité des peuples que leurs prédécesseurs effrontés; ils craindroient le ridicule s'ils faisoient sonner trop haut leurs prétentions ridicules ; ils feroient détestés s'ils donnoient trop ouvertement le signal de la persécution & de l'inhumanité : au sein des nations les plus instruites la douceur des mœurs, compagne ordinaire de la raison & des lumieres, oblige ces barbares à faire du moins une trève apparente & simulée avec la liberté de penser que leur cœur détestera toujours.

La vérité devient irrésistible lorsqu'elle est appuyée de l'opinion publique ; les Gouvernemens eux-mêmes en sont entraînés ; nul homme n'a le courage d'être insensé tout seul ; la folie n'est puissante que lorsqu'elle a le grand nombre pour elle ; l'imposture ne triomphe que quand elle a beaucoup d'approbateurs, de fauteurs, de complices. Les Tyrans religieux & politiques ne sont absolus que dans des nations aveugles & privées de raison.

Malgré l'inertie des peuples, malgré la négligence & la mauvaise volonté de ceux qui les ont gouvernés, la raison a fait sans doute des progrès très-visibles ; la lenteur de sa marche ne l'a point empêché de détruire une foule d'erreurs, & d'ébranler vivement ces superstitions qui se flattent d'une éternelle durée ;

nous voyons l'esprit humain tendre sans cesse à la perfection, ou du moins se rapprocher insensiblement du vrai ; & quoique le terme desirable où il l'adoptera sans partage ne soit peut-être, de même que le bonheur parfait, qu'une chimere, ne laissons pas d'y tendre, le desir de l'obtenir nous donnera de l'activité ; le désespoir & l'inaction ne remédient à rien. Ayons donc le courage de chercher la vérité ; ne nous en laissons imposer ni par l'universalité, ni par la force, ni par l'antiquité des préjugés. Les erreurs du genre humain sont universelles parce que l'expérience a dû précéder la raison ; ces erreurs sont devenues sacrées, parce que jamais elles ne furent examinées ; elles ont paru respectables parce qu'elles ont longtems duré.

CHAPITRE V.

De la vénération pour l'Antiquité, ou du respect que les hommes ont pour les Usages, les Opinions, les Institutions de leurs Peres.

L'ANTIQUITÉ donna toujours du poids & de la solidité aux opinions des hommes: des institutions, des usages, des coutumes, des systêmes qui ont duré long-tems leur paroissent inviolables & sacrés; tout ce qui remonte à un tems immémorial leur semble mériter de l'estime; ils ont pour ce qui est ancien la même vénération que pour la vieillesse, qu'ils supposent toujours enrichie d'experiences & de lumieres; ils se persuadent que leurs Peres, évidemment, ignorans & sauvages, étoient plus éclairés qu'eux-mêmes: ils supposent que leurs prédécesseurs ont avant eux pesé très-mûrement les choses, que leurs Institutions portent les empreintes de la sagesse & de la vérité: en un mot ils s'imaginent que ce que leurs Ancêtres ont jugé convenable ne peut être ni altéré ni anéanti sans crime & sans danger. Les hommes se regardent comme dans une minorité perpétuelle; ils s'en rapportent aveuglément aux décisions de ceux qui sont plus âgés qu'eux. C'est ainsi que les nations furent toujours les dupes de l'antiquité; elles croient que leurs fondateurs ont été plus sages, plus habiles, plus vertueux que leur postérité; la paresse & l'ignorance des hommes font qu'ils consentent à se dégrader plutôt que de chercher des remedes à leurs peines. Ce n'est que sur ces préjugés que se fonde l'opinion ,, *que le monde va tou-* ,, *jours en empirant; que les mœurs dé-* ,, *génerent; que nous ne devons pas nous* ,, *croire plus sages que nos peres; qu'il ne* ,, *faut point toucher aux usages reçus,* ,, *que les institutions antiques sont sa-* ,, *crées, qu'il ne faut rien changer, &* ,, *que toute innovation est dangereuse.* ,, Telles sont les maximes futiles que l'on entend répéter sans cesse, & qui se trouvent souvent dans la bouche même des personnes éclairées. (*) Ces faux prin-

(*) Cicéron a dit: *Nihil movebit sapiens in sacris, scit enim mortali natura non esse possibile certi quidquam de his cognoscere.* Cependant il se moquoit lui-même de la superstition de son pays, & le livre *de la divination* étoit très-propre à révolter les dévots de Rome. Justinien dit très-grave-

cipes, déjà enracinés dans l'esprit du vulgaire, reçoivent des forces continuelles de la part des Gouvernemens, dont les vues sont souvent trop bornées pour sentir la conséquence des préjugés invétérés & pour en chercher les vrais remedes, ou qui se croyent intéressés à laisser subsister des abus dont ils se flattent de recueillir les fruits. Ne rien changer, ne rien innover sont des maximes, ou de la stupidité, ou de la tyrannie qui ne veut point se corriger.

Où en serions-nous hélas ! si nos ancêtres avoient eu pour les leurs, & ceux-ci pour leurs devanciers, l'aveugle vénération que l'on exige de nous pour les préjugés antiques ? L'homme seroit encore sauvage, il erreroit tout nud dans les bois, il mangeroit du gland, il se nourriroit de viandes crues. Cependant l'espe-

---

ment *quem mater amictum dedit semper esse custodiendum*. Les Egyptiens gouvernés par des Prêtres, furent ennemis de toute innovation ; les Chinois en sont ennemis par politique ; chez eux la vie la plus longue & la plus appliquée ne suffit pas pour apprendre à lire. Par une loi de Zaleucus tout homme qui avoit quelque innovation à proposer devoit le faire la corde au cou. Ætodius, Jurisconsulte François du XVIᵉ. siècle, voudroit que la même loi fût établie en France ; mais elle y subsiste dans le fait ainsi que par-tout ailleurs.

l'espece humaine a fait des pas marqués vers la perfection ; mille erreurs ont passé ; mille autres leur ont succédé pour passer comme les premieres. La nature en effet ne se régle point par nos maximes insensées ou par les intérêts de ceux qui voudroient tenir les mortels dans l'imbécillité ; elle se rit de leur folie, & finit par détruire tout ce qui n'est point conforme à la vérité.

Il est évident que la nature a fait l'homme susceptible d'expérience & par conséquent de plus en plus perfectible ; c'est donc une absurdité que de vouloir l'arrêter dans sa course en dépit d'une loi éternelle qui le pousse en avant. Puisque la nature de l'homme lui fait desirer le bonheur, il faut que l'homme s'éclaire ; les imposteurs & les tyrans ne sont pas plus forts que la nature universelle, ils ne peuvent pour toujours le tenir dans sa stupidité. C'est cette loi de la nature qui entraîna l'enfant du premier homme, s'il y eut un premier homme ; c'est la même loi qui a successivement entraîné tous les mortels, qui nous entraîne nous-mêmes, & qui entraînera nos déscendans. Pour empêcher les hommes de s'éclairer, il faudroit que le Tyran & le Prêtre trouvassent le moyen de changer l'or-

G

ganisation humaine. En vain font-ils la guerre la plus cruelle à la science ; en vain dans la vue d'assurer leur empire, entourent-ils les têtes humaines dès l'enfance des bandelettes sacrées de l'opinion ; l'homme cherchera toujours à se rendre heureux, le desir du bien-être ne s'étouffera jamais dans son cœur ; à force de circuler d'erreurs en erreurs il rencontrera la vérité ; plus forte que toutes les digues qu'on lui oppose, elle renversera tous les projets iniques, toutes les institutions extravagantes, tous les mensonges follement révérés des mortels.

C'est sans doute au respect déraisonnable que les hommes accordent à l'Antiquité que sont dus ces préjugés qui font par tout pays attacher une haute idée à la *naissance :* opinion fatale qui influe évidemment de la façon la plus nuisible sur toutes les Sociétés. Par une suite de ce préjugé ridicule, pour estimer un homme on ne demande jamais ni ce qu'il est, ni les talens qu'il possede, ni les vertus dont il est orné ; on se borne à demander le nom de ses ancêtres. En conséquence de cette idée, dont souvent on est la dupe même lorsqu'on en sent le ridicule, le mérite obscur est oublié ; les talens sont mis au rebut quand ils n'ont point un nom ou des titres à présenter; la naissance est une tache qui étouffe toutes les vertus; l'homme que la nature a doué du génie le plus vaste, des connoissances les plus rares, de la plus grande capacité, ne peut songer à se placer sur la même ligne qu'un stupide distingué par ses ayeux, mais qui n'est rien par lui-même. Que dis-je? le grand homme ne peut se tirer de l'abjection qu'en rampant en esclave aux pieds de l'ignorance hautaine. Lorsqu'un heureux hazard éleve aux grandes places un homme obscur, capable de les remplir, le public s'indigne, & complice d'un préjugé déshonorant qui l'avilit lui-même, il trouve très-étrange qu'au préjudice d'une noblesse trop fiere pour s'instruire, le choix soit tombé sur un mortel que sa naissance sembloit exclure du droit de servir son pays. (*)

(*) Sous le Roi Jean, la Noblesse de France vit avec la plus grande douleur le peuple affranchi de la servitude former, sous le nom de *Tiers-Etat*, un corps qui eût le droit de parler dans une nation dont il faisoit la partie la plus nombreuse. Il n'est rien de plus avilissant pour les nations que les préjugés de la Noblesse; dans plusieurs pays le gros des citoyens n'est regardé que comme un troupeau de bêtes de somme. La Noblesse, d'où se tirent les courtisans & les grands, forme dans presque toutes les sociétés une *Aristocratie* réelle,

Dans la plupart des nations Européennes, un homme n'est considéré qu'en vertu de sa race; la naissance seule donne le droit de prétendre à tout; les services réels ou prétendus des peres tiennent lieu de mérite & de vertus aux descendans; il résulte de là que ceux qui sortent d'un sang que l'opinion révere, assurés d'avance des places & des récompenses ne se donnent aucune peine pour acquérir les qualités nécessaires au bien-être de la société : il leur suffit d'être nés pour parvenir aux honneurs, à la considération, au crédit, à la faveur, & pour devenir les arbitres du sort des nations. C'est à la naissance seule qu'appartient le droit d'approcher de la personne des Princes, de leur donner des conseils, de régler le destin des Empires, de commander les armées, de juger les citoyens. C'est à la naissance seule que sont accordés les

aussi nuisible au Souverain qu'onéreuse à son peuple. Le Prince n'est souvent forcé de fouler ses peuples que pour satisfaire l'avidité d'une Noblesse; qui ne l'entoure que pour mandier sans cesse, parce qu'elle juge indigne d'elle de travailler utilement. Le préjugé de la noblesse nuit à la Noblesse elle-même qu'il empêche de faire sa fortune par des voies utiles à l'Etat. L'orgueil que donne la noblesse fait par-tout des nobles malheureux. Sont-ils dans l'indigence; vous les voyez ou trop fiers ou trop peu instruits pour s'en tirer

priviléges, les distinctions, les dignités, les richesses, qui pour le bien de l'Etat ne devroient être accordés qu'à ceux dont l'État a éprouvé les services. C'est au rang seul que la justice est rendue; c'est au rang qu'appartient le droit d'être injuste & d'opprimer impunément. En un mot les nations ne semblent faites que pour travailler, afin de mettre dans l'abondance & le luxe des hommes qui depuis des siecles n'ont pour eux que les mérites fictifs de leurs premiers ancêtres. (*)

En effet si nous analysons ces prétendus services, à quoi se réduiront-ils ? Hélas ! nous trouverons que ce Grand chargé d'un nom pompeux, que les nations s'efforcent de récompenser des services de ses peres, descend ou de quelque guerrier séditieux, turbulent, sanguinaire, ou de quelque esclave intriguant du pouvoir tyrannique, qui lui prêta son secours pour subjuguer, pour désoler, pour massacrer ses concitoyens. En un mot nous trouverons que ce n'est très-sou-

(*) La noblesse devroit être *personnelle* & jamais *héréditaire*. Selon la remarque d'un homme d'esprit, l'Eglise Romaine enseigne que l'on peut appliquer les mérites des vivans aux trépassés, mais la noblesse prétend qu'on doit appliquer aux vivans les mérites des trépassés.

vent qu'en vue des forfaits des peres que la nation respecte & considere les enfans inutiles, incapables & méchans. (†) L'on nous dira peut-être que les Etats ont besoin de *pépinieres*, qui leur fournissent des hommes que leur naissance destine à les défendre. Nous répondrons que tout citoyen est appellé à la défense de l'Etat : que celui qui n'est que soldat, finira tôt au tard par oublier qu'il doit être citoyen ; il ne sera plus que l'instrument mercenaire du maître qui le paye ; il asservira la Patrie au lieu de la défendre ; & son orgueil le rendra souvent aussi incommode à son Souverain lui-même qu'à son Pays.

(†) Dans quelques gouvernemens militaires on fait une très-grande distinction entre la noblesse *militaire* & la noblesse *de Robe*. Celle-ci est dégradée par le Souverain lui-même ; il n'accorde point à ceux qui rendent la justice en son nom les mêmes distinctions qu'aux gens de guerre. Comme si la fonction de rendre la justice étoit moins honorable que celle de tuer des hommes souvent très-injustement ! Il est évident que ce préjugé, défavorable aux ministres des Loix, est fondé sur les notions barbares & féroces d'un peuple conquérant, qui faisoit un grand cas de la force & peu de cas de l'équité. Le guerrier est communément peu sensible à la justice. Comme Achille,

Jura negat sibi nata, nihil non arrogat armis.
HORAT. de arte poetic. vers. 122.

Ainsi la vérité met au néant des titres si peu fondés; l'utilité publique exige que les récompenses de l'Etat soient proposées à l'émulation de tous les citoyens & justement réservées pour ceux qui servent utilement l'Etat. L'intérêt permanent des nations & de leurs chefs veut que tout homme qui a des lumieres & des vertus soit préféré à celui qui n'aura que des ayeux. L'expérience ne nous prouve-t-elle pas que c'est pour l'ordinaire dans le sein de l'obscurité que la nature fait naître les ames les plus fortes, les génies les plus vastes, les talens les plus utiles à la société?

Mais les vérités les plus claires paroissent des folies à des yeux prévenus; elles éprouvent toujours les plus fortes contradictions de la part même de ceux qui souffrent des préjugés que ces vérités combattent. Tous ceux qui combattirent des erreurs anciennes passerent pour des insensés & furent traités en Ennemis. Les découvertes les plus avantageuses dans les sciences & dans les arts trouverent pour l'ordinaire des contradicteurs acharnés, ou furent rejettées avec dédain: leurs auteurs furent souvent couverts de ridicule, décriés, persécutés; tout homme qui proposa des changemens fut regardé comme un fou, un furieux, un perturbateur du repos public, un présomptueux, un arrogant, par ceux mêmes à qui ces changemens étoient le plus avantageux. La Postérité recueille seule les fruits des travaux du Génie. (*) Quelles furent les clameurs contre ceux qui osèrent attaquer ces préjugés antiques & sacrés, depuis longtems les objets de la vénération des peuples ! aussitôt les puissances s'armèrent contre la vérité ; en défendant l'erreur elles crurent défendre le *Palladium*, le gage de la sûreté publique.

Les préjugés, qui dans les nations modernes, devenues cependant plus policées

---

(*) Les Hommes semblent souvent s'offenser des secours qu'on leur présente. Indépendamment de l'intérêt, la vanité & l'envie sont deux grands obstacles qui s'opposent à la vérité. Tout homme qui dogmatise déplaît ; tout homme qui s'annonce par quelque grande découverte fait craindre sa supériorité ; adopter ses idées ce seroit déférer à ses lumières, & reconnoître la grandeur de son génie, aveu toujours humiliant pour la vanité. Lorsque Harvey eut découvert la circulation du sang, il n'y eut en Europe qu'un seul Médecin qui fût de son avis, encore étoit-il étranger. En adoptant sa découverte ses confreres eussent avoué leur infériorité & leur ignorance. Les Athéniens punirent celui qui vouloit ajouter une nouvelle corde à la lyre. Le Parlement de Paris a proscrit l'usage de l'antimoine &c. &c. &c.

& plus douces, adjugent pourtant encore de si grands avantages à la profession des armes, sont des preuves de leur vénération déraisonnable pour l'Antiquité, & des restes d'une ancienne barbarie, qui faisoit regarder la violence, la rapine, le meurtre comme des actions louables, & ceux qui les exerçoient comme des personnages distingués. En effet si nous voulons chercher la source d'une foule d'opinions fausses & d'usages impertinens auxquels nous trouvons encore nos concitoyens très-fortement attachés, nous serons forcés de remonter à ce qui se pratiquoit chez des Scythes, des Celtes, des Gaulois, des Germains, des Sarmates, des Vandales, des Goths, &c. en un mot chez des Sauvages, dont les Princes & les Grands ont soigneusement conservé les folies.

D'où viennent ces armoiries si bizarrement ornées dont parmi nous la Noblesse paroît encore si jalouse & si fiere ? L'on y voit des animaux & des figures que des Sauvages tout nuds se traçoient d'abord sur la peau pour se rendre plus terribles, qui, lorsqu'ils eurent appris à se vêtir, furent portés grossièrement sur des Ecus ou boucliers, & furent ensuite entourés des peaux des bêtes qu'ils avoient tuées à la chasse. Telle est la véritable origine de cet art puérile connu sous le nom d'*Héraldique*, qui servit de base à la science non moins futile des *Généalogies*, inventée pour repaître la vanité de quelques hommes très-curieux de prouver à l'univers qu'ils descendoient en droite ligne de quelqu'ancien Sauvage féroce & vagabond. Ces colliers, ces chaînes dont les Souverains se servent encore pour décorer leurs favoris, & pour exciter les désirs des Grands qui les entourent, étoient déjà des distinctions pour les mêmes brigands dans une antiquité très-reculée. (*)

C'est encore à ces brigands farouches & ombrageux que les Européens modernes sont redevables de leurs idées si cruelles & si fausses sur le *point d'honneur*, & de ces combats singuliers ou duels par lesquels des citoyens croient leur honneur engagé à répandre leur propre sang, ou celui de leurs concitoyens pour l'offense la plus légere : préjugé si forte-

(*) Le Romain *Manlius* fut surnommé *Torquatus* pour avoir enlevé le collier à un Gaulois qu'il avoit vaincu. Tous les Ordres de Chévalerie ont des colliers pour marque distinctive. L'opinion & le préjugé viennent à bout de faire passer pour une décoration les signes les plus puériles & les plus ridicules.

ment enraciné que non content de braver l'humanité, il a jusqu'ici résisté & à la Religion & aux Loix. Par une suite de cet affreux préjugé les habitans des contrées policées, aussi féroces que les Celtes leurs peres, même au sein des villes, même au sein de la paix, se montrent armés d'un glaive, qui annonce qu'ils sont toujours prêts à détruire leur semblable, & à se venger eux-mêmes.

C'est à la barbarie altiere de la Noblesse Celtique que la Noblesse moderne doit encore le mépris qu'elle montre pour les sciences & les arts. Nos Grands, comme leurs ancêtres sauvages, se font gloire de tout ignorer, & ne font cas que de l'art odieux de piller, de ravager, de tuer. Le militaire dans le grade le plus infime, le plus dépourvu de lumieres, se croit fort au dessus du Magistrat le plus élevé, du génie le plus sublime, du citoyen le plus utile & le plus industrieux ; tandis qu'aux yeux de la raison l'artisan le plus dédaigné est souvent préférable à ces hommes de sang & à ces Grands qui de race en race ne se sont souvent illustrés que par des bassesses & des inhumanités.

Par une suite du mépris que les Grands ont conservé pour la science, les Princés la méprisent & ne sont que rarement instruits; ceux qui voudroient former & leur cœur & leur esprit, essuyeroient de la part des Courtisans les mêmes reproches qu'Amalasonte, à qui les Seigneurs Goths représentèrent *que les études qu'elle faisoit faire à son fils nuiroient au courage* dont sa nation féroce avoit besoin, c'est-à-dire, ne s'accommoderoient pas à l'humeur turbulente & sanguinaire d'une Noblesse qui ne demande qu'à sacrifier les nations à sa rapacité ou à sa vanité. (*)

Les Dieux & les cultes que l'on présente aux peuples actuels sont aussi peu sensés que ceux de leurs Peres. Les Prêtres modernes, ainsi que les Druïdes des Celtes, entretiennent & les Grands & les peuples dans l'ignorance & le mépris de la science afin de régner sur eux. Ils ont la même politique que les Scythes, qui crevoient les yeux de leurs esclaves pour que rien ne les détournât des travaux auxquels ils les vouloient employer.

D'où l'on voit que nous sommes, graces à nos préjugés antiqués, encore des Scythes, des Celtes, des Sauvages.

(*) V Procop. hist. Goth. Lib. 1. Cap. 2. & Peloutier hist. des Celtes Tome I. Livre II. Chap. 7. & 8.

Les nations modernes se gouvernent encore par les mêmes maximes que les hordes de leurs Ancêtres, dont la guerre & les crimes étoient l'unique élément. Notre Noblesse regarde la paix comme un état violent : cette paix la plonge dans une honteuse oisiveté, parce qu'un préjugé ridicule lui persuade qu'il faut ou tuer, ou ne rien faire, & qu'il seroit indigne d'elle de se livrer à des occupations utiles. En conséquence nous voyons en Europe des milliers de Soldats pendant la paix demeurer les bras croisés, tandis que par des travaux publics & nécessaires ils pourroient, alors au moins, dédommager la Patrie des maux que lui font toujours les guerres les plus heureuses. Si les chefs, qui commandent ces troupes si souvent inutiles, se croyoient déshonorés en les faisant travailler pour le bien de l'Etat qui les paye & les nourrit, on leur dira que les Romains, qui ont conquis la terre, ne dédaignoient pas durant la paix d'employer leurs mains victorieuses à faire des aqueducs, des chemins, des canaux, en un mot des travaux utiles, dont les ruines mêmes font encore imposantes pour les modernes énervés & si vains.

Ce sont visiblement les préjugés transmis par nos Ancêtres qui corrompent encore pour nous les idées de la Politique: c'est par eux que nous confondons sans cesse la violence avec le droit. Combien de Jurisconsultes modernes ne regardent-ils pas la conquête comme conférant un droit légitime de maltraiter & d'asservir un peuple vaincu? (*) Plusieurs sçavans célebres n'ont-ils pas de l'équité des idées aussi fausses que ces Gaulois qui disoient aux Romains *qu'ils portoient leur droit à la pointe de leur épée, & que tout appartenoit aux guerriers courageux?* Les Souverains actuels ne se prétendent-ils pas en droit de regner despotiquement sur leurs Nations, parce que ces Nations furent autrefois conquises par des brigands, aux droits desquels les Princes ne rougissent point de succéder? N'est-ce pas en vertu de ces prétendus droits que tant de Monarques se rendent

---

(*) Grotius, Puffendorf &c. Toutes les absurdités qui ont été débitées sur le Droit Politique viennent de ce qu'on a cru que les Princes & les peuples n'étoient pas soumis aux mêmes devoirs que les particuliers. De même toutes les absurdités religieuses sont fondées sur ce qu'on a cru que les Dieux n'étoient point soumis aux Loix de la nature & de la raison, pouvoient agir arbitrairement, avoient une justice différente de la notre; d'où l'on voit à quel point les principes Politiques & Théologiques sont propres à corrompre la morale.

souvent également incommodes à leurs propres sujets, qu'ils traitent en ennemis, & aux sujets des autres qu'ils voudroient envahir?

Par une suite de ces notions absurdes la tyrannie se trouve justifiée, la violence, la rapine & la fraude semblent donner des droits réels; les chefs des Nations appellent *gloire* ce qui devroit les couvrir d'ignominie, & ce qu'ils punissent eux-mêmes du dernier supplice dans un citoyen obscur qui voudroit les imiter en petit. Les Nations, imbues des mêmes idées, sont assez stupides pour se glorifier lorsqu'elles ont à leur tête des maîtres turbulens, qui pour répandre la terreur chez leurs voisins, les conduisent elles-mêmes à la boucherie & les réduisent à la misere. Les excès les plus abominables des Princes trouvent des admirateurs & des panégyristes dans des peuples tout fiers d'être les instrumens & les victimes des bourreaux qui les immolent à leurs fausses idées de gloire.

Ainsi des préjugés sauvages perpétués dans l'esprit des Souverains & des peuples, font encore aujourd'hui la base de la politique tant intérieure qu'extérieure des Etats; ils sont presque toujours en guerre : sous prétexte de ces guerres, qui n'ont que très-rarement la défense ou les interêts véritables de la Patrie pour objet, les nations ont sans cesse sur pied des armées innombrables, à l'aide desquelles les Princes les enchaînent, les ruinent, & finissent par s'affoiblir eux-mêmes & par tomber dans la misere.

Tels sont les effets des idées fausses de grandeur & de gloire que les peuples modernes ont héritées des Scythes leurs ancêtres. Elles ont banni la Justice de la terre ; elles ont fait pour les Princes une morale à part, dont la force & la ruse sont les uniques bases. Cette morale, sous le prétexte spécieux du bien des nations & de la *raison d'Etat*, les autorise à violer sans remors les devoirs les plus saints de la nature, non seulement à l'égard de leurs prétendus ennemis, mais encore à l'égard de leurs propres sujets. C'est à des préjugés si nuisibles, que la liberté, la propriété, la tranquillité, le bonheur & la vie des peuples sont par-tout indignement sacrifiés.

Un gouvernement militaire sera toujours féroce, violent, turbulent : les Loix ne pourront s'y faire entendre ; les mœurs y seront nécessairement corromrompues, la Justice sera proscrite, & les peuples ne parviendront pas à se civiliser parfaitement. Sous un tel gouvernement le Prince, s'il est le maître de la Noblesse & des Soldats, se liguera avec eux pour accabler sa nation désarmée, ils auront des intérêts séparés de tous ceux des autres citoyens. Pour que les peuples soient heureux, il faut qu'ils soient libres; pour être libres, il faut qu'ils n'ayent à craindre que la Loi. Les militaires ne sont utiles à la patrie que lorsque, citoyens & libres eux-mêmes, ils sont soumis aux Loix, & non aux caprices d'une Cour, qui sans raison prodiguera leur sang & s'immolera la félicité publique.

Pour nous désabuser de l'opinion favorable que nous avons trop communément pour les institutions anciennes, il suffit de voir ce qui se passe sous nos yeux. Puisque nos Contemporains examinent si peu les choses les plus importantes pour eux, avons-nous lieu de croire que celles qui nous ont été transmises par nos Peres ayent été mieux examinées? Nos religions, nos gouvernemens, nos loix, nos coutumes, nos opinions datent communément des tems d'ignorance & de barbarie; ce sont nos ancêtrès qui nous ont fait passer des usages, des abus, des préjugés que le tems a rendus sacrés; de race en race l'éducation, l'habitude, l'exemple, l'autorité ont propagé & maintenu les notions les plus insensées, les usages les plus ridicules, les institutions les plus contraires au bien public, enfin tant d'opinions absurdes dont la raison gémit. Les Superstitions modernes n'ont d'autres fondemens que des merveilles annoncées à des nations imbécilles, séduites par des enthousiastes ou des imposteurs, qui ont visiblement abusé de leur simplicité. C'est au témoignage de nos crédules Ayeux & de leurs guides religieux que le Sacerdoce en appelle encore aujourd'hui pour constater ses titres hautains, son indépendance, ses prérogatives sublimes; c'est eux qu'ils ont le front d'attester pour nous convaincre des miracles, des dogmes, des mystères qu'ils nous disent de croire en dépit de la raison.

Les Souverains exercent-ils un pouvoir arbitraire, tyrannisent-ils impunément, & prétendent-ils avoir le droit héréditaire d'opprimer leurs sujets actuels? ils se fondent une possession immémoriale; ils s'arrogent un droit imprescriptible de mal faire, parce que des nations, subjuguées par la violence ou séduites par la ruse, ont oublié de limiter leur pouvoir & de les soumettre à l'équité. Les Grands, les Nobles ne montrent tant de mépris pour leurs Concitoyens, & ceux-ci ne continuent à se mépriser eux-mêmes & à trembler devant eux, que parce qu'ils ne sont point encore rassurés de la terreur que causèrent à leurs Ancêtres des brigands sortis du nord pour usurper leurs possessions. (*) En un mot nos loix, nos opinions, nos coutumes ne sont si extravagantes, si onéreuses pour les peuples, si contraires à leurs besoins présens, que parce que toutes ces choses sont les ouvrages informes de l'inexpérience, du peu de

---

(*) Dans la plupart des Royaumes de l'Europe les Souverains ont détruit le gouvernement, ou plutôt l'anarchie féodale; cependant les institutions féodales, si onéreuses pour les peuples, subsistent encore par-tout. Bien plus, les Loix Romaines sont encore en vigueur dans un grand nombre de pays dont le gouvernement n'a rien de commun avec celui des Romains. La jurisprudence Romaine elle-même, que le préjugé fait passer pour la *sagesse écrite*, n'est qu'un amas confus de Loix peu d'accord, compilées par les ordres du Despote Justinien & rédigées par un vil esclave de ce Prince. A proprement parler, les peuples n'ont nulle part un corps de Loix vraiment conforme à leurs besoins.

prévoyance, des besoins passagers, de la barbarie, du délire de nos Peres grossiers & de leurs Souverains déraisonnables.

C'est pourtant aux lumieres de ces hommes dépourvus de science & de raison que l'on a perpétuellement recours lorsqu'il s'agit des opinions religieuses, des gouvernemens, des loix & du sort des nations! On prétend *qu'il faut remonter aux sources primitives,* on ne voit point que c'est remonter à des tems de ténebres, de stupidité, de trouble & de violence. S'en rapporter à l'Antiquité, n'est-ce pas en effet se soumettre aux décisions absurdes d'une multitude féroce & grossiere, qui, privée d'expérience & de vues, fonda tumultuairement des Empires, dont depuis les circonstances se sont altérées, dont les besoins ont changé, qui ont acquis plus de lumieres, & qui se perfectionneroient sans doute s'ils ne continuoient à être gouvernés d'après les systêmes absurdes de l'Antiquité? C'est la religion des Juifs, modifiée à quelques égards, qui est aujourd'hui l'objet de la vénération de l'Occident. Les superstitions du peuple le plus misérable de l'Asie sont respectées par toute l'Europe, qui se croit éclairée & devenue raisonnable ; des fables débitées par un Prêtre Egyptien fourbe & cruel à une poignée d'esclaves, décident encore maintenant du sort des Empires ; c'est dans ses livres sacrés, c'est dans des recueils d'absurdités mal digérées que le Sacerdoce va chercher la décision de ses querelles ; il s'en sert pour fermer la bouche au bon sens & à la vérité.

Les Francs, les Goths, les Visigoths regnent encore sur nous ; leurs loix brutales fixent notre Jurisprudence & décident du juste & de l'injuste pour nous; leurs usages surannés réglent le sort des Etats, qui depuis se sont policés, qui ont acquis des arts, de l'industrie, du commerce, des manufactures, & des sciences inconnues de ces farouches conquérans. (*)

(*) Il n'y a pas moins d'extravagance à vouloir se donner la torture pour justifier l'antiquité de ses folies religieuses & politiques. En matière de religion les hommes n'ont jamais raisonné. Bien des gens ne peuvent se persuader que les Payens ayent adoré le bois, la pierre, des animaux, des oignons &c. Ne voyons-nous pas de nos jours adorer du pain & manger le Dieu qu'on adore ? Il y eut sans doute des incrédules en tout tems, mais en

Tels sont les effets malheureux de cette vénération stupide que les hommes ont par-tout pour d'antiques préjugés, dont ils sont si souvent les dupes & les victimes. Quoi ! de ce qu'un abus a subsisté pendant des milliers d'années, en est-il moins un abus ? De ce que nos Pères imbécilles ont aveuglément adopté les fables des fourbes & des ambitieux qui vouloient les séduire & les gouverner, s'ensuit-il que leur postérité doive continuer à respecter des systêmes & des usages qui répugnent à leur raison & qui nuisent à leur bien-être ? De ce qu'une longue possession a mis des Souverains à portée de faire plier les peuples sous leurs caprices dangereux, faut-il en conclure que les nations ne sont plus en droit d'en appeler de la négligence de leurs ancêtres & de ramener leurs chefs à l'équité ? Des Pères imprudens ont-ils donc eu le pouvoir de stipuler que leur postérité seroit obligée pour toujours de vivre dans l'indigence, dans l'infortune & dans les larmes, afin de fournir au luxe, aux prodigalités,

---

tout tems la multitude fut crédule. Chez les Grecs Euhémere, en décriant les Dieux ne fit que ce qu'Adrien Baillet a fait plus doucement ; & Bayle plus décidément, chez les Européens.

aux extravagances meurtrieres d'une Cour effrénée? De ce que des loix incommodes ont l'antiquité pour elles, faudra-t-il en conclure qu'elles doivent être éternelles & qu'il n'est point permis ni de les changer ni de les abroger? Enfin de ce que les hommes languissent depuis des siecles dans des maladies cruelles & invétérées, faut-il en conclure que l'on ne peut sans crime en rechercher les causes & leur appliquer des remedes?

Quoique les préjugés des peuples, ainsi que ceux de l'ignorante tyrannie, ayent opposé en tout tems des obstacles continuels aux progrès de la raison, on ne peut s'empêcher d'appercevoir des changemens très-marqués dans la façon de penser des nations. Que dis-je? les intérêts & les passions des Rois se sont quelquefois accordés avec ceux de la vérité, & peu à peu leurs sujets ont eu des occasions, sinon de s'éclairer tout-à-fait, du moins de se détromper de quelques-unes de leurs chimeres.

C'est ainsi que les préjugés de la religion se sont affoiblis en plusieurs contrées; l'imposture y a perdu une partie de son crédit, & s'il lui est toujours resté un pouvoir très-grand, la douceur des mœurs & les intérêts de l'Etat opposent souvent des barrieres à ses entreprises insolentes & à ses fureurs divines. En effet quel est l'homme parmi nous assez prévenu en faveur de l'Antiquité pour ne pas voir avec douleur & mépris les extravagances religieuses, & la pieuse barbarie de nos Peres ? Quel est le citoyen assez peu éclairé pour admirer encore ou pour approuver le zêle insensé qui fit entreprendre les Croisades ? Qui est-ce qui ne lit point avec horreur l'histoire des guerres cruelles du Sacerdoce & de l'Empire, & les effets meurtriers des prétentions de ces Pontifes Romains, qui commandoient insolemment à des Souverains dégradés par la superstition ? Qui est-ce qui n'est point indigné de ce fanatisme destructeur qui pendant des siecles arma les peuples pour leur propre ruine ? Qui est-ce qui ne lit point avec colere l'affreuse histoire des massacres ordonnés par des Prêtres & des Rois qui commandoient de sang-froid aux nations de s'égorger pour de vaines opinions ? Quel homme sensé ne gémit point aujourd'hui à la vue des excès de ces peuples religieux & sans mœurs qui s'entredétruisoient pour des systêmes que jamais ils ne comprirent ? Est-il quelqu'un qui ne rie de la simplicité de ces crédules fondateurs de monasteres, qui dans l'idée de plaire à leur Dieu ont doté richement l'inutilité & la paresse de tant de Cénobites qui dévorent l'Etat ? Enfin parmi ces Souverains si ennemis de la vérité, si vigilans pour empêcher que leurs sujets ne s'éclairent, en est-il quelqu'un aujourd'hui qui vît avec plaisir ses peuples encore assez aveugles pour servir les fureurs du fanatisme si souvent fatales aux Rois, & les prétentions sacrées de ces Pontifes Romains qui ont si longtems disposé des Couronnes & du repos des Etats ? (*)

On voit donc que la vérité a des avantages réels pour ces Souverains, qui pres-

---

(*) Il est évident que les Papes, que la plus nombreuse des Sectes Chrétiennes regarde comme les *Vicaires* de son Dieu, ont voulu rétablir le gouvernement *Théocratique* sur la terre. L'ambition des Rois les rendit inconséquens à leurs principes religieux ; en effet si la religion est la plus importante des choses, il est clair qu'un Chrétien doit obéir en tout à son chef spirituel, & que l'autorité Ecclésiastique doit l'emporter toujours sur l'autorité civile. Si les Prêtres ont le droit d'*excommunier* un Prince ou de le bannir de l'Eglise, ils ont le droit de le rendre odieux à ses sujets, & dès qu'il leur est odieux il n'est plus en sûreté. D'où l'on peut conclure que les Prêtres sont les maîtres du sort des Souverains dans une nation superstitieuse.

que toujours lui déclarent la guerre; ils font quelquefois obligés d'y recourir pour arrêter les effets de l'ignorance des peuples que leurs préjugés ont rendus frénétiques.

Ces réflexions nous prouvent encore que l'expérience & la vérité ont du pouvoir sur les peuples, & parviennent peu à peu à les guérir de leur démence. Sous un Monarque détrompé le sujet ne tarde point à l'être; l'erreur sacrée elle-même seroit bientôt étouffée, ou du moins elle seroit incapable de produire aucun ravage, si les Rois n'en étoient pas eux-mêmes infectés. Les idées & les opinions des peuples dépendent de celles de leurs Souverains; la grandeur suprême en impose, son exemple entraîne, son pouvoir se fait respecter, ses récompenses séduisent, & le vulgaire croit toujours que ses maîtres sont plus éclairés que lui. Si à ces notions profondément gravées dans l'esprit des peuples les Princes joignoient une bonté véritable, un desir marqué de faire le bonheur de leurs sujets, des bienfaits réels, des soins vigilans & des lumières, il n'est point d'opinions & de préjugés qui pussent résister aux attaques de la puissance souveraine: Un Monarque vertueux est plus fort que le menfonge; les avantages réels qu'il procure font faits pour triompher tôt ou tard des chimeres. Le fanatifme, l'ignorance & l'impofture n'ont de force que fous des Tyrans. Les peuples font alors obligés de chercher dans le Ciel des confolateurs du mal qu'ils éprouvent ici-bas.

C'eft donc, je le répete, aux Souverains que la fageffe doit fur-tout adreffer fes leçons; ce font eux qui font deftinés à penfer, à faire des expériences pour les peuples; ceux-ci profitent rarement de celles qu'ils ont faites; trop fouvent ils font forcés de les interrompre; les races fe fuccedent, & les expériences des peres font communément perdues pour les enfans. Il eft néanmoins des fecouffes qui font une impreffion durable fur les efprits des peuples, & qui les forcent quelquefois à changer le cours de leurs idées; ils font heureux lorfque ceux qui les guident font affez habiles pour profiter alors des difpofitions générales & pour les tourner à l'avantage de la fociété. Les nations feroient depuis longtems dégagées de fuperftition fi leurs Gouvernemens avoient fçu mettre à profit les crifes qu'elle a produites chez elles pour les défabuſer. Mais hélas! les Princes ſouvent aveuglés par leurs paſſions, privés de lumieres & quelquefois trop timides, n'ont eu pour l'ordinaire ni le courage, ni les talens, ni les vertus néceſſaires pour ſe détromper eux-mêmes & pour détruire les erreurs des peuples; contens de quelques avantages momentanés ils compoſerent avec le menſonge; ils en laiſſerent communément ſubſiſter la racine, qui tôt ou tard reproduiſit des fruits pernicieux.

CHAPITRE VI.

Les Préjugés politiques & religieux corrompent le cœur & l'esprit des Souverains & des Sujets. Le citoyen doit la vérité à ses concitoyens.

TANT que les Souverains ſeront ennemis de la vérité & ſe croiront intéreſſés à perpétuer les abus établis, leurs ſujets ſeront dans la langueur, la raiſon ne pourra s'en faire entendre, la ſcience ne pourra les éclairer, la morale leur ſera totalement inutile, & l'éducation ne leur donnera que des préceptes vagues qui jamais ne pourront influer sur leur conduite. Voilà sans doute pourquoi tant de penseurs découragés ont cru l'erreur nécessaire au genre humain, & se sont imaginé que leurs maux étoient sans remedes; ils ont vû le mensonge si puissamment affermi sur son trône qu'ils ont craint de l'attaquer; ils ont trouvé les playes de la race humaine si profondes, si invétérées, si multipliées qu'ils en ont détourné les yeux avec effroi, & les ont décidées incurables. D'après ces idées désespérantes, ces médecins pusillanimes ou n'ont rien fait ou n'ont offert que de vains palliatifs; quand ils ont fait connoître aux hommes le danger de leur situation, ils les ont jettés dans le désespoir en leur déclarant qu'il étoit inutile de chercher à l'améliorer, & que les remedes qu'on pourroit leur proposer seroient plus dangereux que les maux auxquels ils étoient accoutumés.

Cependant, comme nous l'avons prouvé, les maux si variés de l'espece humaine ne paroissent incurables qu'à ceux qui n'ont point eu le courage de remonter jusqu'à leur source primitive, ni la patience d'en chercher les spécifiques assurés. La superstition, suite nécessaire des idées fausses & sinistres qu'ils se sont faites de la Divinité, est le levain fatal qui empoisonna pour eux la nature entiere : elle donna l'être à des Rois absolus, à des Despotes licentieux, à des Tyrans effrénés qui pervertirent, comme on a vu, les mœurs des nations, qui les rendirent esclaves, qui écarterent à jamais les lumieres & la vérité, & qui sous prétexte de les gouverner anéantirent leur bonheur, leur activité, leurs vertus. De quel poids peuvent être les leçons d'une sage politique & de la raison qui disent aux hommes de vivre dans l'union & la concorde, d'être justes & bienfaisans, de s'occuper du bien public, tandis que la religion les divise, les rend querelleurs, les met aux prises, leur défend de chercher leur bonheur ici-bas, fixe leurs yeux égarés sur une Patrie céleste dont les intérêts n'ont rien de commun avec leur Patrie terrestre? tandis que d'un autre côté l'injustice du gouvernement anéantit en eux toute idée d'équité, brise le lien social pour eux, les force à détester une Patrie, qui ne les fait jouir ni de la liberté, ni de la sûreté, les dépouille, punit leur industrie par des impôts multipliés, méprise & dégrade les talens, opprime ou dédaigne la vertu, proscrit la science & la vérité? La morale peut-elle avoir quelque prise sur des hommes que tout sollicite à être avares, fastueux, ambitieux, dissimulés, rampans, flatteurs, & qui ne peuvent se tirer de l'infortune qu'en y plongeant les autres? Comment des loix partiales & iniques seroient-elles un frein pour des désespérés, auxquels l'avidité des Cours, les rapines des Grands, les vexations des Ministres, l'avarice des Traitans ont arraché tous les moyens de subsister? Que pourront opérer les terreurs imaginaires de la superstition sur des hommes dont les malheurs & les vices sont les suites des fausses idées que cette superstition elle-même a données sur les Dieux & sur les Souverains qu'elle suppose leurs images? Semblable à la lance d'Achille la religion a-t-elle donc la faculté de guérir les blessures qu'elle a faites? Non, sans doute, c'est elle qui forma des Dieux méchans; ils furent représentés par des Princes méchans, qui ne furent obéis que des sujets dont tout servit à corrompre & le cœur & l'esprit. (*) C'est ainsi que

―――――――――――――――――――
(*) .... *Nihil est quod credere de se*
Non possit cum laudatur Dis aqua potestas.
JUVENAL. satir 4. vers. 70.

les nations ont tremblé sous des Prêtres & des Tyrans, qui ne firent jamais qu'éterniser leur déraison, leur ignorance, leurs vices & leurs malheurs.

Ce sont-là en effet les vraies sources de la dépravation générale dont la raison gémit, & que la religion prétend si vainement combattre à l'aide des phantômes qu'elle oppose à des réalités. Ses flatteries ont dépravé les cœurs des Princes ; ces Princes ont empoisonné leurs Cours & les Grands qui les approchèrent, ceux-ci furent obligés de s'assimiler à leurs maîtres. Les Courtisans & les Grands infectèrent de proche en proche tous ceux qui furent dans leur dépendance. Chacun voulut plaire à des hommes puissans, chacun s'efforça de les imiter soit de près soit de loin. De là l'amour du faste, les frénésies du luxe, la soif de l'or & tous les crimes qu'on emploie pour l'obtenir. Les protégés & les cliens de ces hommes si pervers devin-

---

Si l'on prenoit pour éclairer les Princes la moitié des peines que l'on prend pour les flatter ou leur empoisoner l'esprit, il y a lieu de croire que l'on en feroit de grands hommes & que leurs sujets seroient bien plus heureux. Il est impossible de former le cœur d'un jeune Prince devant lequel ses instituteurs sont forcés de tomber à genoux.

devinrent comme eux d'une avidité effrénée, il fallut à tout prix contenter les desirs extravagans que l'exemple avoit fait naître en eux. Enfin le peuple prit pour modeles des êtres vicieux qu'il crut plus heureux que lui ; & les plus malheureux déclarant la guerre à la société, qui ne faisoit rien pour eux, se vengerent de sa négligence, & de l'injustice des riches & des puissans par des vols, des assassinats & des crimes, que ni les menaces de la religion, ni la terreur des loix ne purent point arrêter.

Que le genre humain ne se trompe donc plus sur la cause de ses maux, qu'il secoue le joug insupportable de ces préjugés sacrés qui ne serviront jamais qu'à troubler son esprit; qu'il s'occupe de la terre qu'il habite; qu'il songe à son existence présente; que les nations, détrompées des *Droits Divins* de leurs Chefs, les rappellent à l'équité; qu'elles les soumettent à des Loix; qu'elles reprennent des droits inaliénables, soit qu'ils ayent été arrachés par la force, ou surpris par la fraude, ou accordés par l'ignorance & la simplicité. Que le Citoyen n'obéisse qu'à la Loi, qu'en y vivant soumis il soit libre & sans crainte de personne ; qu'il travaille pour son propre bonheur : qu'il serve une Patrie, & non pas une marâtre indigne de son amour, & non pas des Tyrans qui l'accablent de fers.

Qu'instruit par la raison & la vérité, qui lui montreront toujours ses intérêts véritables, l'homme s'attache à ses associés dont il dépend par ses besoins; qu'il maintienne une société nécessaire à sa félicité; qu'il défende une patrie que tout lui rendra chere; qu'il obéisse à des loix qui seront le gage de sa sûreté; qu'il soit soumis aux puissances légitimes & que celles-ci soient soumises à l'équité. En un mot que la vérité soit montrée à l'homme, que sa raison soit développée par l'éducation, que la législation & le gouvernement lui rendent nécessaire la pratique des vertus que l'éducation lui aura enseignées, qu'une morale éclairée le rende bon par principes, citoyen par intérêt, sujet soumis pour son propre bien-être.

Il est inutile de songer à rendre les hommes meilleurs tant que leurs préjugés les plus forts tendront à les pervertir. Les préceptes de la morale sont une barriere trop foible contre les passions, les intérêts, les séductions multipliées qui les sollicitent au mal. L'homme n'aimera jamais sa patrie tant qu'elle sera gouvernée par des chefs qui ne songeront qu'à l'opprimer; les loix ne lui en imposeront point tant que tout l'invitera à les éluder ou à les enfreindre; tant qu'il les verra violées impunément par des êtres privilégiés que la faveur en dispense. (*) Il n'aura point d'intérêt de pratiquer la vertu, d'acquérir des talens, de se rendre utile, tant que des Souverains injustes ne répandront leurs faveurs & les récompenses que sur des sujets sans mérite & sans probité. Que peut en effet la morale contre tant de motifs réunis qui suggerent à l'homme qu'il lui est avantageux de mal faire? Ceux qui la prêchent seront-ils autre chose que des Empyriques dont les promesses trompeuses se trouveront à chaque instant démenties? En vain déclameront-ils contre des objets que tout apprend à desirer? En vain voudront-ils étouffer des passions que tout rend néces-

(*) Les priviléges, les prérogatives, les exemptions accordés en tout pays à quelques citoyens favorisés & refusés à tous les autres, tendent visiblement à détruire le respect pour les Loix, & à éteindre dans les esprits les idées de l'équité. Quelles idées de justice peut avoir un citoyen qui voit que les Loix qui châtient le foible ne sont point faites pour les grands?

faires. En vain crieront-ils aux mortels d'être justes, modérés, bienfaisans, de se dégager de l'envie, de méprifer les grandeurs, les titres, les richeffes, de se contenter de peu, tandis que tout leur prouvera que l'injuftice, la dureté, la rapine, la flatterie, la baffeffe font les feuls moyens d'obtenir les chofes que tout leur apprend à defirer, de s'élever jufqu'à ces hommes heureux qui décident du fort des autres.

Quelle digue les notions exaltées de la religion oppofent-elles au torrent général qui entraîne les hommes fi fortement au mal? N'eft-ce point cette religion elle-même qui en corrompant les Souverains fut la caufe premiere de la corruption des fujets? N'eft-ce point elle qui en femant la haine & la difcorde rendit les concitoyens ennemis? N'eft-ce point elle qui par fes lâches expiations enhardit l'homme au crime? N'eft-ce point elle qui en fondant fa morale fur les volontés contradictoires & déraifonnables de fes Dieux, ou de leurs miniftres rendit cette morale énigmatique & douteufe? De quel droit viendroit-elle donc oppofer des barrieres aux défordres qu'elle a fait naître & qu'elle fomente? En vain cherchera-t-elle dans les cieux des motifs pour contenir des excès que les cieux ont fait éclorre & que tout encourage sur la terre; en vain voudra-t-elle briser dans l'homme les liens qui l'attachent à lui-même; en vain lui commandera-t-elle de se haïr & de fuir son bonheur; en vain lui dira-t-elle d'étouffer les desirs & les mouvemens inhérens à sa nature; plus fortes que des mobiles imaginaires, que des terreurs éloignées & douteuses, les passions entreront en composition avec une religion qui expie, ou elles secoueront son joug lorsqu'elles la trouveront trop incommode. Si à ses vices le méchant sçait allier la superstition, il offensera ses Dieux avec remors ou dans ses emportemens il n'y aura nul égard.

Les loix opposeront-elles une barriere plus sûre aux déréglemens des hommes? Hélas! ne sont-elles pas communément l'expression de la partialité, & de l'injustice du plus fort? Ne sont-elles pas un joug onéreux imposé par la puissance sur le col de la misere impuissante? N'ont-elles pas continuellement pour objet d'étouffer l'industrie, de gêner la liberté, d'interdire au citoyen malheureux les moyens de se tirer de presse? Ces loix obscures, compliquées, multipliées ne sont-elles point des fléaux pour les nations, des ressources fécondes pour surprendre la bonne foi, dont l'artifice, la fraude, & l'injustice se servent pour tromper la candeur & la simplicité; des filets pour enlacer l'innocence, des piéges à l'aide desquels l'iniquité vient à bout de triompher de l'équité; des armes dont la tyrannie se sert pour accabler l'innocent & sauver le coupable? Enfin une jurisprudence insidieuse n'est-elle point par-tout une source de démêlés entre les proches, de querelles dans les familles, de haines entre les citoyens, de richesses pour des hommes pervers qui vivent des malheurs de leurs semblables? Par son moyen des formes puériles, des coutumes barbares, des usages insensés ne mettent-ils pas au néant les titres de la raison & du bon droit? Cette justice qui fait la base de toute société n'est-elle pas soumise aux caprices, aux interprétations arbitraires, aux décisions partiales, à la négligence, à l'impéritie de quelques juges séduits ou prévenus? Dans quelques contrées ne voyons-nous pas l'administration de la justice honteusement vendue à des hommes sans talens, sans lumieres, sans vertus, à qui il suffit d'avoir de l'argent pour acheter l'urne où ils agiteront l'honneur, la liberté, la fortune, le bien-être & la vie de leurs concitoyens? (*)

Enfin quelles idées veut-on que les peuples se fassent de l'équité, de la modération, de l'humanité ; quels seront leurs principes & leurs sentimens sur la

(*) La vénalité des charges paroît être un des excès les plus crians auxquels le Despotisme ait jamais pu se porter. Vendre le droit de juger c'est annoncer à un peuple qu'on le regarde comme une vile marchandise, dont on a le droit de disposer comme d'un cheval ou d'une bête de somme. Tout homme qui réfléchira aux terribles conséquences de la vénalité des charges de judicature, reconnoîtra facilement qu'elle est nécessairement dans une nation la ruine de toute justice, de tout talent, de toute société. Quand il suffit d'avoir de l'argent pour occuper une place, il n'est question que d'amasser assez d'argent pour l'acheter ; on ne s'embarrasse plus de s'instruire de ses devoirs, d'étudier les droits des hommes, d'acquérir des lumieres. On ne s'informe que des prérogatives de sa charge, des émolumens qu'elle procure, du pouvoir qu'elle confere, de la faculté qu'elle donne de vexer impunément les autres sans être vexé soi-même. Si l'on demande quel remede apporter à ce mal, je dirai que c'est le *concours*, c'est de rendre les charges & les grands emplois de la société accessibles aux bonnes mœurs, à la probité reconnue, aux grands talens. Alors les bonnes mœurs, l'étude & les talens, assûrés d'être récompensés, deviendront aussi communs qu'ils sont rares aujourd'hui, & l'or ne sera plus la seule mesure de la valeur des hommes.

vertu quand ils verront leurs Souverains accorder tous les avantages de la Société à des hommes qui n'ont pour eux que le hazard de la naissance; accumuler des titres, des honneurs, des graces, des récompenses sur des citoyens inutiles, leur donner des priviléges, faire vivre dans la splendeur, des flatteurs, des Sycophantes, des hommes sans talens & sans vertus; permettre à quelques citoyens de piller, de vexer impunément tous les autres & de s'engraisser de leur substance, autoriser par des loix la rapine, la violence, les extorsions les plus cruelles? Que deviendront les mœurs si ces excès, loin d'être punis, loin d'attirer l'infamie, sont encouragés, considérés, enviés, & si chacun voit les citoyens les plus pervers & les plus dangereux, protégés dans les crimes & soustraits à la justice? Que deviendra l'affection pour la patrie si elle ne sert qu'à renfermer & enchaîner une multitude destinée à repaître la voracité d'un Tyran & de ses suppôts? Que deviendront l'activité, le mérite & l'industrie si les ames sont dégradées; si l'incapacité seule est payée; si la science est dédaignée; si le travail du peuple se multiplie sans augmenter son aisance & son bien-être? Comment veut-on que le cultivateur soit laborieux, si son travail ne lui attire que de nouveaux impôts ? Comment veut-on que le misérable à qui le gouvernement imprudent a coupé toutes les ressources & qu'il réduit au désespoir, ne se jette pas dans le crime, & en dépit des supplices qui le menacent n'imite pas de loin les voleurs publics, les criminels privilégiés, les assassins du peuple, qu'il voit soutenus par le gouvernement & respectés des sujets ? Comment trouver de la probité, de la franchise, de la bonne foi, de la confiance, de l'amitié solide dans des pays où ceux qui gouvernent, toujours en crainte & en défiance contre les sujets, dont ils ont la conscience d'exciter les murmures, ne sont occupés qu'à faire pulluler des fourbes, des espions, des délateurs, des traîtres, des gens intéressés aux malheurs de leurs Concitoyens ? Enfin comment les peuples acquerront-ils de la raison tant que le malheur les empêchera de s'instruire, tant que leur éducation sera négligée & confiée à des hommes qui défendent de raisonner ; tant qu'ils seront gouvernés par des ennemis de la vérité ?

On voit donc que ni la religion, ni les loix, ni la morale ne peuvent rien sur les hommes mal gouvernés; ils seront toujours mal gouvernés tant que la religion leur donnera des idées fausses de la Divinité & des Princes qui se vantent d'être ses Lieutenans sur la terre. Il est impossible que les nations changent rien à leurs institutions tant qu'elles regarderont comme divines celles mêmes dont elles éprouvent tous les jours les plus cruels effets. Comment une société penseroit-elle à se souftraire au joug impérieux de ses Prêtres, si la vérité ne la détrompe jamais de ces Dieux irrités qu'elle suppose acharnés à faire durer ses malheurs? Quelles ressources pour une nation qui se persuade que ses chefs, quelque tyrannie qu'ils exercent, sont les images de son Dieu, sont établis par lui, & peuvent impunément la détruire, la piller, la ravager sans qu'il lui soit permis de limiter leur pouvoir ou de résister à leurs coups? Un peuple ou ses guides auront-ils assez de lumieres pour réformer & anéantir des loix, des usages, des établissemens nuisibles, quand ils seront les dupes des préjugés de l'antiquité, ou quand ils auront la foiblesse de craindre toute innovation comme dangereuse? La politique aura-t-elle des principes sûrs, les Etats seront-ils florissans

& instruits de leurs véritables intérêts, tant qu'on regardera la vérité comme nuisible, l'examen comme criminel, & la philosophie comme l'ennemie du repos des nations ? Enfin la morale pourra-t-elle jamais toucher les cœurs des hommes & leur inspirer le goût de la vertu, tant que leurs préjugés les feront dépendre d'une Divinité malfaisante, de ses Prêtres fanatiques, de ses Représentans négligens & vicieux qui sans cesse contredisent la nature & la raison ?

On nous dira peut-être que la vérité imprudemment annoncée aux peuples peut produire en eux une fermentation nuisible à leur propre tranquillité ; on prétendra que les chagrins habituels qu'ils éprouvent ne peuvent leur faire autant de mal que les transports furieux ou les changemens impétueux auxquels ils se livreroient s'ils venoient à découvrir leurs droits, leurs intérêts, ce qu'ils se doivent à eux-mêmes, les indignes abus que font de leur confiance ceux à qui ils l'ont donnée, & l'exercice inique de l'autorité dont les nations sont toujours les vraies propriétaires. Quelles révolutions terribles ! quels renversemens soudains, nous dira-t-on, dans les sociétés politiques, si les préjugés des hommes venoient à disparoître tout d'un coup ! On se figure tous les trônes ébranlés, les Monarques égorgés, les citoyens baignés dans leur propre sang ; on se représente les loix anéanties, les rangs totalement confondus, la subordination détruite, enfin une anarchie complette succédant à un ordre quelconque qui rendoit du moins la société supportable, malgré les maux qu'on y souffroit.

Nous avons déjà répondu en partie à ces objections chimériques ; (*) nous avons assez fait voir que la vérité pénétroit lentement, & rencontroit des obstacles infinis avant de parvenir jusqu'aux yeux des peuples, victimes patientes de leurs préjugés. Subjugués par une force d'inertie qui les retient dans l'esclavage,

(*) Voyez Chapitre III. Les ennemis de la vérité & les fauteurs des abus subsistans affectent toujours d'être *amis du repos*, & de craindre que les peuples détrompés, c'est-à-dire, devenus plus raisonnables, ne deviennent plus méchans ; mais cette crainte est chimérique : les lumieres tendent toujours à rendre les mœurs plus douces & à faire rejetter la violence. Un peuple féroce oppose des armes à ses maîtres, un peuple instruit leur oppose des remontrances, des représentations, des idées raisonnables. D'ailleurs les nations jouissent-elles d'un vrai *repos* sous un mauvais gouvernement ? *pacem appellant ubi solitudinem faciunt*. Les peuples sous la tyrannie sont dans une crise perpétuelle.

PRÉJUGÉS. Chap. VI.

inhabitués à penser, accoutumés à respecter l'autorité malgré ses injustices & ses rigueurs, dépourvus de plan & de la connoissance des moyens de terminer leurs maux, dans l'impossibilité de réunir leurs volontés & leurs forces contre le pouvoir qui les accable, les peuples ne sont gueres disposés aux changemens subits; il faut toujours que leurs maux soient portés à l'excès pour les déterminer à des résolutions extrêmes : alors même ce n'est point la vérité qui les porte à la fureur, ils deviennent les dupes de l'ambition de quelques Démagogues, qui font tourner à leur profit les mécontentemens du vulgaire, & qui, sous prétexte de guérir la Patrie de ses playes, lui en font souvent de plus profondes & de plus cruelles.

 Ce n'est donc point, je le répete, la vérité qui produit ces ravages, c'est la démence des gouvernemens qui en tyrannisant un peuple retenu dans l'ignorance, le réduisent au désespoir & le disposent à se prêter aux vues des méchans qui voudront le séduire. Les Princes se croyent intéressés à l'aveuglement de leurs sujets dans la vue de leur nuire impunément & de leur porter sans danger pour eux-mêmes des coups dans les ténèbres ; pour lors semblables à une troupe indisciplinée les nations se battent sans ordre, elles se détruisent elles-mêmes sans aucun fruit, & les tyrans succombent sans faire cesser la tyrannie.

Concluons donc encore que la vérité est également nécessaire & au Souverain pour assurer son pouvoir, & aux sujets pour être heureux, soumis & tranquilles. Si l'ignorance où sont les Princes de leur vrais intérêts, de leurs devoirs, de ce qui constitue leur gloire, leur grandeur, leur puissance solide, les détermine trop communément à tyranniser & aveugler leurs sujets, l'ignorance de ceux-ci fait qu'ils se prêtent aux passions des mauvais citoyens qui veulent troubler l'Etat. Un bon Roi, loin de craindre la vérité, la prendra toujours lui-même pour guide & voudra qu'elle éclaire son peuple afin qu'il sente son bonheur ; il verra qu'elle est l'appui de la nation & du trône ; un Despote qui commande à des sujets irrités ne devient point la victime de la vérité ; mais de l'imprudence & de l'ignorance impétueuse de ses esclaves furieux ; sa nation, ainsi que lui, sont à la merci du fanatisme religieux & politique. Tout peuple qu'on opprime est intéressé au changement; il ne craindra point que la révolution lui soit nuisible. Tant que les Souverains s'opposeront aux progrès de la raison, les peuples seront aveugles & turbulens; tant que les peuples seront aveugles, ainsi que leurs Monarques, les uns & les autres seront les jouets de l'imposture & de l'ambition: tant que les nations stupides seront les dupes de la superstition & du despotisme, elles seront dépourvues d'industrie, de puissance & de vertu.

Si des vûes intéressées portent des Tyrans à empêcher qu'on n'éclaire leurs sujets, les Princes équitables reconnoîtront qu'ils n'ont pas le droit de les priver de la vérité. Le Souverain ainsi que le moindre de ses sujets est obligé de contribuer à l'utilité publique; il ne peut donc sans injustice punir celui qui, bien ou mal selon les talens qu'il a reçus, s'efforce de contribuer à l'utilité des autres. (*) Si les idées qu'un écrivain propose sont utiles & bien fondées, il est du devoir de ceux qui gouvernent de les adopter; si l'examen les fait trouver fausses, il suffit de les rejetter. Il n'y a que la tyrannie qui se

(*) V. Le commencement du Chapitre II.

croye en droit de punir ceux qui peuvent se tromper.

Que les Rois écoutent donc la vérité s'ils veulent sçavoir l'art de régner; c'est pour lors qu'ils établiront leur puissance sur des fondemens inébranlables; c'est quand les peuples seront heureux & instruits, qu'ils auront de l'activité, des mœurs & des vertus : que les Princes renoncent à la tyrannie s'ils veulent des sujets bien attachés, des citoyens magnanimes, des ministres éclairés, des soldats intrépides, des cultivateurs laborieux, des Provinces peuplées, des patriotes généreux, des hommes vertueux. De quel droit le despote prétendroit-il à ces avantages ? Son domaine est une terre ingrate, aride, malheureuse, dans laquelle les talens, la science, la vertu ne peuvent se naturaliser ; leurs soutiens sont des mercénaires qui ne s'intéressent à leur maître que dans l'espoir de le dépouiller lui-même.

Si le mensonge est l'unique source des maux du genre humain; si la vérité procure les avantages les plus réels à la politique & à la morale, quels doivent être nos sentimens pour ces hommes dont la profession n'est qu'un trafic d'impostures,

res, qui mentent au nom du ciel, dont l'unique fonction ici-bas est de tromper & les peuples & les Rois sur les objets les plus importans pour eux? Que penserons-nous de ces ministres des Dieux qui sement de fleurs les routes de la tyrannie, & qui par des prieres, des pratiques & de vains sacrifices expient les outrages qu'elle fait aux nations? Aurons-nous un respect imbécille pour ces Courtisans flatteurs, pour ces Grands sans honneur qui ne doivent leur grandeur qu'à la bassesse & à la flatterie, & qui croient élever le Monarque en dégradant son peuple? La raison & la vérité ne sont-elles donc point en droit de combattre des préjugés qui font méconnoître aux Souverains leurs devoirs & aux sujets leurs droits? L'intérêt des Sociétés & de leurs législateurs n'exige-t-il point que l'on contredise les maximes de ces empoisonneurs publics, qui encouragent les despotes aux injustices, aux rapines, au carnage, & qui font entendre aux peuples qu'ils sont faits pour digérer en silence tous les outrages qu'on leur fait?

Non, il n'y a que des monstres dénaturés ou des insensés qui puissent penser de sang-froid aux miseres du genre humain; l'homme de bien doit porter un cœur sensible & une ame élevée; l'ami du genre humain ne peut encenser ceux qui l'oppriment: celui qui connoît la vérité doit attaquer l'erreur; il doit parler; son silence le rendroit complice des imposteurs dont les mensonges & les flatteries couvrent la terre de malheureux: il croira donc servir la race humaine en la détrompant de ses chimeres, en réduisant les séducteurs au silence, en montrant aux nations leurs droits incontestables, aux Rois leurs intérêts & leurs devoirs, au citoyen les mœurs nécessaires à sa félicité.

Ainsi quand le Sage aura le bonheur de connoître la vérité, qu'il ne l'enfouisse point en avare dans le fond de son cœur; il la doit à ses semblables, à ses concitoyens, au genre humain. Il est inhumain & sordide s'il refuse de partager avec eux le trésor qu'il a découvert. (*)

(*) Ceux qui prétendent que l'on ne doit point dire la vérité sont des hommes plus curieux de leur repos que du bien public. Celui qui disoit que, s'il tenoit toutes les vérités dans sa main, il se garderoit bien de l'ouvrir, n'avoit certainement point d'enthousiasme pour le bien de ses concitoyens. *Parum sepultæ distat inertiæ celata virtus.* HORAT. CARM. LIB. 4. OD. 9. Un anonyme Grec a dit avec raison que *taire la vérité, c'est enfouir son or.*

Que le mortel qui pense n'écoute donc point le langage ignoble & pusillanime de ceux qui prétendent que le citoyen obscur doit se condamner au silence & qu'il ne peut le rompre sans se rendre criminel. A en croire des ames sans énergie il sembleroit qu'un homme qui pense doit languir dans l'inutilité, & qu'il devient un insensé, un téméraire, un insolent, dès qu'il éleve sa voix dans la multitude pour avertir ses associés des dangers communs qu'ils courent. Quoi! est-ce donc un attentat dans un passager qui navige d'avertir le Pilote que son vaisseau fait eau de toutes parts, qu'il est menacé d'un écueil, & d'exhorter ses compagnons à prévenir le péril? (*)

Hélas! où en seroit le genre humain, comment parviendroit-il à perfectionner son sort, si ses erreurs sont si respectables que l'on ne puisse les attaquer sans

v. Epigrammatum delectus. & v. le Chap. II. de ce traité.

(*) On dit que dans un vaisseau battu par une tempête, où chacun travailloit pour prévenir le danger, il se trouva un passager qui se tenoit les bras croisés & qui paroissoit totalement indifférent sur tout ce qui se passoit autour de lui. Quelqu'un lui ayant demandé raison de sa conduite, il se contenta de répondre qu'*il n'étoit que passager*. Voilà l'histoire de tous ceux qui ne s'intéressent point aux maux de leur pays.

crime, ou si personne n'a le courage de penser d'après lui-même & de s'écarter des opinions de la multitude? Faut-il donc que l'homme pour être un bon citoyen se dénature, & résiste sans cesse aux penchans qui le portent à chercher son bien-être? Si personne n'osoit jamais déchirer le voile du préjugé, comment les nations languissantes sous des Sultans, efféminés, plongés dans la molesse, criminels par habitude & souvent à leur insçu, remédieroient-elles à des maux que l'imposture leur peint comme nécessaires & auxquels la religion leur défend de penser? Quel homme parmi nous auroit le front de blâmer aujourd'hui un Sage obscur qui dans Tyr ou Sidon auroit osé réclamer de son tems contre les sacrifices abominables que l'on faisoit à Moloch? Cependant nous ne pouvons douter que ce Sage n'eût été pour lors traité d'*impie*, de *blasphémateur*, de *séditieux*, & que pour avoir pris en main la cause de la nature outragée on ne l'eût immolé à la rage des Prêtres comme un perturbateur du repos de la société. (*) Si personne n'ose

_____
(*) Il est bien étrange que les Chrétiens, qui regardent les incrédules comme des hommes si blâmables, ne s'apperçoivent pas que d'après leur fa-

blâmer un tel homme, si l'on s'intéresse à lui, si son souvenir est cher, de quel droit blâmeroit-on aujourd'hui celui qui parmi nous décrieroit les délires de la superstition, les fureurs causées par le fanatisme & toujours prêtes à renaître, les saintes cruautés de l'Inquisition, les séditions & les querelles du Sacerdoce Chrétien, les dangereuses extravagances du Despotisme, les indignités que la démence politique fait éprouver à tant de peuples ? Enfin sous quel prétexte pourroit-on condamner l'enthousiasme bienfaisant d'un ami de la raison, qui s'efforceroit de combattre les préjugés des peuples, de dissiper les phantômes qui les troublent, & de présenter des remedes contre les fléaux qui désolent la terre ?

Respecter les opinions reçues, c'est presque toujours respecter le mensonge ; dissimuler la vérité ou la cacher, c'est se rendre le complice de l'imposture ; refu-

çon de penser ils condamnent les fondateurs de leur propre religion. Les Apôtres n'étoient-ils pas des incrédules & des perturbateurs du repos public à Jérusalem ? Les Missionnaires qui vont aux Indes ne sont-ils pas des séditieux qui annoncent des nouveautés ? Etre incrédule n'est-ce pas refuser de croire ce que l'on croit dans les pays où l'on se trouve ?

ser de parler vrai aux hommes quand on le peut, c'est trahir la cause du genre humain, c'est lui retenir une dette que lui doivent les talens. Le mensonge n'est odieux que lorsqu'il nous empêche de connoître les choses qui intéressent notre bonheur; quelle idée devons-nous donc avoir de ces mensonges affreux dont l'espece humaine toute entiere est la victime! N'est-ce point refuser ses services à la société que de ne vouloir pas partager avec elle des lumieres que l'on a puisées dans son sein? N'est-ce donc point un devoir d'avertir la patrie, cette mere qui nous éleve, qui nous défend & nous soutient, des piéges que lui tendent des enfans imprudens & dénaturés qu'elle réchauffe dans son sein? Le véritable ennemi du public, le vrai rebelle, le vrai perturbateur du repos de son pays, n'est-ce pas le Tyran qui l'opprime, le fourbe qui la divise, le fanatique qui l'arme d'un couteau sacré pour s'en frapper elle même, le Courtisan qui flatte ses impitoyables maîtres, le Ministre qui la charge de fers, le guerrier qui prête son bras & son épée à ses indignes oppresseurs? Enfin l'ennemi de la société est celui qui veut qu'on la plonge dans l'aveuglement & la misere afin

PRÉJUGÉS. *Chap.* VI. 151

que ses maux se perpétuent. Malades pusillanimes ou en délire! faut-il que vous ne regardiez comme vos amis que ceux qui vous trompent sur votre état! Comment guérirez-vous des plaies profondes & cachées qui vous minent à votre insçu & qui ne sont incurables que parce que jamais vous n'osâtes y appliquer des remedes? Ne craignez point la vérité, ses remedes sont doux, il n'y a que ceux du mensonge qui soient inutiles, violens & dangereux. Assez long-tems vous fûtes les dupes de ces Empyriques sacrés qui vous ont endormis dans l'espérance vaine de voir cesser vos maux; n'écouterez-vous jamais les conseils de la sagesse, les préceptes de la raison, les oracles de la vérité, qui peu à peu vous rendront la santé & vous mettront à portée d'en jouir, sans jamais en abuser?

CHAPITRE VII.

De la Philosophie. Des caracteres qu'elle doit avoir. Du but qu'elle doit se proposer.

LES hommes, comme on vient de le prouver, sont presqu'en tout genre les victimes perpétuelles d'une foule de préjugés qui non seulement anéantissent leur bien-être, mais encore les détournent de l'idée de mettre fin à leurs peines. Ces préjugés influent sur toute la conduite de leur vie : tout mortel accoutumé à réfléchir est tout surpris de voir que la plupart des institutions humaines ne sont qu'un long tissu d'extravagances & de folies. S'il examine les gouvernemens, il voit que la politique, par son essence visiblement destinée à maintenir les sociétés, à concentrer leurs forces, à veiller à leur sûreté, à faire observer les régles immuables de l'équité, par un renversement affreux est devenue le principe de leur destruction, la source des vices qui les divisent, des oppressions qui les font gémir, des passions qui les dévorent, des préjugés qui les aveuglent, des entreprises funestes qui conduisent les nations à la ruine. S'il médite les loix, il voit par-tout la liberté de l'homme mise aux fers, l'équité naturelle subordonnée aux caprices de l'usage, de l'opinion, de la tyrannie, & le bien-être de la multitude obligé de céder aux intérêts momentanés de quelques hommes puissans, qui ne font des loix que pour leur avantage présent. S'il recherche les droits & les titres de la grandeur, du rang, de cette inégalité onéreuse qu'il voit dans les sociétés, de ces distinctions partiales qui donnent tout à quelques Citoyens & qui privent les autres des droits même de l'humanité, il est tout étonné de voir que ces choses sont fondées sur l'usurpation, la violence, l'injustice des Souverains, & sur l'imbécillité des sujets. S'il examine les effets de l'éducation & le but qu'elle se propose, il voit que par-tout elle n'a pour objet que d'apprivoiser les esprits avec des systêmes fabuleux, d'inspirer du mépris pour la raison, de façonner les mortels au joug de la servitude, d'étouffer la nature, de détruire ses penchans, de renverser ses idées les plus claires, enfin de rendre les hommes souples, aveugles, malheureux & vicieux. Si notre sage porte les yeux sur la religion, il n'y voit que l'imposture & les égaremens de l'imagination troublée par de fausses terreurs réduits en système par des enthousiastes ou par des fourbes, qui se sont proposé de faire trembler & d'éblouir le genre humain pour l'asservir à leurs propres intérêts. En un mot l'homme qui pense voit par-tout les corps & les esprits des mortels plongés dans de honteux liens, comme environnés de bandelettes qui les tiennent dans une éternelle enfance, & qui les empêchent d'agir, de penser, de raisonner, de déployer leur énergie, de prendre des forces & de la croissance.

A quoi sert la sagesse si elle ne rend heureux ? Comment se rendre heureux sans la connoissance des rapports qui sont entre l'homme & les êtres qui l'entourent ? Comment découvrir ces rapports, si l'on ne fait usage de ses sens, & si l'on ne soumet à l'expérience & à la réflexion les objets que l'on veut examiner ? Comment faire des expériences vraies & juger sainement des choses, si les organes sont viciés, si l'esprit a des entraves, s'il est engourdi par l'habitude & dépravé par le préjugé, si le cœur est corrompu par des exemples funestes, si l'ame est troublée par des passions violentes ? En un mot comment aimer la sagesse, si l'on ne connoît ses avantages, ou si l'on ne sent les maux que produit la folie ? Comment se procurer cette sagesse sans chercher la vérité ?

Le Philosophe est donc un homme qui, connoissant le prix de la sagesse & les dangers de la folie, pour son bonheur propre & pour celui des autres travaille à chercher la vérité. Cela posé, appliquons à la philosophie la régle générale qui doit être établie pour juger sainement des hommes & de leur conduite; voyons si elle est vraiment utile; voyons si elle procure des avantages réels à celui qui la possede & à ceux qui en recueillent les fruits; d'après cet examen mesurons nos sentimens pour la philosophie & pour ceux qui la professent.

Si l'habitude de méditer, si les sciences & les arts ne servoient qu'à faire imaginer des systêmes stériles, à raffiner sur des plaisirs passagers & souvent dangereux, à nourrir le luxe, à favoriser la molesse, à repaître l'oisiveté, quel cas pourroit-on en faire ? Quelle estime devrions-nous à ceux qui s'en occupent ? Quelle reconnoissance la société doit-elle à ces hommes qui n'emploient les forces de leur esprit qu'à des disputes théologiques dont les suites sont communément si fatales, à des controverses qui troublent & divisent les citoyens, à des recherches laborieuses qui ne conduisent à rien ? Les connoissances humaines pour mériter notre estime doivent avoir des objets plus nobles, plus utiles, plus étendus; c'est son propre bonheur, c'est le bonheur de ses associés, c'est le bien-être de toute l'espece humaine que l'ami de la sagesse doit se proposer; c'est en pesant les préjugés des hommes dans la balance de la raison qu'il apprend à s'en dégager lui-même, qu'il peut procurer le calme à son cœur, qu'il peut mettre des bornes à ses desirs, qu'il se détrompe des objets que le vulgaire poursuit aux dépens de son repos, de sa vertu, de sa félicité : c'est en attaquant les erreurs qui troublent la raison ou qui l'empêchent de se développer que la sagesse peut aspirer à la gloire si légitime de contribuer un jour à diminuer, ou même à faire disparoître les calamités en tout genre dont les mortels sont affligés.

L'homme le plus libre est celui qui a le moins de préjugés; l'homme le plus heureux est celui qui a le moins de besoins, de passions, de desirs, ou qui est le plus à portée de les satisfaire; l'homme le plus satisfait est celui dont l'esprit est le plus agréablement occupé, & dont l'ame jouit le plus souvent du dégré d'activité dont elle est susceptible; l'homme le plus content de lui-même est celui qui a droit de s'aimer & de s'estimer, qui rentre avec complaisance dans son propre intérieur, & qui a la conscience de mériter de la part des autres les sentimens qu'il a pour lui-même.

Ainsi le philosophe est libre. Vit-il sous la tyrannie? Son esprit est au moins dégagé des entraves qui incommodent celui des autres; il ne tremble point comme eux devant leurs terribles chimeres; son ame a conservé tout son ressort; la violence n'a point de prise sur sa pensée; il se fortifie contre l'infortune, & en raison de sa propre énergie, qui se nourrit d'elle-même, de son imagination plus ou moins susceptible de s'allumer, le sage devient un enthousiaste & souvent un martyr de la vérité. Son ame sera paisible au sein même du malheur, il ne sera point abbatu par les mépris du vulgaire; il bravera les menaces de la tyrannie, elle ne peut rien contre celui qui ne craint point la mort. (*) C'est ainsi que souvent l'on a vu l'ame de quelques sages rendue plus audacieuse par le danger, irritée par les obstacles, échauffée par la gloire, attaquer ouvertement le mensonge, la superstition & la tyrannie au risque même de succomber sous leurs coups. S'ils ont été regardés comme des insensés par leurs concitoyens prévenus; si leurs contemporains aveugles leur ont refusé le tribut de louanges que méritoit leur courage, leur imagination allumée les soutenoit contre l'injustice de leur siecle, elle leur montroit une postérité reconnoissante de leurs bienfaits; elle leur faisoit entendre d'avance les bénédictions & les applaudissemens que les hommes détrompés donneroient un jour à leur mémoire & à leurs entreprises généreuses. Oui, sans doute, ô Socrate ! dans ta prison ton ame étoit plus libre, plus élevée, plus contente que celle de cet infame Anytus, & de ces juges superstitieux qui te condamnerent à la mort.

Ce fut encore des hommes de cette trempe qu'ont été réellement où qu'ont

___

(*) Apollonius de Thyane disoit *que le Dieu qui avoit fait les Rois terribles l'avoit fait sans peur*; paroles qui eussent été mieux placées dans la bouche d'un vrai Sage que dans celle d'un Imposteur.

affecté de paroître ces Stoïciens fameux qui méprisoient la douleur, qui montroient de la sérénité dans les tourmens & dont la tranquillité ne se démentoit point au milieu des traverses, de l'indigence & des afflictions. Tels furent les Lycurgues, les Zénons, les Epictetes, les Antonins ; & tels voulurent paroître les Cyniques, les Bramines, les Fakirs & les Pénitens, en un mot ces hommes courageux & quelquefois insensés qui dédaignerent réellement ou par feinte tout ce que les mortels desirent. Les uns pourvus d'une ame forte furent des enthousiastes généreux de la vérité, des héros de la vertu, des philosophes sinceres ; les autres ne furent souvent que des frénétiques, des hypocrites, des charlatans, des hommes vains qui par la singularité de leur conduite ou de leurs maximes s'efforcerent d'attirer les regards du vulgaire & de marcher par des routes détournées à la gloire qu'ils affectoient de mépriser. La sincérité, la bonne foi avec soi-même mettent seules de la différence entre le vrai philosophe & celui qui ne veut que le paroître ; l'un se montre tel qu'il est, l'autre joue un rôle emprunté, sujet à se démentir.

Il n'est point de préjugé plus commun

que de confondre la singularité ou le desir de se distinguer des autres, avec la philosophie : philosophe & homme singulier furent souvent des synonimes. N'en soyons point surpris, le vulgaire, qui jamais ne pénetre au delà des apparences, est attiré par le spectacle nouveau de tout homme qui s'écarte des routes & des maximes ordinaires, qui suit une conduite opposée à celle des autres, qui s'annonce par un extérieur bizarre, qui méprise ce que ses semblables desirent, qui renonce aux richesses, à la grandeur, aux douceurs de la vie; la bizarrerie de sa conduite, après avoir ébloui les yeux, séduit quelquefois en faveur de ses opinions, & l'on finit par écouter celui qui n'avoit d'abord attiré les regards que par sa singularité; que dis-je? souvent d'un objet de pitié ou de risée il devient un objet d'éloges & d'admiration (*).

Distinguons donc la philosophie du prestige, voyons sans préjugé celui qui la

---

(*) Le philosophe est presque toujours forcé de s'écarter des opinions du vulgaire: mais tout homme qui n'a point les idées du vulgaire n'est pas un philosophe pour cela; c'est l'amour de la vérité qui seul lui donne droit à ce titre.

la professe, ne prostituons point le nom de la sagesse à l'humeur chagrine, à l'orgueil; souvent sous le manteau du Cynique & du Stoïcien, sous les apparences du désintéressement, du mépris des grandeurs, de la louange, des plaisirs, nous ne trouverons que des ames bilieuses, rongées par l'envie, dévorées d'ambition, embrasées du vain desir d'une gloire usurpée toutes les fois qu'on ne la doit point aux avantages réels qu'on procure à la société.

Si la philosophie est la recherche de la vérité, la bonne foi avec soi-même, la sincérité avec les autres doivent être les premieres qualités du philosophe. Les grands talens & l'art de méditer ne sont point exclusivement accordés à des ames tranquiles, honnêtes, vertueuses; l'homme qui pense n'est point toujours un Sage; un penseur peut être d'un tempérament vicieux, tourmenté par la bile, asservi à des passions incommodes; il peut être envieux, orgueilleux, emporté, dissimulé, chagrin contre les autres & mécontent de lui-même; mais alors il n'est gueres capable de faire des expériences sûres; ses raisonnemens seront suspects, il ne pourra se voir lui-même tel qu'il est, ou s'il apperçoit malgré lui les désordres de son cœur, il se met à la torture pour se les dissimuler, pour les justifier à ses propres yeux, & pour donner le change aux autres : sa philosophie, ou plutôt les systêmes informes de son cerveau se sentiront de son trouble, on ne trouvera point de liaison dans ses principes, tout y sera sophisme & contradiction ; la mauvaise foi, l'orgueil, l'envie, la bizarrerie, la misanthropie perceront de toutes parts ; & si le vulgaire, ébloui de ses talens & de la nouveauté de ses principes, croit voir en lui un philosophe profond & sublime, des yeux plus clairvoyans n'y verront que de la bile, de la vanité mécontente, & souvent la noirceur enduite du vernis de la vertu. (*)

Il faut une ame tranquille pour envisager les objets sous leur vrai point de vue ; il faut être impartial pour juger sainement des choses ; il faut se mettre au dessus des préjugés, dont la philoso-

―――――

(*) Non seulement les hommes sont ingénieux à se tromper eux-mêmes & à justifier leurs vices à leurs propres yeux & à ceux des autres, mais ils ont l'adresse de faire tourner leurs défauts au profit de leur vanité ; ils croient que leurs concitoyens doivent leur savoir gré de leur mauvaise humeur, de leur bile, de leur orgueil, dès qu'ils les couvrent du beau nom de la philosophie.

phie elle-même n'est que trop souvent infectée, pour la perfectionner, pour la rendre plus persuasive, plus touchante, plus utile au genre humain. (*) En effet l'arrogance des philosophes a dû souvent dégouter les hommes de la philosophie; ses disciples, fiers de leurs découvertes réelles ou prétendues, ont quelquefois montré leur supériorité d'une façon humiliante pour leurs concitoyens; des penseurs atrabilaires ont révolté les hommes par leurs mépris insultans, & n'ont fait que leur fournir des motifs pour s'attacher plus opiniâtrément à leurs erreurs, & pour décrier les médecins & les remedes. D'autres se sont complu à étaler aux yeux de leurs semblables les maux dont ils souffroient, sans leur indiquer les vrais moyens de les guérir. Que dis-je! ils les ont souvent exagérés, & se sont efforcés d'ôter jusqu'à l'espoir de les voir jamais finir.

Le philosophe n'est en droit de s'estimer lui-même que lorsqu'il se rend utile en contribuant au bonheur de ses semblables; les applaudissemens intérieurs de sa conscience sont légitimes & nécessaires

---

(*) Tacite dit d'Agricola *retinuit, quod est difficillimum, ex sapientiâ modum.* Tacit. in vit. Agricol. Cap. 4. in fine.

lorsqu'il a la conscience de les avoir mérités. Hélas! dans un monde aveuglé par le préjugé & si souvent ingrat, cette récompense idéale est presque toujours la seule qui reste à la vertu! Ainsi que le Sage s'estime quand il a fait du bien; que son ame s'applaudisse d'être libre au milieu des fers qui retiennent les autres; que son cœur se félicite d'être dégagé de ces vains desirs, de ces vices, de ces passions honteuses, de ces besoins imaginaires dont ses associés sont tourmentés, mais qu'il ne se compare point à eux d'une façon choquante pour leur amour-propre; s'il se croit plus heureux, qu'il n'insulte point à leur misere, qu'il ne leur reproche point avec aigreur les maux qui les affligent, & sur-tout qu'il ne les jette point dans le désespoir. La philosophie manque son but & révolte au lieu d'attirer lorsqu'elle prend un ton arrogant & dédaigneux, ou lorsqu'elle porte l'empreinte de l'humeur; l'ami de la sagesse doit être l'ami des hommes & ne les mépriser jamais; il compâtit à leurs peines, il cherche à les consoler, à les encourager. L'amour du genre humain, l'enthousiasme du bien public, la sensibilité, l'humanité, le desir de servir son espece, de mériter son estime, sa tendreſſe, ſa reconnoiſſance, voilà les motifs légitimes qui doivent animer l'homme de bien; voilà les motifs qu'il peut avouer ſans rougir; ces motifs méritent nos éloges lorſque nous les trouvons ſinceres ou lorſque nous en reſſentons les effets avantageux. Sans cela la philoſophie ne ſera qu'une déclamation inutile contre le genre humain, qui ne prouvera que l'orgueil ou le chagrin de celui qui déclame, ſans jamais convaincre perſonne.

De quel droit en effet le Sage mépriſeroit-il les hommes ou leur feroit-il des outrages? Eſt-ce parce qu'il croit avoir des lumieres & des connoiſſances ſupérieures à celles des autres? Mais ces lumieres ſont inutiles & ces connoiſſances ſont vaines s'il n'en réſulte aucun bien pour le genre humain. De quel droit haïroit-il ſon eſpece, & quelle gloire peut-il réſulter d'une miſanthropie qui le déclareroit ennemi du genre humain? L'humanité, l'amour des hommes, la ſenſibilité, la douceur ne ſont-elles pas des vertus? Toute gloire pour être ſolide ne doit-elle pas ſe fonder ſur ces heureuſes diſpoſitions & ſur les effets avantageux qu'elles doivent opérer? Quels motifs l'homme qui penſe auroit-il pour mépriser les autres! Est-ce parce qu'ils sont ignorans & remplis de préjugés? Hélas! l'éducation, l'exemple, l'habitude & l'autorité ne les forcent-ils pas à l'être? Est-ce parce qu'ils sont des esclaves, remplis de passions, de vices & de desirs frivoles? Ceux qui réglent leurs destinées, les imposteurs qui les séduisent, les modeles qu'ils ont devant les yeux, ne produisent-ils pas dans leurs cœurs tous les vices qui les tourmentent? Mépriser ou haïr les hommes pour leurs égaremens, c'est les insulter lorsqu'on devroit les plaindre, c'est les outrager parce qu'ils sont malheureux; c'est leur reprocher des infirmités nécessaires & qu'ils n'ont pu s'empêcher de contracter.

Ainsi consolons l'homme, ne l'insultons, ne le méprisons jamais; inspirons-lui au contraire de la confiance; apprenons-lui à s'estimer, à sentir sa propre valeur; donnons de l'élévation à son ame; rendons-lui, s'il se peut, le ressort que tant de causes réunies s'efforcent de briser. La vraie sagesse est courageuse & mâle, ses leçons ne sont point faites pour emprunter le ton impérieux de la superstition dont le but ne semble être que de consterner, d'avilir, d'anéantir l'esprit humain. Si le philosophe a de l'énergie & de la chaleur dans l'ame; s'il est susceptible d'une indignation profonde, qu'il s'irrite contre les mensonges dont son espece est la victime; qu'il attaque avec force les préjugés qui sont les vraies sources de ses maux; qu'il détruise dans l'opinion de ses semblables l'empire de ces Prêtres & de ces Tyrans qui abusent de son ignorance & de sa crédulité; qu'il jure une haine immortelle à la superstition qui tant de fois fit nager la terre dans le sang; qu'il jure une inimitié irréconciliable à cet affreux despotisme qui depuis tant de siecles a fixé son trône au milieu des nations éplorées. S'il se croit éclairé, qu'il instruise les autres; s'il est plus intrépide, qu'il leur prête une main secourable; s'il est libre, qu'il leur suggere les moyens de se mettre en liberté; qu'il les détrompe de leurs préventions avilissantes, & bientôt les chaînes forgées par l'opinion tomberont de leurs mains. Insulter des malheureux, c'est le comble de la barbarie; refuser de tendre la main à des aveugles, c'est le comble de la dureté; leur reprocher avec aigreur d'être tombés dans l'abîme, c'est unir la folie à l'inhumanité. (*)

(*) Voyez dans La Fontaine la fable du Maître

Si le Sage guéri de l'épidémie du vulgaire se trouve plus heureux & plus content de son sort; si la sérénité regne dans son cœur; qu'il la communique aux autres; le bonheur est un bien fait pour être partagé; qu'il méprise donc lui-même, & qu'il apprenne aux autres à mépriser ces futiles grandeurs, ces richesses souvent inutiles, ces plaisirs suivis de douleurs, ces vanités puériles, qui remplissent la vie de tant d'inquiétudes, de chagrins & de remors; qui s'achetent communément au prix de la paix intérieure, du bonheur réel, de la vertu, de l'estime que l'on se doit à soi-même, & de l'affection que l'homme en société doit pour son propre intérêt chercher à faire naître dans ses associés. Le vrai Sage, s'il veut mériter la confiance de ses semblables, s'il prétend à la gloire d'être le médecin du genre humain, doit lui montrer l'intérêt le plus tendre; il doit le plaindre, le consoler, le fortifier, le guérir; il doit entrer dans ses peines, supporter ses égaremens, regarder ses chagrins & ses transports comme des effets nécessaires de sa maladie, & ne point se rebuter de son ingratitude o

d'école & de l'Enfant qui se noye. *Livre premier, Fable 19.*

de ses délires ; le moment de la reconnoissance sera celui de la guérison.

Que dis-je ? le Sage doit sa tendresse & sa pitié au vicieux, au criminel même ; il doit les plaindre des honteux liens qui les attachent au mal, des habitudes malheureuses qui rendent le vice nécessaire à leur bien-être, des préjugés aveugles qui les conduisent à la ruine : il doit leur montrer les précipices qui s'ouvrent sous leurs pas, les conséquences fatales de leurs égaremens, les effets déplorables de leurs désordres & de leurs crimes. Il doit effrayer & détromper ces maîtres de la terre qui croient les malheurs des peuples nécessaires à leur grandeur, à leur puissance, à leur félicité : il leur peindra avec force les tableaux redoutables de ces Despotes égorgés par des sujets réduits au désespoir, de ces odieux Sultans mêlant à la fin leur sang à celui des victimes que leur caprice s'est immolées. (*) Ou bien prenant un ton plus doux, il tentera d'amollir leurs cœurs, d'y réveiller l'humanité engourdie par le luxe, l'inexpérience du malaise, la flatterie ; il leur présentera le

(*) *Ad generum Cereris sine cade & vulnere pauci Descendunt Reges, & siccâ morte Tyranni.*
JUVENAL, SAT. X. vers. 112.

spectacle touchant des peuples plongés dans la misere, la sueur & les larmes; si leur cœur est encore sensible à la vraie gloire, il leur montrera ces mêmes peuples, soulagés par leurs soins, célébrant les louanges & bénissant les noms de ceux qui les rendent heureux. C'est ainsi que le Sage peut se flatter d'adoucir la férocité & de guérir les erreurs de ces Princes eux-mêmes, qui, dupes des mensonges dont la flatterie les repaît, se croient intéressés à perpétuer l'ignorance, la foiblesse, l'indigence des nations: c'est sur-tout leur cure que la philosophie doit se proposer; lorsque les chefs des corps politiques jouiront de la santé, les membres ne tarderont point à reprendre de la vigueur: les peuples ne sont malheureux & déraisonnables que parce que leurs Souverains ont rarement des idées vraies du bonheur, & ne consultent point la raison: détrompons les Princes de leurs chimeres, & bientôt leurs sujets seront contens & raisonnables.

Si la philosophie trouve l'oreille des Souverains fermée à ses conseils, qu'elle s'adresse au peuple. La vérité a deux moyens de triompher de l'erreur; soit en descendant des chefs aux nations, soit en remontant des nations à leurs chefs. Ce dernier moyen est sans doute le plus solide & le plus efficace ; en effet un Souverain vertueux disparoît souvent pour faire place à un Tyran insensé, dépourvu de talens, de lumieres & de vertus ; mais une nation instruite & raisonnable n'est point sujette à mourir.

Quoi qu'il en soit, le philosophe portera toujours son tempérament dans sa philosophie. S'il a de la chaleur dans l'imagination, de l'élévation dans l'ame, du courage, sa marche sera impétueuse ; & dans son enthousiasme, semblable à un torrent, il entraînera sans ménagement les erreurs humaines. Possede-t-il une ame sensible ? attendri sur le sort des mortels, il gagnera leur confiance, il remuera les cœurs, il versera du baume sur des plaies que l'aigreur ne feroit qu'envenimer. Le philosophe le plus doux, le plus tendre, le plus humain sera toujours le plus écouté ; la douceur attire & console, elle rend plus touchans les charmes de la vérité : si on la montre sous des traits irrités, parlant avec hauteur, entouré du cortége de la mélancolie, elle déplaît, elle révolte, elle ne peut attacher les regards.

C'est donc souvent à lui-même que le philosophe doit s'en prendre si ses leçons deviennent infructueuses, & rendent la raison & la vérité désagréables pour ceux dont elles sont destinées à soulager les peines. Une philosophie tyrannique, impérieuse, insultante, humilie & ne persuade jamais; une philosophie chagrine, austère, ennemie de la joie, effarouche & n'est point faite pour attirer. Une philosophie trop exaltée & qui propose une perfection impossible, étonne sans influer sur la conduite, ou jette dans le découragement. Si les leçons du fanatique religieux s'efforcent d'élever l'homme au dessus de sa sphere pour s'égarer dans les régions de l'Empyrée, son propre poids le fera bientôt retomber sur la terre; quelquefois il n'est averti que par de lourdes chutes, qu'il ne devoit point sortir d'une nature où tôt ou tard il est forcé de rentrer.

Il faut donc à l'homme une philosophie humaine, qui l'attire, qui le console, qui le soutienne. C'est pour la nature, c'est pour la terre, c'est pour lui-même, c'est pour la société que l'homme est fait; c'est ici-bas qu'il doit chercher sa félicité. Assez longtems il fut le jouet d'une philosophie surnaturelle, ou plutôt d'un vrai délire, qui le rendit insensé & furieux, qui ne lui montra son bonheur que dans les cieux, & qui l'empêcha d'être heureux sur la terre. Assez longtems de prétendus Sages lui ont ordonné de se détester lui-même, de s'avilir à ses propres yeux, d'étouffer les desirs de son cœur, de fuir les plaisirs, de faire divorce avec la félicité, de ramper dans l'affliction, de ne regarder la vie que comme un pélerinage, de gémir & soupirer toujours; ces vaines leçons, si contraires à celles de la nature, ou ne furent point écoutées au sein de la dissipation, dans le tumulte des passions & des plaisirs, ou quand elles furent suivies, elles ne servirent qu'à rendre l'homme farouche, insociable, atrabilaire, mécontent de lui-même & des autres.

La sagesse n'est point l'ennemie des plaisirs légitimes & de la félicité des hommes. Son aspect n'est point fait pour effaroucher les ris & pour bannir les graces; elle ne combat que les plaisirs trompeurs que le repentir suit toujours; elle ne s'arme que contre les passions opposées au repos des humains; elle ne déclare la guerre qu'à ces préjugés qui les désolent. L'objet de ses desirs est de les rendre quelque jour plus contens, de voir la liberté, l'abondance & la paix régner en tout pays; de voir l'industrie, l'activité & la joie ranimer leurs habitans. Si l'espoir du Sage n'est qu'une chimere, son ame honnête aime à s'en repaître; cette illusion soutient son courage, anime son activité, l'excite à la recherche de la vérité, & fait que son esprit produit des fruits utiles à la société.

Le spectacle de l'homme heureux ne peut déplaire qu'au Tyran & qu'au Prêtre qui ne se plaisent à régner que sur des malheureux; qu'au sombre superstitieux, qui follement s'imagine que son Dieu s'irrite du bonheur de ses créatures, & qu'il fait un crime aux mortels de chercher les objets capables de rendre leur existence plus douce. Non; il n'est point de spectacle plus ravissant pour l'homme de bien que de voir des heureux; il n'est point d'idée plus flatteuse que de pouvoir en faire. Contempler de sang-froid les maux de ses semblables, s'irriter de leur joie, condamner leurs plaisirs innocens, n'être point émus de leurs soupirs, se complaire à leur voir répandre des larmes, c'est avoir la férocité d'un tygre, l'ame atroce d'un Démon malfaisant.

Jamais la vraie sagesse ne défend à l'homme de s'aimer; elle lui inspirera toujours un amour raisonné de lui-même; elle l'encouragera à mériter sa propre estime & celle de ses associés; elle approuvera les passions qui pourront lui attirer des sentimens si doux; elle les dirigera vers des objets véritablement utiles; elle ne blâmera que celles qui troubleront la société & qui nuiront au bonheur de ceux qui en seront tourmentés; elle ne proscrira que ces plaisirs trompeurs & passagers que suivent des douleurs réelles & des regrets durables. (*) En un mot le vrai philosophe est l'ami des hommes, l'ami de leur bien-être, l'ami de leurs vrais plaisirs. L'austérité, la sévérité, la rudesse, ne sont point les signes qui caractérisent la sagesse. La brutalité, l'aigreur, l'impolitesse, la satire annoncent un homme dur, désagréable, mal élevé, & non un philosophe. La sagesse est aimable; elle a des charmes faits pour séduire tous les yeux; sa langue sait se proportionner au Monarque comme au dernier des sujets; fondée sur la vérité, elle ne con-

(*) *Modus ergò diligendi præcipiendus est homini, id est quomodo se diligat aut prosit sibi; quin autem se diligat aut prosit sibi dubitare dementis est.*

SENEC.

duira jamais les hommes à la corruption.

Mais la philosophie ne détruit pas l'homme dans celui qui la possede. Le philosophe n'est point un homme sans passions; il ne seroit qu'un imposteur & un charlatan, s'il prétendoit se mettre au dessus de la douleur ou s'il vouloit s'annoncer comme exempt des passions, des foiblesses, des infirmités humaines. (*) Ce n'est point une apathie Stoïque, une orgueilleuse insensibilité, une indifférence inhumaine qui prouvent la philosophie & qui caractérisent le philosophe; le stupide a souvent une indifférence plus profonde que celle que la philosophie peut procurer. Le Sage a le droit d'être sensible, il est susceptible d'attachement, il sent le prix de l'amitié; il éprouve un amour légitime pour les objets qui ont des droits sur son cœur; il entend le cri de l'infortuné, il éprouve avec douleur les coups du sort, il est touché des peines des autres; il est affligé de celles dont il est la victime lui-mê-

_____
(*) Antonin disoit au sujet de Marc-Aurele: *Souffrez qu'il soit homme, ni la Philosophie ni l'Empire n'ôtent point les passions.*

même; il desire de les faire cesser; il n'est point indifférent sur les richesses, dont mieux que personne il connoît le bon usage; il n'est point l'ennemi du pouvoir, dont il sçait la façon de se servir pour sa propre félicité; il chérit la gloire, l'estime, la réputation comme des récompenses auxquelles tout homme utile est en droit d'aspirer.

En un mot, le vrai philosophe n'affecte rien; de bonne foi avec lui-même & sincère avec les autres; il ne se fait pas un point d'honneur de cesser d'être un homme, de fuir ce qui lui doit plaire, de mépriser ce qui lui est avantageux; il s'applaudit de ses lumieres, & se croit digne de l'estime & de l'affection des autres quand il en a bien mérité. Est-il dans l'indigence, il tâchera d'en sortir; mais il se respecte trop pour en sortir par des voies dont il auroit à rougir. Est-il dans le mépris? il cherche à se venger des injustes dédains par des talens, par d'utiles découvertes. Est-il dans l'affliction? il a plus de ressources & de motifs qu'un autre pour distraire son esprit par la réflexion; il se consolera dans les bras de l'étude. Est-il opulent? il sçait l'art de jouir. Est-il assis sur le trône? il s'applaudira des moyens

M

que le destin lui fournit de travailler à son propre bonheur, à sa propre gloire, à son propre plaisir en répandant à pleines mains le bonheur sur tout un peuple qui bénira son zèle & chérira la source de sa félicité.

Ce n'est donc ni la singularité, ni la misantropie, ni l'arrogance qui constitue la philosophie; c'est l'esprit observateur, c'est l'amour de la vérité, c'est l'affection du genre humain, c'est l'indignation & la pitié des calamités qu'il éprouve; en un mot c'est l'humanité qui caractérise le Sage. Si la philosophie ne lui procure point un bonheur complet, elle le met au moins sur la route pour l'obtenir; si elle ne le mène point toujours à la connoissance entière de la vérité, elle dissipe au moins une portion des nuages qui empêchent de l'appercevoir; si elle ne lui montre point toujours des réalités, elle sert au moins à détruire pour lui un grand nombre d'illusions dont les autres mortels sont les jouets infortunés.

CHAPITRE VIII.

De la Philosophie pratique & de la Philosophie spéculative.

ON nous répete sans cesse que ceux qui ont professé la philosophie & qui se sont vantés d'être les interprêtes de la raison, loin de donner aux hommes des exemples de vertus, se sont très-souvent livrés à des vices honteux, & ont paru quelquefois n'avoir secoué le joug des préjugés que pour se permettre sans scrupule les déréglemens les plus condamnables. Ces défauts doivent être imputés aux hommes & non à la philosophie; un homme doué de pénétration & de génie peut être vicieux, mais ce n'est point dans l'habitude de penser que l'on doit chercher la cause de sa corruption; c'est son tempérament, ce sont ses passions, ce sont les idées fausses qu'il se fait du bonheur qui le déterminent au mal; c'est l'habitude qui lui fait tenir une conduite qu'il est bien plus qu'un autre forcé de condamner. Souvent un esprit juste peut se trouver joint à un cœur pervers, de même que souvent un cœur droit peut se trouver joint à un esprit faux ou borné. D'ailleurs un homme éclairé sur un point peut s'aveugler sur les autres; il sentira la force d'un principe, mais les mauvais penchans de son cœur seront plus forts que ses spéculations. Cependant il en est plus sévérement puni que tout autre; les lumieres de son esprit, qu'il se trouve obligé de combattre à chaque instant, portent à tout moment sur sa conduite un jour fatal propre à réveiller en lui la honte & le remors. L'homme instruit qui fait le mal a bien plus que le méchant ignorant des motifs pour se haïr lui-même; il a beau se faire illusion, il a la conscience de sa mauvaise foi & rougit de ses égaremens parce qu'il en connoît les suites nécessaires. Le Médecin habile, saisi d'une maladie, en connoît mieux le danger que celui qui n'est point versé dans la Médecine. (*)

Nous voyons souvent des hommes corrompus se détromper des préjugés religieux dont leur esprit a senti la futilité;

(*) *Philosophus in ratione vita peccans, hoc turpior est, quod in officio, cujus magister esse vult, labitur; artemque vita professus, delinquit in vita.*
CICERON- TUSCULAN. II. Cap.
M

PRÉJUGÉS. Chap. VIII. 181

en conclure très-imprudemment que la morale n'a point de fondemens plus réels que la religion; ils s'imaginent que celle-ci une fois bannie, il n'existe plus de devoirs pour eux, & qu'ils peuvent dès-lors se livrer à toutes sortes d'excès. Si nous remontons à la source de la prétendue philosophie de ces mauvais raisonneurs, nous ne les trouverons point animés d'un amour sincère pour la vérité; ce n'est point des maux sans nombre que la superstition fait à l'espèce humaine, dont nous les verrons touchés; nous verrons qu'ils se sont trouvés gênés des entraves importunes que la religion, quelquefois d'accord avec la raison, mettoit à leurs déréglemens. Ainsi, c'est leur perversité naturelle qui les rend ennemis de la religion; ils n'y renoncent que lorsqu'elle est raisonnable, c'est la vertu qu'ils haïssent encore bien plus que l'erreur ou l'absurdité; la superstition leur déplaît, non par sa fausseté, non par ses conséquences fâcheuses, mais par les obstacles qu'elle oppose à leurs passions, par les menaces dont elle se sert pour les effrayer, par les phantômes qu'elle emploie pour les forcer d'être vertueux. Des hommes de cette trempe deviennent irréligieux, sans avoir ni le cœur assez li-

M 3

bre ni l'esprit assez éclairé pour devenir des philosophes ; ils renoncent au mensonge sans s'attacher à la vérité, à la morale, au bon sens, à la raison, qui s'opposeroient encore bien plus à leurs excès, & qui duement examinés, leur fourniroient des motifs plus réels, plus solides, plus sûrs, pour résister à leurs penchans déréglés.

Pour être philosophe, il faut aimer la sagesse. *Sage* & *Sçavant* sont des termes synonymes chez les Orientaux. Mais pour aimer la sagesse, il faut en connoître le prix. Des hommes livrés au vice peuvent-ils être regardés comme des amis de la sagesse ? Des mortels emportés par le torrent de leurs passions, de leurs habitudes criminelles, de la dissipation, des plaisirs, sont-ils bien en état de chercher la vérité, de méditer la nature humaine, de découvrir le systême des mœurs, de creuser les fondemens de la vie sociale ? Non, le déréglement ne sera jamais la suite de la vraie philosophie, les égaremens du cœur & de l'esprit ne passeront jamais pour de la sagesse ; des hommes sans systême & sans mœurs, pour s'être détrompés de quelques erreurs gênantes, ne pourront sans folie s'annoncer pour de profonds raisonneurs. La vraie sagesse ne se vantera point de ces conquêtes honteuses qu'elle a pu faire sur la superstition; elle rougiroit de compter parmi ses partisans des ennemis de toute raison, des esclaves de leurs passions, des êtres nuisibles au genre humain. Cette sagesse admettroit-elle au nombre de ses disciples des Princes, des Ministres, des Courtisans qui ne se sont détrompés de la superstition que dans la vue de trouver dans l'irreligion des motifs de plus pour se confirmer dans le crime? La philosophie pourroit-elle se glorifier d'avoir pour adhérens dans une nation dissolue une foule de libertins dissipés & sans mœurs, qui méprisent sur parole une religion lugubre & fausse sans connoître les devoirs que l'on doit lui substituer? Sera-t-elle donc bien flattée des hommages intéressés ou des applaudissemens stupides d'une troupe de débauchés, de voleurs publics, d'intempérans, de voluptueux, qui de l'oubli de leur Dieu & du mépris qu'ils ont pour son culte, en concluent qu'ils ne se doivent rien à eux-mêmes ni à la société, & se croient des sages parce que souvent en tremblant & avec remors, ils foulent aux pieds des chimeres qui les forçoient à respecter la décence & les mœurs ?

Non, la philosophie ne peut point être flattée de voir grossir sa cour par des êtres totalement dépourvus de raison, de lumieres, de vertus. Le vrai philosophe est l'Apôtre de la raison & de la vérité ; il les cherche de bonne foi, il les médite dans le silence des passions, il les découvre aux autres lorsqu'il s'en croit capable, & s'il est pénétré des vérités qu'il annonce, il prouve par sa conduite la bonté de ses préceptes, & la supériorité d'une morale naturelle sur une morale surnaturelle & fausse qui, si elle l'appuye quelquefois, la combat & la détruit encore bien plus souvent. Un méchant troublé par des passions orageuses, un scélérat endurci dans le crime, un voluptueux perpétuellement enivré de plaisirs déshonnêtes, sont-ils donc en état de raisonner ? Ont-ils l'impartialité requise pour juger avec candeur ? Ont-ils le loisir de faire des expériences sûres ? Sont-ils assez clairvoyans pour démêler la vérité & la séparer du mensonge avec lequel on la trouve si souvent alliée ? Non, sans doute, des hommes légers, intéressés, dissipés, examinent toujours très-mal; s'ils entrevoyent quelques lueurs de vérités, elles font foibles, ils n'embraffent jamais fon enfemble, ils n'en voyent que la partie qui flatte leurs paffions, ils ne la prennent point pour guide. Les paffions peuvent quelquefois rencontrer jufte; elles renverfent fouvent des erreurs & des préjugés qui s'oppofent à leur marche, mais la raifon peut feule détromper parfaitement ceux qui la méditent avec les difpofitions néceffaires.

Ainfi l'on paffera condamnation fur les reproches que l'on eft quelquefois en droit de faire à ceux qui font profeffion de philofophie; on conviendra du peu d'accord qui fe trouve entre leur conduite & leurs leçons: on reconnoîtra que les grandes lumieres & l'innocence dans les mœurs, la prudence dans la conduite, la probité même ne font point toujours réunies. Mais enfin qu'en pourra-t-on conclure contre la philofophie? La vérité en eft-elle moins utile parce qu'elle eft fouvent annoncée par des hommes qui ne la prennent point eux-mêmes pour guide? Les démonftrations du géometre qui montre l'évidence en feront-elles moins certaines parce qu'il n'aura pas de mœurs? La fageffe en eft-elle moins précieuse, parce qu'elle n'influe point sur la conduite de celui qui nous la découvre? Lorsqu'assis autour d'une table abondamment servie nous y trouvons des mets délicieux, allons-nous nous informer des mœurs de celui qui les a préparés? Les Apôtres de l'erreur, les Ministres de la superstition, ne nous crient-ils point sans cesse qu'il faut adopter leurs leçons, sans adopter leur conduite, toutes les fois que celle-ci dément leurs pompeuses spéculations? (*)

Distinguons donc pour toujours la vérité de celui qui l'annonce; distinguons la sagesse de l'organe, souvent impur, qui en est l'interprète; distinguons la philosophie de celui qui s'arroge le titre de philosophe; adoptons la raison, de quelque part qu'elle nous vienne; ne la rejettons jamais sous prétexte qu'elle n'est point annoncée par un être raisonnable; quelle que soit sa conduite, écoutons avec docilité tout homme qui

---

(*) *Non præstant philosophi quod loquuntur, multum tamen præstant quod loquuntur, quod honestâ mente concipiunt.*

SENECA DE VITA BEATA CAP. XX.

Le Philosophe n'est pas comme le Prêtre qui s'engage à instruire par sa conduite, le Philosophe qui écrit s'engage à instruire par ses écrits.

nous dira d'être humains, justes, sensibles, bienfaisans, époux tendres & fideles, citoyens généreux & désintéressés; n'écoutons jamais l'homme le plus grave dans son maintien, le plus austere dans ses mœurs, lorsqu'il nous prescrira d'être inhumains, zélés, intolérans, injustes ou indifférens envers nos semblables. Les leçons de la sagesse ont sans doute plus de poids dans la bouche d'un Sage, mais elles ne sont point à dédaigner lors même que nous les receyons d'un homme qui ne suit pas ces mêmes leçons. Chérissons, admirons, imitons celui qui est assez heureux pour joindre la pratique au précepte, recherchons sa société, faisons-en notre ami; lisons avec transport les maximes utiles du vicieux qui nous instruit; mais fuyons ses vices & n'imitons point sa folie.

Le Philosophe est un mortel respectable lorsqu'il prouve par sa conduite qu'il est lui-même pénétré des vérités qu'il annonce; mais elles n'en sont pas moins des vérités lors même que ses actions démentent ses paroles. L'homme le plus pervers peut avoir de grands talens, il peut avoir médité la politique, approfondi la nature, étudié le cœur humain; bien plus il peut avoir acquis des idées vraies de la morale & s'être enrichi de découvertes inconnues de celui qui avec plus de sagesse, de simplicité, de vertu, aura moins de pénétration que lui; des cœurs dépravés ont souvent bien plus de talens & d'esprit que les cœurs honnêtes & vertueux. La vérité, déja si rare, le seroit encore bien plus si les hommes ne vouloient l'admettre que lorsqu'elle leur sera présentée par des êtres parfaits. Le philosophe n'est point un Dieu, il n'est point égal aux Dieux. (*) Le philosophe est un homme sujet aux passions & aux infirmités humaines, il a besoin d'indulgence; ses leçons sont estimables dès qu'elles sont avantageuses, sa conduite est blâmable dès qu'elle est déraisonnable; il n'est plus l'Apôtre de la raison, il est l'Apôtre du vice dès que ses maximes tendent à corrompre les mœurs.

Distinguons donc deux sortes de philosophie; l'une est *spéculative* & l'autre

---

(*) *Ingens intervallum inter me & cæteros homines factum est; omnes mortales multo antecedo, non multùm me Dii antecedunt.* SENEC. EPIST. 54. Il appelle ailleurs les philosophes *pares & socii Deorum, non supplices.* EPIST. 3. *Sapiens tam æquo animo omnia apud alios videt contemnitque quam Jupiter.* EPIST. 74. C'est dans un homme qui croit aux Dieux joindre l'impiété à l'arrogance la plus ridicule!

est *pratique*. L'une & l'autre peuvent encore se soudiviser en deux branches, celle qui est naturelle ou qui tient du tempérament, & celle qui est acquise. Quoi qu'il en soit, gardons-nous de regarder comme des amis de la sagesse, comme des bienfaiteurs du genre humain, ces imprudens raisonneurs qui quelquefois ont inventé des sophismes ingénieux pour disculper le crime, pour légitimer le désordre & pour jetter du doute sur les régles immuables des mœurs. Pour être un philosophe, il ne suffit point d'attaquer les préjugés reçus, il faut leur substituer des vérités utiles; c'est peu de combattre les délires de la superstition si l'on ne la remplace par la saine raison. En vain le philosophe a-t-il anéanti les chimères, les dogmes, les vertus fausses & frénétiques que la religion révere, si d'un autre côté il permet aux mortels de suivre leurs penchans déréglés & de se livrer sans honte à leurs passions aveugles.

La sagesse ne peut donc point adopter ces écrits dangereux qui autorisent la débauche, qui amolissent le cœur, qui présentent le vice sous des couleurs aimables, qui justifient la fraude, qui décrient la sévérité des mœurs, qui jettent le ridicule sur la vertu, enfin qui répandent des nuages sur les devoirs invariables & sacrés qui découlent de notre être & qui sont les appuis de toute société. Quels reproches n'ont point à se faire ces écrivains lubriques & sans mœurs, dont les ouvrages, dévorés par une jeunesse bouillante, l'excitent à la débauche & l'animent à sa propre destruction! De tels écrits sont des empoisonnemens publics; leurs Auteurs ressemblent à ces révoltés qui ouvrent les portes des prisons pour grossir leur parti des misérables qu'elles renferment. Infirmer ou détruire les loix éternelles de la raison, c'est travailler à la ruine du genre humain.

Ainsi après avoir attaqué les erreurs des mortels, celui qui médite n'ira point les remplacer par des erreurs nouvelles plus funestes que les premieres; à la tyrannie religieuse & politique il ne fera point succéder l'anarchie des passions; aux chaînes de la religion il ne fera point succéder le déchaînement des vices; aux pratiques & aux devoirs que le fanatisme impose, il fera succéder des vertus plus réelles. L'apologiste du vice n'est point l'ami de la sagesse; c'est un attentat contre le genre humain que d'encourager l'homme à se nuire, & de s'efforcer d'étouffer en lui la honte & le remors destinés à punir le crime. Celui qui justifie le désordre est un méchant qui ne travaille qu'à se justifier lui-même, ou qui cherche à corrompre ses semblables pour en faire des complices ou des approbateurs de ses goûts déréglés. Celui qui ne prévoit point les suites des passions & des vices; celui qui ne sent pas combien la modération, la raison, la vertu leur sont nécessaires, est un imprudent dont les vues sont trop bornées pour donner des conseils au genre humain. D'ailleurs il est évidemment dans l'erreur & il trompe les autres. N'est-ce pas en effet être dans la plus grossiere des erreurs que de croire que l'homme puisse impunément se livrer à la dissolution, à l'intempérance, à la débauche ? Quel philosophe que celui qui ne sait pas que, d'après les loix éternelles de la nature, le vice se punit toujours lui-même, lors même que les loix des hommes ne décernent aucunes peines contre lui ! que dis-je ? lors même que ses excès semblent légitimés par l'opinion publique. Dans les sociétés les plus corrompues la voix publique s'éleve contre le désordre; la débauche est méprisée; les idées de la décence subsistent dans le plus grand nombre des esprits, au point que le vice se croit toujours obligé de s'enveloper des ombres du mystere. Dans les contrées où la dissolution des mœurs semble universellement autorisée par l'exemple des Grands, ceux qui s'en rendent coupables se croient obligés de cacher leurs intrigues criminelles; ils sont forcés de rougir devant les personnes plus honnêtes; ils éprouvent des embarras, des inquiétudes, de la honte. Enfin l'infidélité se voit punie par les divisions subsistantes entre des époux, qui ont perdu les uns pour les autres l'affection, l'estime & la confiance, c'est-à-dire, les charmes les plus doux de l'union conjugale. Ainsi dire aux hommes que l'infidélité n'est qu'une bagatelle, c'est leur dire que pour des êtres destinés à s'aimer, à s'estimer, à s'entre-aider, à supporter à fraix communs les peines de la vie, il est indifférent à être unis, & de s'occuper de leur bien-être mutuel. (*) Dire aux hommes que la débauche est permise,

c'est

―――――――

(*) Cela peut nous faire juger de la maxime de La Fontaine qui dit en parlant de l'adultere:

Quand on le sçait, c'est peu de chose;
Quand on l'ignore, ce n'est rien.

PRÉJUGÉS Chap. VIII.

c'est leur annoncer que leur conservation, leur tranquilité, leur santé sont des choses peu faites pour les intéresser.

C'est à l'imprudence ou à la dépravation de quelques raisonneurs superficiels qu'est dû le décri dans lequel la philosophie est trop souvent tombée. En effet on l'accuse de toujours détruire sans jamais édifier; cette accusation seroit sans doute fondée si l'on s'obstinoit à substituer le nom sacré de philosophie à ces systêmes de délires que des spéculateurs en démence ont donnés pour les oracles de la raison. Le systême de conduite dont les hommes ont besoin a toujours existé, il ne faut que le montrer, pour que son évidence soit apperçue; l'Etre intelligent n'a qu'à rentrer en lui-même, imposer silence à ses passions, écarter ses propres illusions, chercher de bonne foi la vérité, étudier les rapports, les devoirs & les droits d'un être qui sent, qui pense, qui vit en société: pour le montrer aux autres il ne faut que lever le bandeau que le préjugé avoit mis sur leurs yeux; il ne s'agit que de dissiper les nuages du mensonge pour qu'ils voyent la vérité.

La philosophie, je le répete, désavouera toujours les maximes de ces apologistes du vice qui empruntent son langage pour débiter leur poison. Elle ne peut compter au nombre de ses disciples les amis du désordre, qui n'attaquent la religion que parce qu'elle contredit quelquefois les funestes penchans de leurs cœurs; qui ne luttent contre les loix que parce qu'elles gênent leurs inclinations; qui ne méprisent l'autorité que parce qu'ils n'ont point la faculté d'en abuser eux-mêmes; qui ne haïssent la tyrannie que parce qu'il ne leur est point permis d'être tyrans; qui ne combattent les préjugés que parce que ces préjugés s'opposent à leurs passions, à leurs débauches, à leurs prétentions frivoles, à leur vanité. L'ennemi de la morale ne peut être l'ami de la philosophie; l'avocat du vice est un aveugle ou un menteur, qui ne peut être guidé par la vérité, & qui la hait nécessairement dans le fond de son cœur. (*)

Déclamer contre le préjugé, attaquer la superstition, exposer les abus du déspotisme, combattre les craintes futiles des hommes sont des entreprises dignes de la philosophie; mais combattre la mo-

---

(*) *nulli vitio advocatus defuit.*

SENEC. DE IRÂ. CAP. XIII.

rale, d'anéantir la vertu, répandre sur elle le mépris & la satire, ne peut être que l'ouvrage de la démence & de la fureur. La religion peut être légitimement attaquée, parce qu'elle est visiblement contraire à la vérité, à la raison, aux intérêts du genre humain, mais les coups du sage ne porteront jamais sur la vertu; elle est pour les hommes une colonne lumineuse faite pour les guider dans la route de la vie, & que jamais ils ne perdront de vue sans danger : sa base, il est vrai, est souvent entourée de buissons, de ronces, & de plantes venimeuses qui servent de repaire à des reptiles malfaisans; en détruisant leur retraite, en découvrant ce monument auguste, en le dégageant des obstacles qui empêchent d'en voir les fondemens, prenons garde de les dégrader, ou de les ébranler; sa chûte entraîneroit la ruine de la société. Arrachons donc ces lierres inutiles qui s'entrelacent autour de lui, mais ne touchons jamais au ciment solide qui sert à joindre ses parties.

Ce que nous venons de dire suffit pour fixer nos idées sur la philosophie & sur ceux qui la professent. Le philosophe est un homme qui connoît le prix de la vérité, qui la cherche, qui la médite où qui l'annonce aux autres ; le sage est celui qui pratique ses leçons. *Vérité, sagesse, raison, vertu, nature*, sont des termes équivalens pour désigner ce qui est utile au genre humain ; la vérité tendra toujours à éclairer les hommes ; les hommes les plus éclairés seront les plus raisonnables ; les hommes les plus raisonnables sentiront plus que d'autres l'intérêt & les motifs qu'ils ont de pratiquer la vertu. Sans l'étude de la nature l'homme ne connoîtra jamais ni ses rapports, ni ses devoirs envers lui-même & les autres ; privé de cette connoissance il n'aura ni principes sûrs ni bonheur véritable. Les hommes les plus instruits sont les plus intéressés à être les meilleurs ; les grands talens doivent conduire aux grandes vertus. Tout homme qui fait le mal est un aveugle ; tout homme déréglé est un être dépourvu de raison, dont la conduite prouve qu'il méconnoît sa nature, qu'il ignore ce qu'il se doit à lui-même, ce qu'il doit aux autres, le prix attaché à l'estime méritée de soi, l'intérêt qu'il a de mériter l'estime des êtres qui l'entourent. Quiconque ignore toutes ces choses ne peut être appellé un homme éclairé ; celui qui se montre insensible à la bienveillance, à l'approbation, à la tendresse de ses associés ne diffère en rien des bêtes: celui qui ne s'apperçoit pas que ses vices tendent à sa propre destruction n'est point un Etre intelligent, dont l'essence & le but sont de vouloir se conserver. Celui qui méconnoît les avantages inestimables de l'association & les moyens de la rendre utile & agréable à son être, n'est qu'un insensé & non un ami de la sagesse.

En effet ce n'est point à des hommes de cette trempe qu'il appartient de chercher la vérité; l'esprit n'est rien s'il n'est utile; il est une arme dangereuse dans la main d'un méchant; il produit les plus grands biens dans les mains de celui qui est assez instruit pour en connoître le véritable usage. Ainsi la philosophie n'est point faite pour ces êtres aveugles qu'une imagination pétulante & vive empêche d'examiner. Tout homme qui cherche à nuire, n'est point un philosophe, dont l'objet ne peut être que de se rendre utile; ce titre ne peut point convenir à ces esprits ingénieusement malfaisans, dont les vœux sont remplis lorsqu'ils ont ébloui la société par des saillies passageres nuisibles à leurs semblables. Quels avantages la société retire-t-elle de ces sarcasmes, de ces traits envenimés, de ces satires ameres, de ces médisances & de ces calomnies cruelles, dont l'esprit ne se sert trop souvent que pour faire éclorre des haines, des querelles, des ruptures, ou pour porter avec dextérité le poignard dans les cœurs? Un Etre qui possede ce malheureux talent, est-il donc un homme utile? A quoi sert son génie, sinon à procurer une secousse passagere à l'oisiveté, à consoler l'envie & la médiocrité des chagrins que leur causent le mérite & les grands talens, & communément à faire craindre & détester celui dont la méchanceté amuse?

La sagesse n'approuve point cet abus de l'esprit; elle se propose des objets plus vastes, plus avantageux & une gloire plus solide; elle ne nuit point aux hommes, elle en veut à leurs vices, à leurs erreurs, à leurs préjugés; indulgente pour l'homme, qu'elle voit perpétuellement le jouet d'une nécessité fatale, elle attaque ses délires, elle décrie ses passions, elle le force quelquefois à rire de ses propres extravagances. Si elle excuse les infortunés qu'un penchant malheureux entraîne, elle ne doit aucuns ménagemens aux erreurs qui sont cause de leurs égaremens. La satire est permife, elle est très-légitime lorsqu'elle a pour objet de combattre les préjugés des hommes, d'attaquer leurs vices, de les exciter par les traits du ridicule à renoncer à leurs folies. La satire contre l'homme l'irrite, le révolte, l'afflige, & ne le corrige point; elle prouve bien plus la malignité que les lumieres de celui qui les employé. Que diroit-on d'un médecin qui se moqueroit d'un malade à qui il offriroit une potion salutaire ? L'homme de bien se propose de détromper, de guérir, de faire goûter la raison, contre laquelle l'esprit est souvent prévenu; il sçait qu'il rendroit la vérité haïssable, qu'il indisposeroit contre elle, s'il montroit du fiel & de la mauvaise volonté.

La philosophie pour persuader & pour plaire doit être douce, humaine, indulgente; elle deviendroit criminelle si l'on s'en servoit pour blesser; elle seroit insensée si elle révoltoit les malades qu'elle se propose de guérir; elle ne mériteroit que du mépris & de la haine si elle ne servoit que l'envie, la misantropie, ou l'humeur; elle perdroit la confiance qu'elle doit s'attirer, si elle déceloit des passions nuisibles au genre humain.

Ceux qui nuisent le plus visiblement à

leurs semblables ont souvent le front de se justifier en disant qu'ils sont *véridiques*; & que la vérité étant importante au genre humain il faut toujours la dire, quelles que puissent être ses conséquences pour les individus. C'est ainsi que la noirceur se couvre souvent du manteau de l'utilité. La vérité est sans doute nécessaire au genre humain quand elle l'intéresse; il est avantageux de dénoncer à la société les erreurs qui lui nuisent; un citoyen zélé est en droit de l'avertir des complots que les méchans ont formés contre son bonheur; mais le philosophe, étant l'ami des hommes, n'en veut point aux hommes, il n'en veut qu'à leurs délires. Il ne fait point la satire, mais le tableau du genre humain. Ce n'est ni la malignité, ni l'envie, ni la vengeance qui doivent conduire sa langue ou son pinceau. Il n'est point un délateur, il n'est point l'assassin des réputations; il défere le mensonge au tribunal de la raison, il en appelle à l'expérience des chimeres; il invite les mortels à renoncer aux préjugés qui les égarent pour suivre la vérité bienfaisante qui les conduira toujours à la félicité.

Il faut donc que le philosophe commence par se sonder lui-même; qu'il se mette en garde contre les illusions de son cœur; qu'il se défie de ses passions; qu'il se rende un compte fidele des motifs qui l'animent; qu'il annonce la vérité lorsqu'un mûr examen lui en aura fait sentir l'utilité. Pour peu qu'il rentre en lui-même sa conscience bientôt lui fera connoître si ses motifs sont purs, s'il peut se les avouer à lui-même, s'il peut sans rougir & sans feinte les avouer aux autres.

Mais pour être assuré de cet examen, il faut nécessairement établir la paix dans son propre cœur. Tout homme qui est l'esclave d'un tempérament fâcheux, aigri par la malignité, poussé par des motifs déshonnêtes, n'est capable ni de s'éprouver lui-même, ni de découvrir la vérité, ni de la faire entendre aux autres: ses leçons seroient suspectes, ses idées révolteroient & tous ses efforts ne viendroient point à bout de cacher les mobiles dangereux dont il seroit animé. L'homme qui ne dit la vérité que pour nuire, se sert d'un instrument très-utile pour faire un très-grand mal.

On demandera peut-être s'il est quelquefois permis à l'homme de bien de mentir ou de dissimuler la vérité? je réponds que le mérite de la vérité n'est fondé que sur son utilité réelle, & sur l'intérêt du genre humain; ce mérite cesse dès que cette utilité & cet intérêt disparoissent ou ne sont que fictifs. Quelques Théologiens ont prétendu qu'il n'étoit jamais permis de faire du mal en vue du plus grand bien; ils n'ont point vu que dans ce cas le mal devient un bien. Quelques-uns ont été jusqu'à dire *qu'il n'étoit jamais permis de mentir quand même le monde entier devroit périr.* (*) Il est aisé de sentir que ce principe fanatique n'est fondé que sur les idées incertaines que la Théologie se fait & du bien & du mal, du vice & de la vertu. Le bien est ce qui est utile, le mal est ce qui est nuisible aux Etres de l'espece humaine; faire ou dire ce qui est véritablement utile à l'homme est un bien; faire ou dire ce qui lui devient nécessairement nuisible est évidemment un mal. De quelle utilité la vérité seroit-elle, par exemple, pour un malade, à qui son médecin se feroit un devoir de découvrir que son état est sans remede? Lui dire la vérité ne seroit-ce pas de gayeté de cœur lui plonger le poignard dans le sein? Est-il un Etre assez déraisonnable pour blâmer un homme qui mentiroit dans la

(*) C'est l'opinion de Saint Augustin.

vuè de sauver sa patrie, son pere, son ami, ou pour se sauver lui-même ? Nous ne devons la vérité aux hommes que lorsqu'elle leur est réellement utile ou nécessaire, nous ne la leur devons point lorsqu'elle leur est évidemment inutile ou dangereuse. Si l'on nous dit que d'après nos principes la vérité ne peut jamais être dangereuse ; nous répondrons que les alimens les plus sains, les plus nécessaires au genre humain entier, deviennent souvent une cause de mort pour quelques individus, dont les organes sont viciés.

CHAPITRE IX.

Des intérêts & des motifs qui doivent animer le Philosophe. Du courage que doit inspirer la vérité.

SI ceux qui méditent la vérité & qui la montrent aux hommes, sont quelquefois poussés par des passions nuisibles & par des motifs blâmables, il est néanmoins des motifs raisonnables & des passions louables qui animent les cœurs honnêtes & les excitent à l'examen. Nul homme dans sa conduite ne peut agir sans motifs ; nul homme ne peut être totalement dégagé de passions. C'est à nos passions que nous devons nos lumieres ; l'amour de la gloire, le desir de se distinguer, l'honneur attaché à la découverte des grandes vérités, l'estime que s'attirent tôt ou tard ceux qui répandent des lumieres, sont des passions utiles & légitimes, sans lesquelles l'homme à talens ne seroit jamais tenté de sortir de son inertie. Que dis-je ? les passions les plus fâcheuses ont servi quelquefois à éclairer les hommes, & la nature sçait tirer le bien du sein même du mal. Ces passions font souvent du bien sans le sçavoir & détruisent à leur insçu des erreurs dangereuses (*). C'est communément l'oppression même qui, en comprimant fortement les ressorts des ames, les oblige de réagir avec vigueur : les ames s'en-

(*) C'est la passion de Henri VIII. pour une femme qui fit bannir la superstition Romaine d'Angleterre & qui fut cause de la grandeur à laquelle la Nation Britannique s'est élevée. C'est dans les Princes Allemands le desir de s'emparer des biens du Clergé qui fit naître le Luthéranisme. Les prêtres reprochent aux incrédules que ce sont les passions qui les portent à l'incrédulité, & ceux-ci leur pourroient répondre que c'est l'avarice, l'ambition & l'orgueil qui attachent si fortement les prêtres à leurs préjugés.

gourdissent souvent au sein de la prospérité.

L'homme de bien a donc des passions & des motifs pour se dégager des préjugés, & même pour les combattre avec chaleur. Si le vice détermine quelques hommes à rompre avec la religion, il en est d'autres que la raison, l'amour de la vérité, l'intérêt de leur propre bonheur, la passion du bien public en ont pu détromper.

Tant que l'erreur nous est avantageuse nous ne sommes point tentés de l'examiner. Le commun des hommes n'est si attaché à ses préjugés que parce qu'il n'en connoît point les conséquences, ou parce qu'il les croit utiles, ou parce qu'il les juge sans remedes. Les peuples habitués à la religion & au gouvernement qu'ils ont reçus de leurs peres, qu'ils croyent nécessaires à leur bonheur, auxquels ils n'ont garde d'attribuer tous leurs maux, ne sont point tentés de les examiner ni d'en chercher les remedes. Les Princes élevés dans la molesse, dans l'ignorance de leurs véritables intérêts, & contens de jouir d'une gloire frivole, d'une puissance momentantée, d'une splendeur apparente, qui les mettent, pour quelque tems à portée de satisfaire leurs caprices, ne sont point tentés d'examiner les titres de leur pouvoir, les droits des nations, les devoirs qui les lient à leurs sujets. Les grands, les riches, les citoyens les plus favorisés d'un Etat se contentent de jouir en paix de la faculté d'opprimer, de vexer, de contenir un peuple qu'ils dédaignent; ils n'ont point de raisons pour desirer l'extinction des préjugés, dont ils recueillent à tout moment les fruits; en conséquence ils jugent qu'il faut laisser subsister des erreurs dont ils ne souffrent point eux-mêmes ou qui leur sont avantageuses. Ces ministres des Dieux dont l'existence, l'opulence & la grandeur sont fondées sur l'opinion, n'ont point de motifs pour s'assurer si cette opinion a la raison pour base; ils ont au contraire le plus grand intérêt que leurs titres célestes ne soient jamais discutés. Ainsi les erreurs humaines conservent toujours leur empire sur tous ceux qui ont intérêt de les maintenir; sur ceux qui n'en sentent point les conséquences; sur ceux qui n'en sont point assez gênés pour en être mécontens; enfin sur tous ceux qui n'ont ni assez de lumieres pour en connoître les remèdes, ni assez de courage & d'activité pour contredire les préjugés établis.

Si l'homme ne peut agir sans motifs, le philosophe en a sans doute pour s'élever contre les erreurs qui font le malheur du genre humain & pour s'appliquer à la recherche des vérités utiles. Il ne s'agit que de voir si ces motifs sont légitimes, & s'il peut sans rougir les avouer aux autres. On accuse communément la philosophie d'être fille du chagrin & de la mauvaise humeur; on nous peint les philosophes comme des mélancoliques mécontens de tout; (*) on nous dit qu'intéressés eux-mêmes, leurs jugemens ne sont souvent rien moins qu'impartiaux. Avant de les condamner examinons donc leurs motifs, voyons s'ils sont honnêtes, & si leurs passions sont fondées. Tout homme qui raisonne ne seroit-il pas un imprudent, un insensé, s'il refusoit de donner la plus sérieuse attention à l'examen d'une religion que tout conspire à lui montrer comme importante à son bonheur éternel? Pour être mécontent de cette

———

(*) *Aristoteles quidem ait omnes ingeniosos melancholicos esse.* V. CICERO. TUSCUL. LIB. I. La mélancolie dispose à la réflexion, la dissipation en détourne.

religion, ou, si l'on veut, *pour prendre de l'humeur contre elle*, ne suffit-il pas des entraves continuelles qu'elle met à la marche de l'esprit humain, du renoncement total à la raison qu'elle ordonne, des dogmes insensés qu'elle présente, des mystères impénétrables qu'elle offre à la vénération ? Tout Etre pensant n'est-il point nécessairement révolté des idées informes, contradictoires & funestes qu'on s'efforce de lui donner d'un Dieu capricieux, jaloux de son bonheur, qui se plaît à l'éprouver, qui prend un plaisir inhumain à voir couler ses larmes, qui lui prépare des supplices inouis pour avoir aimé les objets qui l'attachent à la vie, pour avoir travaillé à rendre son existence plus agréable ? Quoi de plus légitime & de plus raisonnable que de s'assurer de la réalité de ces menaces & de ces terreurs dont les jours de tout homme conséquent à ses principes religieux devroient être continuellement empoisonnés ? Le Sage n'a-t-il donc point de motifs pour peser l'utilité ou la valeur de ces pratiques gênantes, de ces cérémonies puériles, de ces opinions révoltantes qu'on lui montre comme des objets assez importans pour absorber son attention, & pour lesquels il voit souvent

vent le sang couler à grands flots sur la terre ? Que sera-ce s'il entrevoit une fois que cette religion, qu'on lui montre comme si respectable, si utile, si sacrée, est la véritable source des maux dont le genre genre humain est forcé de gémir !

Ainsi le philosophe a des motifs légitimes pour être mécontent des préjugés religieux & pour les examiner. En a-t-il de moins pressans pour être mécontent & pour s'affliger des préjugés politiques auxquels il voit les nations asservies ? Tout homme qui pense n'est-il pas à chaque instant le témoin & la victime de ce despotisme outrageant qui régne avec un sceptre de fer sur presque toutes les nations ? Ne voit-il pas qu'il bannit la justice, la sûreté, la liberté, la propriété, la vertu, la science, les talens des pays où il fixe son séjour ? S'il est pere, n'a-t-il pas la douleur de voir dans l'avenir sa postérité plus malheureuse que lui-même, plongée dans des calamités plus grandes encore par les effets progressifs d'un gouvernement négligent, insensé, destructeur ? S'il est riche, ne voit-il pas ses biens à la merci de la rapacité de ces Sultans avides & de ces Visirs impitoyables, dont la mauvaise

O

foi rend toutes les fortunes chancelantes, dont les imprudences & les folies continuées épuisent les nations? S'il est dans l'indigence, n'est-il point continuellement soumis aux vexations, aux mépris, aux injustices, aux extorsions de la puissance altiere? N'a-t-il pas autant de Tyrans que de Supérieurs? Sa liberté n'est-elle pas exposée à des dangers continuels? La bonté de ses droits le protégera-t-elle contre le crédit? Pour sa propre sûreté ne sera-t-il pas obligé de briser le ressort de son ame & de trembler devant le vice altier, devant l'ignorance hautaine, l'incapacité présomptueuse, aux pieds de qui la crainte le force de ramper?

A ces motifs personnels à tout citoyen qui sent que son sort est lié à celui de l'Etat, & assez puissans & légitimes par eux-mêmes pour exciter à la recherche de la vérité, le Sage en joint encore un grand nombre d'autres sur lesquels les ennemis de la philosophie ne peuvent exercer leur critique. Toute ame honnête & sensible n'est-elle donc point touchée des calamités publiques, des persécutions & des fureurs que le délire religieux excite au sein des nations; des haines qui divisent des citoyens pour des opinions futiles; des violences exercées par des Princes frénétiques, qu'un Sacercerdoce impie arme contre des sujets dont ils devroient être les protecteurs & les peres? Si le Sage doit s'intéresser au bien-être de l'homme, pour peu qu'il ait d'énergie dans l'ame, ne doit-il pas brûler d'indignation à la vue des horreurs que par-tout le Despotisme fait éprouver à son semblable? S'il desire vraiment le bien du genre humain; s'il regarde tous les hommes comme ses freres, ne doit-il pas gémir en voyant la fatale léthargie dans laquelle la tyrannie religieuse & politique fait languir des contrées que la nature destinoit à être heureuses, abondantes & peuplées? Quand il voit les violences, les fraudes, les rapines, les infamies, dont sa nation est le théâtre, en un mot cette honteuse dépravation de mœurs dont le citoyen souffre si souvent, & qui divise continuellement des êtres faits pour s'aimer & s'entreaider, son cœur n'est-il pas forcé de s'affliger & de s'irriter contre les erreurs qui sont cause de ce renversement général? S'il a du ressort dans l'esprit, n'est-il point révolté des fers que le Sacerdoce & le pouvoir arbitraire forgent de concert pour lui-même & pour ses associés? Ne rougit-il pas de se voir retenu par d'indignes liens qui l'avilissent & qui semblent destinés à l'enchaîner pour toujours dans l'ignorance & l'abrutissement?

Pour chercher la vérité il faut qu'elle intéresse; elle n'est si rare sur la terre & n'y paroît si déplacée que parce que peu d'hommes en connoissent l'importance pour eux; cette connoissance n'est elle-même que le fruit de la réflexion; celui qui la découvre s'applaudit bientôt de posséder un trésor dont ses concitoyens méconnoissent le prix. La philosophie donne la liberté à l'esprit, elle l'éleve, elle l'embrase, elle lui inspire du courage. Tout homme a plus ou moins la passion de se distinguer de ses semblables; c'est le desir du pouvoir qui anime l'ambitieux; le desir de se distinguer par des titres, du crédit & du faste est le mobile du courtisan; le desir de s'illustrer par la valeur pousse le guerrier aux dangers; mais c'est le desir de se distinguer par ses lumieres, & de mériter l'estime & la tendresse de ses concitoyens en leur montrant la vérité, qui excite l'homme de Lettres à méditer, à parler, & à écrire.

Que l'ignorance intéressée cesse donc de reprocher à la philosophie son orgueil; le philosophe n'est blamable de l'estime qu'il a pour lui-même que lorsqu'elle n'est point fondée; il n'a point de droit à celle des autres lorsqu'il ne leur est point utile; il ne leur est point utile lors qu'il ne leur découvre point des vérités nécessaires à leur bonheur; ses prétentions sont nulles dès qu'au lieu de servir le genre humain il ne sert que ses passions injustes & sa propre vanité; il efface tous ses bienfaits lorsque par un ton arrogant il insulte le genre humain; il rend ses découvertes inutiles, il rebute dès qu'il humilie.

Faire un crime au philosophe de vouloir se distinguer, d'ambitionner l'estime des autres, de s'applaudir de ses travaux, d'attendre de ses concitoyens la reconnoissance qui en est le salaire légitime, c'est lui reprocher d'être homme, c'est exiger qu'il agisse sans motifs, c'est vouloir que la philosophie le dénature. Otez aux hommes le desir de l'estime & l'espoir d'être récompensés de leurs peines, bientôt toute industrie sera détruite & personne ne s'occupera du soin d'acquérir des talens. (*) Le desir de se tirer

(*) Tout homme de bien doit penser & parler comme l'Hector du Poëte Nævius.

de l'indigence force l'homme du peuple au travail, il cesse de travailler si on lui retient son salaire. La passion de se distinguer produit l'émulation & fait fleurir les arts; la passion de la gloire doit animer le Sage dans ses recherches; cette passion est noble, honnête, légitime, & la société est injuste toutes les fois qu'elle refuse son affection à ceux qui la servent utilement.

Oui, je le répete, le philosophe doit ambitionner la gloire; son esprit dégagé des liens qui enchaînent le peuple, & ces Grands eux-mêmes que leurs préjugés rendent si souvent peuple, doit se mettre au dessus des objets puérils qui occupent la multitude. Semblable à l'aigle, il est fait pour planer au haut des airs; c'est de là qu'il verra la petitesse des vains jouets qui absorbent l'attention des mortels. Son œil audacieux, semblable à celui de l'aigle, fixera ces phantômes divinisés, ces tyrans, ces conquérans, ces soleils dont la splendeur éblouit une terre qu'ils dessèchent au lieu de la féconder.

Mais c'est en vain que le Sage s'est détrompé lui-même des erreurs qui aveu-

Lætus sum laudari me abs te, Pater, à laudato viro.   *v. Tuscul.* 4.

Un homme de mérite ne doit être sensible qu'aux éloges du mérite.

glent fes femblables, il n'a de droits fur leur eftime que lorsqu'il fe rend utile pour eux. Il ne fe rend utile qu'en montrant la vérité; fi, comme Prométhée, il l'eft allé ravir au haut du ciel, il doit s'attendre comme lui à gémir de l'avoir trouvée. (*) L'olympe s'armera contre lui, la terre fecondera fes fureurs, le genre humain effrayé de fon audace le traitera d'infenfé, de furieux. Si fon ame a de la vigueur, fi fon imagination eft allumée, s'il a pour la vérité le même enthoufiafme que tant de mortels ont montré pour l'erreur & pour l'opinion, il fe roidira contre les menaces & les perfécutions que le menfonge tout puiffant décerne contre tous ceux qui ont le courage de l'attaquer; il fe vengera des mépris de la grandeur, des oppreffions de la Tyrannie, des calomnies du Sacerdoce, en découvrant aux hommes cette vérité qui tôt ou tard triomphera de l'impofture. Que disje! les obftacles & les dangers mêmes irriteront fon courage; les hommes les plus pufillanimes font forcés

---

(*) La devife de tous ceux qui répandent de grandes lumieres pourroit être ce paffage de Virgile . . . . *alto*
Quæfivit cœlo lucem, ingemuitque repertâ,
Æneid Lib. 4. verf. 691. 692.

d'applaudir un mortel intrépide; sa hardiesse leur en impose, elle devient un spectacle pour eux : le courage en tout genre fut toujours admiré par ceux qui ne se sentent point assez de force pour l'imiter. (*) Ainsi l'enthousiaste du vrai sera soutenu dans ses travaux & dans ses détresses par les regards de ses concitoyens étonnés ; à leur défaut son imagination lui montrera la postérité applaudissant à ses entreprises, & la gloire couronnant son heureuse témérité. Le péril a des appas pour les grandes ames ; l'homme aime à se rendre compte de ses forces à lui-même ; il se félicite toutes les fois qu'il a bravé les dangers & surmonté quelque grande difficulté.

Ne blâmons donc point ces ames fortes, ces ardens défenseurs de la vérité qui souvent ont bravé la colere de la tyrannie : remplis de l'enthousiasme de la gloire & de l'amour du genre humain, ou irrités à la vue des maux multipliés de

---

(*) L'on remarque que les lâches sont les plus empressés à fomenter les querelles & à engager les autres à se battre ; il en est de même des ouvrages que l'on trouve hardis, ils sont achétés & lus même par des hommes qui n'ont point le courage d'en profiter. Un écrivain courageux est regardé comme un homme dont on admire les tours de force sans songer à l'imiter.

leur espece, de grands hommes ont osé quelquefois déchirer le bandeau de l'opinion & faire briller à nos yeux le flambeau de la vérité. Si le mensonge se glorifie de ses victimes, de ses enthousiastes, de ses martyrs, pourquoi la vérité n'auroit-elle pas les siens? Si l'enthousiasme est louable c'est sans doute quand il a le bien-être du genre humain pour objet. Les hommes sont-ils donc en droit de blâmer ou de traiter de folie l'ivresse des ames généreuses qui osent les servir, tandis qu'ils applaudissent & admirent ces conquérans qui bravent la mort pour satisfaire leur ambition sanguinaire, ces guerriers qui s'immolent à l'honneur prétendu de servir un Tyran méprisable; tant d'hommes qui s'immolent tous les jours à l'opinion ridicule ou à de barbares préjugés? Est-il donc plus extravagant de s'exposer pour la vérité, si néceffaire aux nations, que de risquer sa vie pour étendre d'inutiles conquêtes? Est-il un outrage plus digne d'être repoussé par l'ami de sa Patrie que celui des Ennemis qui la trompent, qui l'enchaînent, qui rient de ses malheurs, qui travaillent à sa ruine?

Ainsi, Sages qui méditez! si vos ames généreuses sont indignées des maux que le genre humain éprouve, des affronts que lui fait la tyrannie, des tragédies causées par l'imposture politique & religieuse; quand votre imagination brûlante d'un si beau feu vous forcera de parler, frappez avec audace sur les erreurs de la terre; attaquez avec franchise le mensonge & le préjugé; faites tonner la vérité dans l'oreille des Rois; secouez aux yeux des peuples son flambeau secourable; inspirez à l'homme du courage, de l'estime pour lui-même, du mépris pour ses tyrans, de l'amour pour ses maîtres; qu'il sente enfin sa grandeur, ses forces & ses droits. Apprenez aux nations qu'elles sont libres, que leurs mains ne sont point faites pour porter d'indignes chaînes; que ni les ministres des Dieux ni les Rois de la terre ne sont point autorisés à les mettre dans les fers.

Apprenez à ces Rois qu'ils doivent le bonheur à leurs sujets; que c'est d'eux qu'ils empruntent leur autorité; qu'elle n'est qu'une usurpation détestable lorsqu'ils s'en servent pour écraser ceux qu'ils sont destinés à protéger & défendre. Apprenez aux Souverains qu'il n'est point de grandeur, de sûreté, de gloire pour eux s'ils ne commandent à des peuples heureux. Montrez-leur enfin que la vertu suppose des ames contentes, & que des sujets que la superstition & le despotisme s'accordent à rendre infortunés & vicieux, n'auront jamais la force & la vertu nécessaires au soutien des Empires.

Que les nations se félicitent donc lorsque d'heureuses circonstances feront éclore dans leur sein des hommes assez intrépides pour prendre leurs intérêts : qu'elles ne méprisent du moins pas des enthousiastes éclairés, qui au risque de leur bonheur, de leur fortune, de leur vie, leur annoncent la vérité, & réclament pour elles : qu'elles ne regardent point comme de vils séditieux, ou de mauvais citoyens ces mortels bienfaisans qui ont assez de courage pour attaquer les préjugés, & pour troubler ce silence léthargique qui les endort sur tous leurs maux. Si ces héros généreux de la philosophie, si ces martyrs de la cause publique sont forcés de succomber sous le poids de la tyrannie, ce n'est point à leurs concitoyens qu'il appartient d'applaudir à la rage des tyrans; ceux-ci n'accablent la vérité que pour les accabler eux-mêmes. Le mensonge peut être attaqué avec imprudence par celui qui s'expose à ses coups, mais les fruits de la vérité sont toujours avantageux pour toute la race humaine. Ce ne fut point aux Romains qu'il apppartint autrefois de tourner en ridicule la noble audace des Curtius, des Coclès, des Scævola, des Decius ; ils durent les admirer, respecter leur mémoire & s'attendrir au nom de ces illustres victimes dont l'heureuse témérité fut le salut de Rome. (*)

Assez souvent la philosophie ne présenta que des remedes trop foibles pour la grandeur du mal. A quoi sert de temporiser lorsqu'il faudroit porter la coignée à la racine de l'arbre ? La douceur est funeste à des plaies que le fer seul est capable d'extirper. Souvent le philosophe trop timide, ou esclave en partie des opinions de son siecle, craint de donner des couleurs trop fortes à la vérité ; c'est la trahir que de ne point la montrer toute entiere ; c'est la rendre inutile que de l'énerver ; c'est se défier de son pouvoir que de la dissimuler.

Penser avec liberté c'est n'avoir point

(*) Les ames fortes sont rares & les ames foibles très-communes ; voilà pourquoi l'on blâme les écrivains qui montrent du courage. *Est in animis, omnium ferè, naturâ molle quiddam, demissum, humile, enervatum, languidum quodammodo. Si nihil aliud, nihil esset homine deformius.*

CICERO. TUSCULAN. II, Cap.

les opinions du grand nombre; c'est être dégagé des préjugés que la tyrannie croit nécessaires à son soutien; le philosophe est un homme d'un âge plus mûr que ses concitoyens; si son expérience le met à portée d'instruire les autres, il doit le faire avec franchise; s'il a eu le bonheur de rencontrer la vérité qu'il la montre toute nue, qu'il ne lui fasse point l'injure de la couvrir des vêtemens du mensonge, qu'il ne l'établisse point sur des preuves trompeuses, que toujours véridique & sincere il ne fasse jamais de pacte avec l'imposture: qu'il dise ce qu'il sçait; son savoir est inutile s'il n'en fait part aux autres; qu'il avoue ce qu'il ignore & qu'il ne recoure point à d'indignes subterfuges pour sauver sa vanité. En un mot la fonction du Sage est de montrer la vérité; jamais il ne lui est permis de se rendre le complice du mensonge.

Les talens, les sciences & les arts sont destinés à rendre l'homme plus heureux en lui rendant son existence plus chere; mais quelle peut être leur utilité s'ils ne se fondent sur l'expérience & la vérité? Les lettres n'ont des droits à notre estime que lorsqu'elles sont jointes à l'utilité: elles ne nous sont utiles que lorsqu'elles nous montrent la vertu, la raison, la vérité plus aimables; elles deviennent méprisables toutes les fois qu'elles ne servent qu'à embellir le vice, qu'à amollir le cœur, qu'à nourrir des passions criminelles, qu'à perpétuer nos illusions, nos préjugés, nos délires, qu'à favoriser la molesse, qu'à charmer les ennuis de notre oisiveté, qu'à nous endormir dans nos chaînes. Les talens, possédés trop souvent par des ames vénales, brûlent un encens servile sur les autels de l'imposture; les arts prostituent leurs ornemens & leurs charmes au vice & à la flatterie; trop souvent des empoisonneurs publics par leurs louanges odieuses encouragent les tyrans aux crimes, leur donnent une fausse idée de gloire, applaudissent à leurs fureurs & célebrent avec emphase des victoires sanglantes que les nations expient par des siecles de miseres. (*) Quoi! la Poësie est-elle donc faite pour chanter les destructeurs des peuples & les fléaux du genre humain! La langue sublime des Muses est-elle destinée à flatter des monstres altérés de sang, à les féliciter de leurs forfaits, à transmettre leurs crimes à la postérité sous

(*) Voyez l'Epitre de Boileau à Louis XIV, sur ses conquêtes.

des couleurs éclatantes? L'éloquence faite pour élever les ames des hommes, pour les toucher, pour les porter à la vertu, aux grandes choses, ira-t-elle prêter ses armes aux oracles de ces Dieux malfaisans ou de leurs Prêtres menteurs? L'art de raisonner, qui ne doit se proposer que la recherche du vrai, s'abaissera-t-il jusqu'à s'occuper de puérilités, de disputes interminables sur des objets futiles? Ne se rendroit-il point criminel en prêtant des subterfuges à la mauvaise foi & des sophismes au mensonge? On ne peut trop le répéter, la vérité doit être l'objet unique des recherches du philosophe; c'est en la montrant aux autres qu'il se rend digne de leur estime & de leur amour; c'est en combattant leurs erreurs qu'il les rendra plus heureux; c'est en se dégageant lui-même des préjugés qu'il deviendra plus tranquile & meilleur.

CHAPITRE X.

De l'antipathie qui subsista toujours entre la Philosophie & la Superstition. De l'esprit philosophique & de son influence sur les Lettres & les Arts.

C'EST une chose remarquable que l'inimitié qui subsista de tout tems entre la Superstition & la Philosophie. Il y eut dans tous les siecles des penseurs dans les sociétés policées qui eurent le courage de s'écarter plus ou moins des opinions du vulgaire, & de combattre ses préjugés. Nous voyons dans tous les âges la philosophie aux prises avec le fanatisme : nous trouvons dans l'antiquité les hommes les plus éclairés & les plus vertueux occupés à miner l'empire du Sacerdoce & souvent forcés de succomber sous ses coups. Nous voyons Socrate, le pere de la morale, recevant la cigue des mains d'une autorité tyrannique & des Loix insensées pour avoir osé lutter contre les Dieux de son pays; nous voyons le profond Aristote banni de sa patrie; nous voyons dans tous les sie-

PRÉJUGÉS. Chap. X. 225

siecles la science & le génie s'élever avec force contre l'imposture, & réclamer plus ou moins ouvertement les droits de la raison, contre une religion toujours impérieuse, toujours absurde, toujours puissante, toujours contraire au repos des mortels, toujours en contradiction avec la nature, toujours ennemie de l'expérience & de la vérité; il fallut donc s'en séparer & vivre en guerre avec elle. (*)

(*) Presque tous les philosophes de l'antiquité ont eu deux sortes de doctrines, l'une publique & l'autre cachée (exotérique & ésoterique). Les ouvrages de Platon n'ont pour objet que de substituer la morale à la superstition. Ce dernier philosophe décrie par-tout les poëtes, c'est à-dire, les théologiens de son tems, les oracles du Paganisme : voilà peut-être pourquoi les premiers peres de l'Eglise Chrétienne furent tous Platoniciens. La double philosophie des anciens est évidemment la vraie cause de la peine que l'on a lorsqu'on veut démêler leurs véritables sentimens. Il faut parler clairement aux hommes, sans cela l'on feroit peut-être aussi bien de se taire. Mais la plupart des auteurs veulent jouir de leur vivant; en conséquence ou ils se croient obligés de voiler leurs sentimens trop contraires aux préjugés reçus, ou leurs ouvrages deviennent des énigmes inexplicables pour la postérité, qui y trouve perpétuellement l'erreur à côté de la vérité. Tout homme qui pense fortement écrit pour l'avenir; s'il craint de se compromettre, qu'il legue ses idées à la postérité. *Voyez le Chapitre. XI.*

Il est bon de remarquer que souvent les Théologiens, après avoir vivement persécuté des Phi-

Les Miniſtres de la religion ſe montrerent en tout pays les ennemis implacables de la philoſophie, & les philoſophes prirent en main la cauſe de l'homme avili par les Prêtres & aſſervi par les Tyrans : ils chercherent à l'inſtruire de ſes devoirs que tout conſpiroit à lui faire oublier. Les Prêtres & les Tyrans, appuyés des préjugés du vulgaire, combattirent avec ſuccès les Sages appuyés uniquement des forces de la raiſon; les premiers à l'aide du preſtige aveuglerent les hommes, les conduiſirent d'abîmes en abîmes, & ne firent qu'éterniſer leurs peines; les autres dépourvus de pouvoir & d'autorité, preſque toujours obligés de ſe taire, inſtruiſirent les nations à la dérobée, & quelquefois leur offrirent des remedes contre les maux que l'erreur leur avoit faits. Ainſi l'on vit dans les nations inſtruites deux puiſſances inégales aux priſes; l'une ſoutenue de l'autorité publique & de l'opinion nationale, réſiſta toujours aux attaques de la raiſon & fut en

---

loſophes, ont fini par adopter leurs idées. C'eſt ainſi que les Théologiens modernes ſe ſervent aujourd'hui des preuves de l'immortalité & de la ſpiritualité de l'ame & de l'exiſtence de Dieu imaginées par Deſcartes, qu'ils ont pourſuivi comme un Athée.

état de faire une guerre offensive & cruelle à tous ses ennemis; maîtresse du champ de bataille elle gouverna les Princes, elle écarta la sagesse d'auprès de leurs personnes, elle empoisonna leur enfance, elle présida à leurs conseils, elle s'empara de l'esprit des sujets. Enfin l'erreur triomphante fut en possession de régler le sort des Empires, elle infecta de son levain toutes les institutions humaines, elle obscurcit les sciences, elle découragea les talens, elle abusa du génie, elle dégrada les arts, elle les soumit à ses caprices ridicules, elle força tout à servir ses impostures & à orner ses délires. La sagesse, la philosophie, la liberté de penser ne furent le partage que de quelques ames honnêtes qui pleurerent en secret les maux de la patrie, ou qui risquerent de devenir les victimes de leur courage toutes les fois qu'ils oserent annoncer hautement la vérité. Les amis de la sagesse furent regardés comme des ennemis de tout bien; la science vraiment utile fut punie & réprimée; la vérité fut traitée d'imposture, la philosophie de sédition, la raison de délire: le philosophe entouré d'une foule d'hommes ivres eut communément l'air d'être seul enivré.

On nous demandera peut-être s'il n'y a pas de l'extravagance à vouloir combattre avec des forces si inégales les erreurs des hommes ; des amis timides de la philosophie prétendront que c'est lui nuire que de faire entendre sa foible voix au milieu des acclamations & des triomphes que la superstition & le despotisme se font par-tout décerner. A quoi sert, nous dira-t-on, la vérité à des peuples de longue main écrasés, avilis, assoupis dans la misere ? A quoi sert de raisonner à des hommes frivoles, énervés par la molesse & par le luxe, dépourvus d'énergie & de courage, livrés à la dissipation & à des plaisirs puérils, & qui, contens de leurs chaînes, ne songent qu'à s'amuser, sans s'occuper de leur bonheur solide ni de celui de leur postérité ? Enfin à quoi servent les lumieres à des esclaves assez dégradés pour chérir leurs fers, assez extravagans pour trouver la vertu ridicule, assez désespérés pour croire que leurs maux sont sans remedes ? La vérité ne seroit-elle pas un présent funeste à des hommes qu'elle ne tireroit de leur assoupissement que pour leur faire connoître toute l'étendue de leurs maux ? Ne seroit-elle pas inutile à des êtres si peu disposés à l'écouter ? Enfin des hommes plus amis de leur repos que du bonheur du genre humain diront qu'il suffit d'être sage pour soi, qu'il faut abandonner les insensés à leurs folies. (*)

Je réponds que les maux des hommes ne sont jamais sans remedes; que la connoissance de la vérité les réveille, les rend actifs, affoiblit peu à peu l'influence des opinions qui causent leurs infortunes. Une nation qui s'éclaire ne peut point être sans ressources ni pour toujours malheureuse; c'est l'erreur & l'opinion qui asservissent le monde; c'est de l'ignorance que viennent les malheurs de la terre; en guérissant les hommes de leurs fausses idées, on les verra tôt ou tard soulagés de leurs miseres, l'empire des méchans n'est fondé que sur l'opinion, ainsi que l'on change l'opinion, & d'elles-mêmes les chaînes tomberont des mains des peuples. Les oppresseurs du genre humain, quelque aveugles qu'ils soient, pressentent ces effets; en conséquence ils n'omettent rien pour étouffer la vérité dès qu'elle ose percer; à force de menaces & de persécutions ils effrayent tous ceux qui pourroient l'annoncer. De tout tems le pouvoir injuste s'arma contre les écrits les plus

(*) *Loquendum est ut plures, sapiendum ut pauci.*

utiles; cependant malgré tous ses efforts ils subsistent aujourd'hui, & servent encore à échauffer nos cœurs & à guider nos esprits. Les préceptes de Socrate sont parvenus jusqu'à nous, & la superstition qui le fit périr est depuis longtems détruite & méprisée.

Que l'on ne dise donc point que les leçons de la sagesse sont inutiles; les hommes ne subsistent-ils pas toujours? Des vérités inconnues ou même odieuses à nos pères ne sont-elles pas adoptées par nous? Si les vices de notre siecle, si les préjugés actuels s'opposent au bien qu'on veut nous faire, les instructions de la philosophie ne peuvent-elles point servir un jour à notre postérité, que ses malheurs forceront sans doute de recourir à la vérité? Laissons-lui donc des ressources, transmettons-lui des lumieres, prévoyons ses circonstances & ses besoins, & jouissons d'avance de sa reconnoissance que presque toujours les contemporains refusent à ceux qui les éclairent.

Le Sage ne doit point se rebuter de l'ingratitude de ses concitoyens, il est l'homme de tous les tems & de tous les pays. Toujours plus avancé que son siecle il y paroît déplacé; si ses contemporains lui refusent leurs suffrages, il aura ceux de la postérité. Ecouter les leçons d'un homme qui nous instruit c'est avouer sa supériorité, cet aveu coute toujours à la vanité ; les mortels aiment mieux persister dans leurs antiques erreurs que de montrer de la déférence à celui qui les détrompe ; le mérite présent nous humilie, il révolte notre envie ; cette envie meurt avec l'objet qui l'avoit excitée ; c'est alors que nous jugeons de sang-froid, & que nous payons au mérite le tribut qu'il a droit de prétendre. Le grand homme en tout genre est un objet incommode pour la vanité de son siecle ; le génie réduit toujours la médiocrité au désespoir ; celle-ci se venge, par des mépris affectés, par la critique & la calomnie, de la jalousie qu'elle éprouve. Le tems rend les hommes plus justes, c'est après le trépas que l'homme à talens jouit des honneurs du triomphe ; c'est pour la postérité, c'est pour l'éternité que le Sage doit écrire, c'est du genre humain futur que le grand homme doit toujours ambitionner les suffrages. (*)

(*) Presque tous les Pays se rendent coupables de la même folie que les Ephésiens, qui après avoir banni Hermodore le plus illustre des citoyens, passerent un décret, qui portoit *que personne n'excelle*

La vérité, comme le soleil, est faite pour élairer le globe entier; elle ne vieillit jamais; elle ne connoît point les bornes que des conventions passageres ont mises aux sociétés politiques; sa lumiere est destinée à tous les habitans de la terre; son flambeau, souvent voilé de nuages ou éclipsé pour un tems aux yeux d'un peuple, sert pourtant à en guider un autre.

Tout homme qui médite ne jouit-il pas aujourd'hui d'une foule de vérités, de lumieres, de découvertes jadis combattues, déprimées, étouffées, persécutées par ceux à qui elles étoient destinées? Le Sçavant de nos contrées n'est-il pas à portée de puiser dans des sources, devenues inutiles désormais à l'Assyrie dévastée, à l'Egypte abrutie, à la Grece asservie, à l'Italie conquise par des Barbares & soumise à des Prêtres? La sagesse des anciens est-elle donc perdue pour les Sages modernes? N'est-ce donc pas pour le philosophe d'aujourd'hui qu'ont écrit les Platons, les Aristotes, les Cicérons, les Antonins?

parmi nous. Le philosophe Héraclite disoit que pour ce beau réglement tous les Ephésiens auroient mérité la mort.

v. Cicero, Tusculan. L. v. Cap.

N'est-ce point pour nos législateurs que les Solons, les Lycurgues, les Charondas ont médité ? N'est-ce pas pour nos moralistes que le sage Confucius a dans le fond de l'Orient enseigné ses leçons ?

Aidée de l'expérience des siecles passés la philosophie, éclairant la politique & l'histoire, est à portée d'instruire ceux qui gouvernent aujourd'hui ; elle leur montrera les écueils où d'autres ont échoué ; elle leur découvrira les vraies causes de ces révolutions qui ont renversé les Empires ; elle leur fera voir à chaque page les tragiques effets de la tyrannie, de la superstition, du délire des Rois, des préjugés des peuples, de l'ambition des grands. Que l'on ne nous dise point que les nations n'en sont point devenues plus heureuses, que leurs chefs n'ont point été rendus plus sages. Le Briton fatigué de ses despotes & de ses révolutions ne s'est-il pas approprié les idées politiques de Sparte, d'Athènes, de Rome ? N'est-il point parvenu à forcer ses Monarques à devenir Citoyens ? Embrasé du beau feu qui brûla dans les cœurs des Harmodius, des Timoléons, des Dions, & qui fit disparoître la tyrannie de la Grece, n'a-t-il pas juré une haine immortelle aux ennemis de sa liberté ? N'est-ce pas pour lui que les Thucydides, les Polybes, les Tacites ont écrit l'histoire (*) ? Enfin si l'Anglois n'est point encore parvenu à donner à son sort la perfection & la solidité dont il seroit susceptible, c'est qu'encore asservi à mille préjugés, il n'a point eu le courage de faire usage de l'expérience antique & de l'appliquer à la guérison de ses maux, à la suppression totale de la superstition, à la perfection de l'éducation, à la réforme des mœurs, & que dupe de son avidité & de sa passion pour les richesses, il a cru que l'opulence suffisoit pour rendre un peuple heureux.

Quoi qu'il en soit, les leçons de la sagesse ne sont jamais totalement perdues pour la race humaine. Le pere de famille lorsqu'il plante, s'occupe agréablement pour lui-même, & très-utilement pour sa postérité, qu'il prévoit dans l'avenir. (**) Que l'homme qui pense se

---

(*) En Angleterre sous Charles I. les partisans du despotisme ou du pouvoir arbitraire des Rois se plaignoient dans le siecle passé que c'étoit la lecture des anciens qui avoit fait naître dans les cœurs l'enthousiasme de la liberté. . . . . . Un Ministre d'Etat François regardoit indistinctement tous les gens de Lettres comme des séditieux.
V. *Le Parrhasiana Tome II. p.* 261.
(**) *Ergò arbores seret diligens agricola, quarum*

console donc si ses réflexions & ses travaux sont souvent inutiles à son siecle, & mal récompensés par ses contemporains. L'ami de la vérité doit porter ses vues au delà des bornes de sa vie ; que ses yeux perçans envisagent les siecles futurs, qu'ils embrassent le vaste horizon du genre humain ; que son cœur s'attendrisse sur la postérité ; moins envieuse & moins prévenue elle bénira sans doute un jour la mémoire de ceux qui l'auront éclairée, & qui lui auront tracé la route du bonheur. Ainsi que l'astre du jour, la lumiere de la vérité semble éclairer successivement les différentes parties de notre globe ; la sagesse venue du fond de l'Orient le laisse maintenant dans les ténebres pour éclairer l'Occident. Harrington, Locke, & vous sublime Montesquieu ! c'est peut-être pour l'Amérique que vos leçons sont destinées. Tout l'univers a des droits sur les lumieres d'un grand homme ; c'est dans ce sens que le Sage est un *citoyen du monde* ; il doit servir la grande société ; la vérité est un bien commun à toute la race humaine ; ceux qui trouvent ce

aspiciet baccam ipse nunquam ? vir magnus Leges, instituta, Rempublicam non seret ?
　　　　　　　　　　Cicero. Tusculan. I.

trésor sont tenus de lui en rendre compte ; c'est un vol de l'en priver. L'homme n'est estimable qu'en raison du bonheur qu'il procure à ses semblables ; l'homme de bien n'a point perdu son tems s'il a fait un seul heureux.

En convenant que la vérité est utile & nécessaire, on demandera peut-être si ses prétendus amis sont sûrs de l'avoir trouvée. ,, Tout dans ce monde, nous
,, dira-t-on, est un problême, une énig-
,, me, un mystere ; notre entendement
,, est borné ; tout homme est sujet à se
,, tromper ; les génies les plus brillans
,, ne s'annoncent souvent que par la
,, grandeur de leurs écarts ; ainsi com-
,, ment connoître avec certitude si ce
,, que vous appellez des vérités ne sont
,, point des erreurs aussi dangereuses que
,, celles que vous voulez détruire ?" En partant de ce principe on conclurra qu'il faut laisser au genre humain ses idées, ses incertitudes & ses folies, si l'on ne peut les remplacer que par des incertitudes & des extravagances nouvelles.

Je répons qu'un Philosophe, même avec le génie le plus vaste, les connoissances les plus profondes, les intentions les plus pures, peut sans doute se tromper & se faire illusion à lui-même. Il

PRÉJUGÉS. Chap. X.   237

peut prendre pour des vérités incontestables des idées qui ne sont que les produits d'une imagination impétueuse, de ses propres préjugés, de sa façon de voir & de sentir. Cependant en consultant la nature, l'expérience, la raison, l'utilité constante du genre humain il marchera d'un pas sûr à la vérité. D'un autre côté les systêmes de la philosophie, n'étant pas des *oracles divins*, peuvent être examinés, discutés, rejettés s'ils sont faux, ou contraires au bien-être des hommes; les principes de tout homme qui pense & qui parle au public peuvent être contestés, analysés, soumis à l'expérience & pesés dans la balance. (*) En un mot l'autorité du phi-

---

(*) Si l'on y fait attention, l'on trouvera qu'il ne peut point y avoir de Livre vraiment dangereux. Qu'un écrivain vienne nous dire *que l'on peut assassiner ou voler*, on n'en assassinera & l'on n'en volera pas plus pour cela, parce que la loi dit le contraire : il n'y a que lorsque la Religion & le zêle diront d'assassiner ou de persécuter que l'on pourra le faire, parce qu'alors on assassine impunément ou de concert avec la Loi, ou parce que dans l'esprit des hommes la Religion est plus forte que la Loi, & doit être préférablement écoutée. Quand les Prêtres excitent les passions des hommes, leurs déclamations ou leurs écrits sont dangereux, parce qu'il n'existe plus de frein pour contenir les passions sacrées qu'ils ont excitées, & parce que

losophe ne fait point loi, & s'il cherche la vérité dans la sincérité de son cœur, il souscrira de plein gré à sa propre condamnation quand il s'appercevra qu'il s'est trompé. Prétendre être exemt d'erreur, c'est prétendre que l'on n'est point homme; ne point reconnoître son erreur c'est ou une vanité puérile ou une présomption insupportable; résister à la vérité sentie, ou vouloir par des sophismes lutter contre elle, c'est vouloir l'asservir à son amour-propre, c'est se déclarer son tyran. Il n'y a que l'imposture & la mauvaise foi qui puissent craindre ou interdire l'examen; la discussion fournit de nouvelles lumieres au Sage, elle n'est affligeante que pour celui qui veut d'un ton superbe imposer ses opinions, ou pour le fourbe qui connoît la foiblesse de ses preuves, ou pour celui qui a la conscience de la futilité de ses prétentions. L'esprit humain s'éclaire même par ses égaremens, il s'enrichit des expériences qu'il a faites sans succès, elles lui apprennent au moins à chercher des routes nouvelles. Haïr la discussion c'est avouer qu'on veut tromper, qu'on doute soi-même de la bonté

---

les dévots n'examinent jamais ce que disent leurs guides spirituels.

de sa cause, ou qu'on a trop d'orgueil pour revenir sur ses pas. Enfin les nations ne peuvent trouver que les plus grands avantages à voir des hommes éclairés analyser avec sagacité, ou discuter avec chaleur les objets les plus essentiels à leur bonheur.

D'ailleurs nous ne voyons point qu'aucun système philosophique, qu'aucune discussion de morale ayent excité des guerres; jamais la philosophie n'ensanglanta l'univers. Si les philosophes eurent des disputes entre eux, la tranquillité des nations n'en fut point affectée; la philosophie produisit différentes sectes qui eurent chacune leurs prosélytes, leurs chefs, leurs adhérens; ils se haïrent souvent, mais les nations ne se battirent jamais pour eux; les peuples ne se crurent point intéressés à s'engager dans leurs querelles; les philosophes purent disputer sans conséquences pour le repos des Etats; dépourvus de pouvoir ils n'eurent point le droit d'obliger personne à penser comme eux. On vit jadis des Pythagoriciens, des Platoniciens, des Stoïciens, des Cyniques & des Pyrrhoniens se disputer quelquefois avec aigreur, parce que la vanité de l'homme le rend opiniâtre dans ses idées & n'aime point ceux qui refusent de rendre hommage à ses lumieres; mais on ne vit point parmi les philosophes des *hérétiques* ni des *infideles*; mots funestes inventés par les Théologiens pour détruire tous ceux qui ne voulurent point souscrire aux décisions que leur intérêt avoit dictées. (*) La philosophie ne fut jamais nuisible au repos de la société que lorsqu'amalgamée avec la superstition elle fut forcée d'adopter ses fureurs, de colorer ses mensonges & d'appuyer ses rêveries.

En effet depuis un grand nombre de siecles quel indigne abus n'a-t-on pas fait de l'art de penser & de raisonner? La philosophie fut envahie par des Prêtres; corrompue par eux elle prêta des secours aux apôtres de la déraison; asservie à leurs vues, elle ne fut employée qu'à découvrir péniblement des sophismes & des subtilités propres à rendre l'absurdité probable & le mensonge plausible, & à munir des chimeres & des fables

con-

(*) Les défenseurs de la superstition accusent souvent les Philosophes de se contredire les uns les autres, & s'appuyent de l'autorité des uns pour combattre les autres. Mais en Philosophie il n'est point d'autorité infaillible que celle de l'évidence; la maxime de tout homme sensé est *nullius jurare in verba magistri*.

contre les attaques du bon sens. Ainsi la science qui sembloit destinée à la recherche de la vérité, à guider la politique, à fixer la morale, à donner de la justesse à l'esprit, à convaincre le cœur de la nécessité de la vertu, à fournir aux mortels les moyens de se perfectionner, ne servit plus qu'à les aveugler par principes, qu'à les rendre obstinés dans l'ignorance, opiniâtres dans leurs délires; en un mot elle ne servit qu'à les armer contre la raison, & les mettre en état de combattre avec succès les vérités les plus nécessaires à leur propre bonheur. (*)

Ainsi défigurée, la philosophie devint méconnoissable aux yeux de ceux qui voulurent sincérement s'occuper de la recherche du vrai & de l'utilité du genre humain : dans ses hypothèses absurdes, dans sa mauvaise foi, dans ses vaines subtilités, dans ses effets souvent funestes aux nations, ils ne reconnurent point une science qu'ils jugerent devoir être la pierre de touche du mensonge & l'ennemie de tout ce qui peut nuire au bien-être des hommes : enfin dans un art

---

(*) La Philosophie d'Aristote fut, comme on sçait, pendant un grand nombre de siecles le bouclier de la superstition. V. *le Chapitre XI*.

fatal, inventé pour confondre les notions les plus simples, pour obscurcir la raison & la réduire au silence, pour rendre la morale incertaine & changeante, le Sage ne put trouver le moindre vestige de cette science sublime & bienfaisante qui doit avoir l'expérience pour base & le bonheur de l'homme pour objet: ainsi tout lui parut autoriser la séparation de la prétendue philosophie religieuse & de la philosophie raisonnable; la premiere ne lui parut qu'une vile prostituée, asservie aux passions de la tyrannie & de l'imposture. Il reconnut ses dangers aux frénésies dont elle enyvra l'univers. Il s'apperçut qu'elle ne servoit qu'à troubler l'entendement, qu'à égarer l'imagination, qu'à dépraver l'esprit & le cœur des mortels, à les mettre aux prises & souvent à répandre leur sang.

La vraie philosophie ne produisit jamais des ravages sur la terre; la fausse philosophie ou la Théologie l'a cent fois plongée dans l'infortune & le deuil. La religion est seule en possession de mettre des nations entieres en feu pour des opinions; ses partisans sont bien plus nombreux, plus obstinés, plus turbulens que ceux de la philosophie. Dans la religion tout est divin, tout est de la derniere importance, tout mérite l'attention la plus sérieuse; ses principes, établis par le maître absolu de la vie & de la mort, ne peuvent être ni discutés sans témérité, ni révoqués en doute sans impiété, ni combattus sans crime. Surnaturelle, ou supérieure à la nature & à la raison, cette religion est en droit d'emprunter les secours de la raison humaine pour s'appuyer; mais jamais il n'est permis d'employer la raison pour l'examiner elle-même; ce seroit un sacrilége que de porter un flambeau profâne dans ses obscurités sacrées; ses sophismes sont respectables, ses contradictions sont des mysteres, destinés à confondre l'entendement humain; ses absurdités doivent être pieusement adorées & reçues sans examen; enfin ses dogmes sont inflexibles, ils doivent être défendus & maintenus aux dépens même du sang, de la vie, du repos des nations. Par-tout où l'esprit des hommes sera préoccupé d'opinions religieuses, auxquelles ils attacheront leur bonheur éternel, la raison ne pourra rien sur eux, la nature criera vainement, l'expérience ne les convaincra jamais, & nulle force dans le monde ne se trouvera capable de contrebalancer un intérêt que l'imagination leur peindra comme devant étouffer tous les autres.

Après avoir montré que la vraie philosophie permet & desire l'examen de ses principes, & qu'elle n'a ni le pouvoir ni la volonté de troubler le repos des Etats, nous verrons bientôt si nous pourrons la justifier des incertitudes & des doutes qu'on l'accuse de répandre dans les esprits. (*) En attendant nous dirons que la philosophie n'est problématique que lorsqu'elle s'occupe d'objets indifférens à notre bonheur. Si bien des choses dans ce monde sont des problêmes pour nous; si nous sommes souvent réduits à douter & à ignorer, il nous est au moins donné de connoître avec certitude tout ce qui nous intéresse véritablement. La philosophie n'est incertaine que lorsqu'elle cesse de prendre la nature pour guide, ou lorsqu'elle ne suit que l'imagination & l'autorité : en cela elle s'égare comme la Physique, la Médecine, la Géométrie elle-même, en un mot comme toutes les autres sciences quand elles se livrent au systême, sans affermir leurs pas par l'expérience : celle-ci est un guide sûr, tandis que l'imagination & l'autorité sont toujours des gui-

(*) Voyez le Chapitre qui suit immédiatement.

des suspects; ce n'est que par hazard qu'ils font rencontrer des vérités. Tout système qui n'a point l'expérience pour base est sujet à l'erreur; jamais nous n'y verrons que des idées décousues, jamais nous ne trouverons d'accord entre ses parties. (*) L'esprit philosophique est l'esprit d'expérience & d'analyse; il exige de la sagacité pour démêler le faux, souvent artistement entrelacé avec le vrai, pour juger de la certitude de l'expérience elle-même; il exige du génie pour saisir l'ensemble d'un système; il exige de la liberté & ne peut se soumettre aux entraves de l'autorité; il exige du calme & du sang-froid, sans lesquels on ne fait jamais qu'enter de nouvelles er-

(*) Si nous examinons la marche de l'esprit humain, nous verrons toutes les sciences prétendues des hommes forcées de disparoître dès qu'ils se livrent à l'expérience. Nous verrons l'Astrologie détruite par l'Astronomie; la Magie & les enchantemens par la Médecine & la Physique; l'Alchymie par la Chymie positive; la Religion qui est une combinaison informe de l'Astrologie, de la Magie & de la Charlatanerie en tout genre, doit être effrayée de tout ce qui annonce de l'expérience & de la raison. Voilà pourquoi elle est ennemie de toute science: L'étude de la nature expulsera tôt ou tard les chimeres, les miracles, les prestiges dont on se sert en tous lieux pour tromper le genre humain.

reurs sur les erreurs anciennes; il exige de la sincérité & de la bonne foi, sans lesquelles il ne fournit que des moyens de se faire illusion à soi-même & de tromper les autres; enfin il exige de la vertu, qui n'est que la disposition de se rendre utile au genre humain & de mériter son estime, sa bienveillance, son amour par le bien qu'on lui fait.

L'esprit philosophique n'est qu'un esprit de vertige, lorsqu'il ne suit que l'imagination; il est un esprit de servitude lorsqu'il rampe bassement sous l'autorité; il est un esprit de mensonge lorsqu'il ne cherche qu'à se tromper & à faire illusion aux autres; il est un esprit puéril, un vain jeu de l'enfance lorsqu'il ne s'occupe que d'objets étrangers au bonheur des hommes.

Liberté, vérité, utilité, voilà les caracteres de l'esprit philosophique, voilà la devise du philosophe. Ainsi tout ce qui intéresse la félicité humaine entre dans son département; la politique & la morale constituent son domaine; c'est sur-tout de ces sciences que dépend le bien-être des nations. Le vrai & l'utile sont les signes uniques auxquels la philosophie consent à s'arrêter; c'est d'après cette mesure invariable qu'elle juge tous les objets, qu'elle les approuve ou les rejette, qu'elle les estime ou les méprise.

En un mot l'esprit philosophique est l'esprit d'utilité; c'est dans la balance de l'utilité que le philosophe doit peser les hommes, leurs œuvres & leurs prétentions. Il y met indistinctement ces religions si respectées; & s'il a le courage de tenir la balance d'une main sûre, il trouve qu'elles sont la source fatale des miseres humaines, & que s'il en résulte quelques foibles avantages pour un petit nombre d'individus, il en résulte nécessairement une foule de maux pour des nations entieres. Il met dans cette même balance ces Despotes que l'opinion fait regarder comme des Dieux, & qui trop souvent sont des Démons pour les peuples qu'ils devroient rendre heureux. Il y met ces Grands si fiers de leur naissance, de leurs titres, de leur rang élevé, & souvent il ne trouve en eux que des ames abjectes, des cœurs pervers, des esclaves arrogans que d'autres esclaves s'obstinent à révérer tandis qu'ils sont les instrumens de leur ruine, au lieu d'être leurs défenseurs & leurs soutiens. Enfin il met dans cette balance les loix, les institutions, les opinions, les usages;

& quels que soient les préjugés qui les favorisent, il condamne ces choses lorsqu'il les trouve dangereuses, il les méprise dès qu'elles sont inutiles, il les décrie quand il en voit les conséquences fâcheuses.

On accuse souvent l'esprit philosophique de refroidir le cœur & de faire du philosophe un juge austere propre à effaroucher les jeux innocens, incapable de se prêter aux illusions aimables des arts, insensible aux charmes des graces. Ce préjugé fait souvent des ennemis à la philosophie de la plupart de ceux qui cultivent les Lettres & les Arts. (*) La vraie sagesse n'est point l'ennemie des plaisirs; elle approuve & chérit tout ce qui peut contribuer à rendre notre existence plus agréable; elle ne condamne que ce qui peut nuire, elle ne dédaigne que ce qui est inutile au bonheur; mais nous avons déjà vu que par un honteux abus les talens de l'esprit destinés aux plaisirs, à l'amusement, à l'utilité du

(*) Horace de arte Poet. vers. 309. a dit : *Scribendi recte, sapere est & principium & fons.* Ce qui signifie évidemment que pour faire de bons ouvrages en tout genre il faut *sapere*, c'est-à-dire, avoir de la philosophie; en effet ce Poëte ajoute sur le champ: *rem sibi Socraticæ poterunt ostendere chartæ.* id. ibid.

genre humain, ne sont trop souvent employés qu'à orner des passions funestes, à flatter le crime, à peindre des objets futiles, à rendre plus agréable le poison de l'erreur: la sagesse est-elle donc faite pour approuver la poësie lorsqu'elle chante les tyrans, les conquérans, les destructeurs de la terre; ou lorsque molle & efféminée, elle ne nous occupe que d'extravagances amoureuses, de voluptés, de fadeurs puériles, de fables & de chimeres propres à gâter l'esprit & à corrompre le cœur? (*) Peut-elle-approuver l'histoire quand pour flatter la

―――――――――
(*) Il est aisé de voir que la Poësie a dû nuire au genre humain par les chimeres dont elle l'a presque toujours imbu: Ses fictions primitives ont représenté les Dieux comme des êtres vicieux, débauchés & méchans; les ouvrages des Poëtes étoient chez les Grecs & les Romains entre les mains des Enfans, qui devoient y puiser des notions très-nuisibles à la morale: voilà sans doute pourquoi beaucoup de Philosophes se sont déclarés les ennemis de la Poësie, comme servant à corrompre les mœurs & à perpétuer des notions fausses & superstitieuses. Chez les modernes la Poësie s'est presque toujours occupée de l'amour, & très-rarement d'objets vraiment intéressans; aussi le regne de cette Poësie futile paroît-il tendre à sa fin. Cicéron s'écrie avec raison: *O praclaram emendatricem vita Poeticam! qua amorem, flagitii & levitatis auctorem, in concilio Deorum collocandum putet.*

V. Tusculan. Lib. IV.

tyrannie elle laisse guider sa plume au mensonge ou fait l'apothéose des bourreaux du genre humain? Peut-elle admirer l'éloquence quand elle prête ses secours à l'imposture & au fanatisme, ou quand elle séduit les mortels pour les faire consentir à leurs miseres? Peut-elle s'empêcher de condamner ces fictions romanesques qui n'ont pour objet que d'amuser l'oisiveté & de nourrir les rêveries déshonnêtes d'un lecteur vicieux, par le tableau séduisant & souvent obscene d'une passion dangereuse dès qu'elle est écoutée? Enfin la philosophie, occupée du vrai, & qui ne peut trouver du goût que dans ce qui est conforme à la nature, consentira-t-elle à faire cas de ces productions bizarres du luxe & de la fantaisie, dans lesquelles il voit les arts soumis aux caprices de la mode, au faux goût du siecle, à la frivolité?

Voulez-vous mériter les suffrages de la sagesse? Poëtes! peignez-nous la Nature; ses trésors sont inépuisables; embellissez la vérité, montrez-la par ses côtés les plus aimables; voilez quelquefois ses appas sous les ombres de la fiction, afin de les rendre plus neufs, plus piquans, plus variés. Orateurs! foudroyez le mensonge; montrez la vérité; donnez-lui de la noblesse & de l'énergie; rendez-la touchante & pathétique; qu'en parlant à l'imagination elle devienne plus séduisante & plus persuasive. Historiens ! peignez avec force & vérité les délires des Rois, les dangers du Despotisme, les fureurs des conquêtes, les folies de la guerre, les extravagances du fanatisme, les abus du gouvernement, les dangereux effets des préjugés. Auteurs dramatiques ! que vos Tragédies effrayent le crime, qu'elles attendrissent en faveur de la vertu dans la détresse; qu'elles inspirent la haine de l'oppression & l'amour de la liberté : que vos Comédies accablent le vice sous les traits du ridicule, qu'elles combattent les folies humaines, qu'elles forcent le spectateur de rire de ses propres foiblesses & de s'en corriger. Romanciers ! intéressez-nous pour l'innocence; montrez-nous dans vos fictions les charmes de la vertu, les dangers des passions; qu'en amusant elles gravent la vérité dans nos cœurs. Artistes ! enfans de la peinture & de la sculpture ! consultez la nature, peignez-la fidélement; saisissez l'homme dans l'instant où il peut nous faire méditer & rentrer en nous-mêmes ; instruisez-nous par les yeux. C'est alors que le Sage applaudira vos talens divers, il estimera vos ouvrages, il en sentira l'utilité. Si l'esprit philosophique guidoit les talens & les arts, toutes leurs productions rameneroient les hommes à l'utilité, au bonheur, à la vertu.

Ainsi la vraie philosophie chérit, approuve, admire en tout l'utilité, la conformité à la nature, la vérité ; ses jugemens ne sont à craindre que pour la futilité, pour l'inutilité, pour ces talens pernicieux qui séduisent les hommes, qui les énervent, qui les rendent complices de leurs propres infortunes, qui les entretiennent dans leurs vices & leurs honteux préjugés. La Sagesse approuve les plaisirs honnêtes, les amusemens innocens, les productions de l'esprit qui instruisent en plaisant ; elle ne peut accorder son suffrage à ce qui pervertit l'homme sous prétexte de le délasser. Elle sourit aux jeux aimables des Graces ; elle se mêle aux concerts des Muses ; elle se prête aux essors de l'imagination ; elle approuve la fiction, elle applaudit les recherches, elle estime les inventions ingénieuses des arts, toutes les fois que ces choses tendent au bonheur de la société ; elle ne montre un front sévere qu'à ce qui peut nuire, elle ne marque du mépris qu'à ce qui est inutile & capable de détourner des objets intéressans pour l'homme.

CHAPITRE XI.

De la cause des vices & des incertitudes de la Philosophie. Du Scepticisme & de ses bornes.

L'EXPERIENCE, on ne peut trop le répéter, est le seul guide que le philosophe puisse suivre en sûreté; la raison se trouble quand elle est emportée par une imagination trop fougueuse pour lui laisser le tems de peser les objets. C'est ainsi qu'on la voit quelquefois s'élancer dans les régions désertes de la métaphysique, s'arrêter à sonder des profondeurs inutiles, s'obstiner à des recherches dont il ne peut résulter aucun avantage réel. Egaré une fois, l'esprit humain est souvent longtems à revenir de ses excursions; cependant ses égaremens servent eux-mêmes à l'instruire. Détrompé par l'inutilité de ses efforts, le philosophe apprend du moins à se défier de son imagination qui d'un vol téméraire vouloit franchir les bornes de la nature; il voit que hors d'elle il n'est rien qu'il puisse constater, rien qu'il puisse soumettre à l'expérience, ni par conséquent qui puisse servir de base à ses connoissances. Enfin il s'assure que tout ce que son imagination plaçoit au delà de la nature ne peut être qu'incertain, illusoire, indifférent à son bonheur, peu digne de l'occuper. (*) Ainsi il se défie des suppositions gratuites dont il étoit parti; il consent à ignorer des choses que le préjugé seul lui montroit comme importantes à connoître; il apprend au moins à douter de ces prétendues vérités que l'éducation, l'habitude, l'exemple, l'autorité lui montroient comme indubitables. L'ignorance & l'incertitude peuvent humilier la vanité, elles ne doivent point affliger la sagesse; (**) sçavoir, c'est connoître les bornes où l'on doit

(*) Pour peu qu'on y réfléchisse, on trouvera que les Prêtres sont parvenus à persuader aux hommes que les choses les plus essentielles pour eux sont celles qu'il leur est impossible de comprendre: de là vient *la Foi*, qui n'est jamais que la confiance implicite & illimitée que les hommes ont dans leurs Prêtres, confiance qui suppose un renoncement à la raison souvent fatal à la société.

(**) Tout homme sensé doit dire avec Cicéron, *nec me pudet, ut istos, fateri nescire quod nesciam: ou bien, nescire quædam magna pars est scientia.*

PRÉJUGÉS. Chap. XI.

s'arrêter; mais pour connoître ces limites il faut avoir souvent parcouru un grand espace. Le parcourir avec célérité c'est avoir du génie, le parcourir avec attention c'est avoir de la sagacité, n'y avoir rien découvert est souvent une découverte très-utile; c'est avoir beaucoup acquis que de s'être détrompé.

Quelque problématiques que soient pour nous les connoissances humaines, malgré les incertitudes dont les sciences sont remplies, l'homme poussé par le desir du bien-être parvient à la fin à connoître tout ce qui l'intéresse véritablement; il distingue aisément ce qui lui est utile de ce qui lui est désavantageux; il n'y a que lorsqu'il se fait un crime de ses recherches qu'il ne peut point s'éclairer. On peut affirmer sans témérité que les sciences que l'esprit humain n'est point parvenu à éclaircir, dans lesquelles il n'a point fait un pas, qu'au contraire à force de recherches & de disputes il n'a fait qu'obscurcir, sont des sciences idéales & des chimeres indignes de son attention. Qu'est-il en effet résulté des efforts réunis de tous les Prêtres du monde pour éclaircir la Théologie? Qu'ont produit enfin les méditations métaphysiques, les subtilités, les disputes de tant de génies, réellement profonds, qui se sont inutilement occupés des opinions religieuses, & des prétendus oracles de la Divinité? Les Prêtres furent communément les hommes les plus sçavans, les plus adroits, les mieux récompensés dans toutes les nations; leur science devroit sans doute être la mieux connue, puisque l'intérêt & la capacité ont dû se combiner pour la faire étudier: cependant quels fruits la Théologie a-t-elle tirés de ses vaines recherches? Hélas! elle n'a pu mettre aucun de ses principes à l'abri des plus fortes attaques; on lui a contesté jusqu'à l'existence du Dieu qui lui sert de base. Elle a en effet rendu ce Dieu méconnoissable & totalement impossible aux yeux de la raison & de la vertu, par les fables qu'elle en a débitées, par les qualités contradictoires & incompatibles qu'elle a entassées sur lui, par la conduite ridicule & bizarre qu'elle lui a prêtée, par les faux raisonnemens qu'elle a faits sur sa nature & sa façon d'agir. Ainsi de siecle en siecle elle n'a fait que s'obscurcir & s'enlacer dans ses propres filets; elle n'a fait qu'aveugler l'esprit humain; elle n'a produit que des querelles, des schismes, des animosités qui ont fait couler à grands flots

flots le sang des mortels frénétiques qu'elle avoit pris soin d'enyvrer.

Non contente de s'obscurcir elle-même, la Théologie a répandu ses ombres sacrées sur toutes les connoissances humaines; ses notions surnaturelles ont partout infecté la Philosophie, qui en partant de ses principes, n'eut jamais qu'une marche incertaine & tremblante.

En effet ce fut de la superstition que la Philosophie prit ses premieres leçons. Incapable dans son enfance de consulter l'expérience, ses premiers pas furent guidés par l'enthousiasme, le merveilleux & l'imposture. Des Prêtres furent en tout pays les premiers sçavans des nations; c'est dans une source si suspecte que furent obligés de puiser tous ceux qui voulurent s'instruire dans la philosophie. Ces Prêtres, jaloux de leurs connoissances réelles ou prétendues, ne les communiquerent qu'avec peine à ceux qui vinrent consulter leurs oracles; ils enveloperent leur science, ou plutôt leur ignorance, des ombres du mystere; ils ne parlerent que par des énigmes, des symboles, des allégories & des fables, dont ils se servirent pour masquer beaucoup d'erreurs & très-peu de vérités.

R

Ainsi ce furent des Théologiens, des Prêtres, des Poëtes qui jetterent partout les premiers fondemens de la science. (*) La Poësie, fille de l'Imagination, fut la premiere philosophie; elle embrassa tout; elle parla de la nature, dont elle personifia les parties: elle fit ainsi des Dieux; elle arrangea l'univers; elle raisonna de l'homme & de son sort futur; elle s'empara de la Politique, elle fit des Loix, elle régla les mœurs. Entre ses mains tout devint merveilleux; elle peupla l'univers de Puissances invisibles, d'Esprits, de Divinités favorables ou nuisibles, de Génies, qui servirent à rendre raison des choses: en un mot la Poësie par ses fictions ne fit de la nature entiere qu'une scène d'illusions, qui consolidées par le tems, l'ignorance & la crédulité, se sont changées en vérités.

Tels sont les matériaux informes qui servirent autrefois à construire le fragile édifice des connoissances humaines. Nous voyons les Sages de la Grece voya-

---

(*) Orphée, Musée, Homére, Hésiode ont été visiblement des Théologiens, des Peres de l'*Eglise Grecque*. Les Druïdes chez les Celtes se transmettoient en vers les dogmes de leur Religion. Les livres des Hébreux sont pour la plupart des compositions poëtiques. Toutes les Religions du monde sont fondées sur la Poësie.

ger en Egypte, en Assyrie, dans l'Indostan, ramper aux pieds des Prêtres, se soumettre à des épreuves longues & rigoureuses pour mériter d'être admis à leurs importans mysteres. Ils n'en tirent cependant que des fictions poëtiques, des notions chimériques, une métaphysique obscure, incapable de servir de base à la science réelle, qui ne peut s'établir que sur l'expérience & sur des faits.

Si nous examinons de près la doctrine des plus célebres philosophes de l'antiquité, nous trouverons de quoi prouver ce qui vient d'être avancé; nous verrons que leur philosophie prétendue ne porte que sur les hypothèses fictives d'une Poësie théologique & mystique qu'ils ont prises pour des vérités démontrées. En effet dans Pythagore, qui le premier chez les Grecs prit le nom de *Philosophe* ou d'*ami de la sagesse*, nous reconnoîtrons un disciple enthousiaste des Prêtres de l'Egypte, de la Chaldée & des Indes, parlant comme eux par symboles, & peut-être aussi fourbe qu'eux. (*)

(*) Il est bien difficile de ne point accuser Pythagore de fourberie quand on considere les mensonges qu'il imagina dans la vue de se faire passer pour un homme extraordinaire & divin.

Nous voyons pareillement dans Platon, un Poëte, plein d'imagination, d'enthousiasme & d'éloquence, dont les écrits sont remplis des notions théologiques & mystiques qu'il avoit été puiser chez les Prêtres Egyptiens. Ces notions fructifierent dans l'esprit exalté de cet homme *Divin*; elles contribuerent à faire éclore cette Philosophie romanesque & poëtique, qui séduisit les Grecs, & qui sert encore de base à la superstition dont les modernes sont infectés (*) En effet c'est

Que penser d'un homme qui faisoit des miracles, qui prédisoit l'avenir, qui disoit avoir été au siége de Troye, qui se vantoit d'entendre l'harmonie des Spheres, qui montroit sa cuisse d'or, &c.? Ne pourroit-on pas soupçonner ce philosophe prétendu d'avoir voulu fonder une secte religieuse? Au moins a-t-il fondé une secte vraiment *Monastique*, composée des enthousiastes qu'il avoit sçu séduire, qu'il soumit à des épreuves & à des régles très-austeres. Ses disciples le regardoient comme un Dieu, comme Apollon lui-même. *V. Jamblique dans la vie de Pythagore.*

(*) Il est très-évident que c'est dans l'école de Platon que l'on a puisé les notions vagues de la Théologie sur l'essence Divine, sur l'ame, sur la spiritualité, sur l'immortalité, sur la vie future, &c. Ce Philosophe est perpétuellement égaré dans les régions inconnues du monde intellectuel. En lisant ses ouvrages on y trouvera le germe de presque tous les Dogmes de la Religion Chrétienne. Son disciple Plotin semble sur-tout avoir fourni à nos Théologiens les matériaux de leur Métaphysi-

PRÉJUGÉS. Chap. XI.

à lui que font dues tant d'idées abstraites & merveilleuses dont l'esprit humain s'est imbu, & qu'une philosophie plus sensée a tant de peine à déraciner. En un mot dans la doctrine de Platon, que son obscurité fit prendre pour divine, des yeux non prévenus ne pourront s'empêcher de reconnoître l'empreinte de l'enthousiasme : ils y trouveront beaucoup de rêveries, plus propres à égarer qu'à éclairer l'esprit.

Dans Socrate lui-même nous trouvons des signes indubitables d'enthousiasme & d'égarement. Que penser d'un homme qui se disoit, ou qui de bonne foi se croyoit, inspiré & dirigé par un *Démon familier* ? Socrate fit, dit-on, descendre la morale du ciel ; mais cette morale n'eût-elle pas été bien plus sûre & plus claire s'il l'eût prise sur la terre, & fondée sur les besoins de l'homme ?

Que dirons-nous d'Aristote dont la philosophie, remplie d'ailleurs d'un grand nombre de vérités, n'a pas laissé de fournir durant des siecles des armes puissantes aux apôtres de la superstition & de l'imposture pour combattre l'évidence & la raison ? Que de peines n'a-t-il point

que exaltée. *Voyez le* PLATONISME DÉVOILÉ.

fallu pour fouſtraire l'eſprit humain à l'autorité de l'Ariſtotéliſme afin de le ramener à l'expérience, qu'il ſembloit avoir pour toujours abandonnée? Quels ont été les cris du Sacerdoce quand des Sages ont oſé détruire l'arſenal où il prenoit les ſophiſmes & les ſubtilités dont depuis longtems il ſe ſervoit pour aveugler le genre humain & confondre le bon ſens! (†)

Nous trouvons encore les empreintes du fanatiſme & de la ſuperſtition, & même les idées du *monachiſme*, dans les Stoïciens, qui par une frénéſie ou une vanité ridicule firent conſiſter la perfection à combattre la nature, à dénaturer l'homme, à faire parade d'une apathie impoſſible. Ces notions ne ſont-elles pas les mêmes que celles que ſemblent avoir adoptées tant de Pénitens ſuperſtitieux, qui font conſiſter la vertu dans la fuite des objets que notre cœur deſire? La vraie philoſophie nous invite à nous rendre heureux nous-mêmes par la vertu, qui conſiſte à travailler au bonheur des autres. Si les Stoïciens furent des fanatiques en morale, ils eurent des opinions pitoyables d'ailleurs. En effet nous

(†) On ſçait que les clameurs des Théologiens ont forcé Deſcartes de s'expatrier.

voyons qu'ils croyoient aux songes, ils allioient la croyance d'un Dieu rond, avec le systême d'un fatalisme absolu. Enfin ils se perdirent souvent dans des recherches inutiles sur des objets étrangers à l'esprit humain, & n'eurent, comme la plupart des autres sages, que des idées théologiques, mystiques, obscures & remplies de contradictions.

La philosophie ancienne, partie, comme on a vu, de la superstition, en conserva toujours une teinte plus ou moins forte, & n'osa que très-rarement en secouer le joug; il ne lui fut point permis d'abandonner l'imagination & l'autorité pour consulter uniquement l'expérience & la raison. Les ministres de la religion eurent en tout tems le pouvoir de punir & d'écraser les mortels assez courageux pour penser par eux-mêmes & s'écarter des préjugés reçus. Ainsi les vrais sages furent réduits à se taire, ou bien ils ne parlerent que d'une façon obscure & ambigue; ils masquerent leur doctrine sous des emblêmes & des symboles, dont souvent l'intelligence s'est perdue. C'est de là qu'est venue la *double Doctrine* des anciens Philosophes, dont l'une accommodée aux préjugés populaires, c'est-à-dire, à la

Religion établie, se montroit dans les discours publics & les écrits, tandis que l'autre, souvent opposée à la premiere, étoit enseignée secrettement & transmise verbalement à un petit nombre d'auditeurs discrets & choisis.

C'est à cette méthode, que la tyrannie religieuse & politique força les philosophes de prendre, que sont dues, au moins en grande partie, les obscurités, les incertitudes, les inconséquences, les contradictions que l'on reproche à la Philosophie ancienne, souvent devenue inintelligible pour nous : cependant celle des modernes n'est que très-rarement exemte de ces mêmes inconvéniens. Si les ouvrages de nos Sages nous présentent des vérités nouvelles & des systêmes utiles, on y rencontre à chaque page des traces plus ou moins marquées des préjugés dominans. D'ailleurs si les hommes les plus éclairés & les plus honnêtes ont rarement le courage de dire tout ce qu'ils pensent, ils ont plus rarement encore celui de faire un divorce complet avec les erreurs qu'ils voient universellement établies, ou dont eux-mêmes éprouvent les influences à leur insçu. Les personnes les plus sages ont des préjugés, des foiblesses, des passions, des intérêts, qui les empêchent de voir la vérité dans son entier, & de sentir les inconséquences & les contradictions de leurs écrits : que d'embarras pour la postérité lorsqu'elle voudra les juger!"

Le peu de certitude des principes de la plupart des Philosophes anciens fit naître le *Pyrrhonisme*; quelques penseurs se crurent autorisés à douter de tout, à la vue des systêmes inconséquens de plusieurs sectes, dont les partisans étoient parvenus à rendre obscures & douteuses les vérités les plus claires. Les *Ecclettiques*, bien plus sages, ainsi que les disciples de la seconde Académie, sans s'attacher à aucune secte, prirent dans tous les systêmes ce qui leur parut ou plus probable ou plus vrai (*).

C'est le parti que prendra toujours l'ami sincere de la vérité; il ne s'en laissera point imposer par l'autorité des noms les plus célebres; il ne s'en rapportera qu'à l'expérience & à l'évidence; il embras-

---

(*) Cicéron, qui étoit Académicien, explique très-clairement la maniere de philosopher de sa secte en disant: *Nos in diem vivimus ; quodcumque animos nostros probabilitate percussit id ἀδόξατως dicimus*. V. TUSCULAN. QUÆST. V. Le même Auteur dit au livre II. *rationem, quò ea me cumque ducet sequar* ; ce qui doit être la devise de tout philosophe.

sera les opinions les plus probables partout où il les trouvera; il sçaura qu'un systême vrai ne peut être l'ouvrage ni d'un seul homme ni d'une secte, mais doit être le fruit tardif des travaux combinés de toute la race humaine, qui toujours partie de l'ignorance & de l'erreur, retardée par mille obstacles, surchargée de chaînes incommodes, ne s'avance qu'à pas lents vers la science & la vérité.

Quoique les menaces de la superstition & les préjugés ayent souvent réduit la sagesse au silence, & forcé la Philosophie de prendre un langage énigmatique ou peu sincere, elles ont néanmoins porté des coups sûrs à l'erreur. Dégoûtés de vaines chimeres, quelques Sages audacieux ont consulté la nature, & puisé la vérité dans son sein. C'est ainsi que Démocrite, Epicure, Lucrece son disciple & tant d'autres ont osé s'affranchir des entraves de la superstition & du mensonge pour s'élever à la science par des routes nouvelles. Leur esprit libre des liens qui empêchent les hommes vulgaires de marcher, s'il ne rencontra pas toujours la vérité, renversa du moins un grand nombre d'erreurs. Leur exemple fut suivi par des modernes, qui oserent, comme eux, sortir des sentiers battus, & qui tenterent de mettre l'homme dans le chemin du bonheur. Ils eurent peu de sectateurs; les cris réunis du sacerdoce, des peuples, & même d'une philosophie pusillanime & vulgaire, empêcherent d'adopter & même d'écouter des systêmes trop éloignés des préjugés que leur universalité avoit rendus sacrés.

Il est donc aisé de reconnoître les causes qui ont jusqu'ici retardé les progrès de la Philosophie. Elle prit sa source chez les Poëtes menteurs & chez les ministres de la superstition; elle fut infectée du levain théologique; au lieu de former des Sages elle ne forma que des *Théosophes*, qui ne furent approuvés qu'autant que leurs systêmes s'accorderent avec les opinions vulgaires. La Superstition & la Tyrannie tinrent toujours le fer levé sur ceux qui oserent s'écarter des préjugés reçus. (*)

(*) Les philosophes anciens & modernes peuvent être regardés pour la plupart comme des *hérétiques* ou des *schismatiques*, qui choqués de quelques vices de détail dans la religion, n'en examinent pas le fond. Sont-ils inutiles pour cela? non, sans doute, c'est en attaquant par parties l'édifice des folies humaines que nous parviendrons à le faire disparoître, & à nettoyer l'aire propre à recevoir l'édifice de la raison & de la vérité. Nous

Ainsi l'imposture & le délire continuerent à régler la marche de l'esprit humain; la philosophie ne fut guidée que par de foibles lueurs de vérité, qui furent à chaque instant éteintes par les ténebres du mensonge & les coups de l'autorité. Ses pas furent chancelans parce qu'ils furent rarement affermis par l'expérience : dupe de l'imagination, elle ne consulta point la raison; elle prit des fictions poëtiques pour des principes incontestables. Au lieu de remonter, suivant les régles d'une saine Logique, du plus connu à ce qui l'est moins, les penseurs, pour la plupart, commencerent par s'élancer dans les espaces imaginaires d'un monde intellectuel, invisible, inconnu, pour en déduire les loix, faites pour régler un monde réel, visible & facile à connoître. Au lieu de sonder la nature & ses voies on se créa des chimeres & des causes occultes qui servirent à tout expliquer, & qui dans le fait ne furent propres qu'à rendre tout plus obscur. On substitua des mots aux choses; on disputa tou-

devons juger les philosophes & les écrivains comme nous jugeons nos amis; pardonnons-leur des défauts en faveur de leurs bonnes qualités; de même adoptons les vérités qu'un auteur nous présente, rejettons ses erreurs lorsque nous pourrons les sentir.

jours & l'on ne put rien éclaircir. La saine Physique fut négligée pour une Métaphysique imaginaire; la nature entiere fut une scène d'illusions mûe par un pouvoir magique dont on n'eut point d'idées. L'homme fut méconnu, parce qu'on le supposa guidé par des mobiles fictifs. La vraie morale fut ignorée, parce qu'on ne la fonda point sur la nature de l'homme, & parce que l'on n'imagina que des motifs impuissans & douteux pour le pousser à bien faire. La Politique fut inconnue, parce qu'on ne lui donna point les loix de la nature pour fondement ni l'équité pour base.

En un mot la philosophie, subordonnée aux préjugés & guidée par les faux principes que la superstition lui avoit fournis, ne fut pour l'ordinaire d'aucune utilité; elle ne servit qu'à procurer de l'exercice à l'esprit de quelques penseurs oisifs, qui se disputerent toujours sans jamais pouvoir s'entendre ni convenir de rien. Telle est la route que la religion, appuyée par l'autorité souveraine & par les opinions des peuples, trace par-tout à la science qui devroit conduire les mortels à la vérité, & qui ne les conduit qu'à des erreurs dangereuses. Trompée par une métaphysique sacrée, la philosophie n'est souvent qu'une science de mots, inintelligible pour les hommes qu'elle prétend éclairer. Ils disputent sur tout, ils n'ont sur rien des principes assurés : leurs querelles, que la religion, comme on a vu, rend toujours importantes & très-souvent funestes, seroient entiérement inutiles, si elles ne faisoient sortir quelquefois du sein même de l'erreur de foibles étincelles de vérité, qui recueillies par ceux qui l'aiment, serviront quelque jour à composer un flambeau propre à guider l'esprit humain.

Ce n'est qu'à force d'erreurs que l'homme est réduit à s'éclairer; ce n'est qu'à force de chûtes qu'il peut apprendre à marcher d'un pas sûr; il falloit que la philosophie s'égarât en partant de faux principes ; il falloit qu'elle tombât en voulant s'élever au dessus de la nature ; il faudra que tôt ou tard elle revienne à cette nature, qui seule peut, en lui montrant la vérité, la mettre à portée de guérir les playes que l'erreur politique & sacrée fait par-tout aux malheureux habitans de la terre.

Ce n'est donc pas aux partisans de la Théologie qu'il appartient de reprocher aux Philosophes leurs égaremens, leurs contradictions & leurs doutes : ces inconvéniens sont visiblement l'ouvrage de la Tyrannie politique & religieuse. En effet n'est-ce pas à elle-même que la Théologie devroit s'en prendre si tout en ce monde est devenu problématique & douteux ? N'est-ce pas par son moyen que l'expérience est bannie, que la raison est proscrite, que la vérité est persécutée, que les meilleurs esprits sont à la gêne & chargés de honteux liens ? N'est-ce pas la religion qui s'emparant de tout, a perverti la logique, rendu la morale incertaine, corrompu la politique, converti en énigmes les vérités les plus claires, & forcé la philosophie de se conformer à son délire ?

Si douter de tout est un signe de folie, ne douter de rien est le signe d'une extravagance orgueilleuse. La vraie sagesse, détrompée par l'expérience, se défie de ses forces, & ne cesse de douter que lorsqu'elle voit la certitude & l'évidence. Il n'en est point ainsi de la Théologie ; elle rejette l'expérience & le témoignage des sens ; elle méprise la raison, elle prétend la subjuguer & la soumettre à l'imagination : entre ses mains des fables, des rêveries, des conjectures se changent en certitudes, de foibles probabilités en principes démontrés: à l'en croire ses partisans illuminés reçoivent du ciel même des faveurs distinguées, des yeux bien plus perçans, à l'aide desquels ils découvrent des vérités inaccessibles à l'esprit du reste des mortels, tandis que nous voyons que la Théologie n'a pas un seul principe qui ne puisse être fortement contesté. Si les défenseurs ont cette pénétration en partage, qu'ils laissent au moins la liberté de douter ou d'errer à ceux que la nature n'a point autant favorisés; qu'ils ne les punissent point cruellement d'avoir des sens trop grossiers ou des ames trop pesantes pour s'élever aux régions de l'Empyrée, ou pour ne point sentir les preuves de ceux qui ont pu les parcourir. Enfin les disputes théologiques qui depuis tant de siecles ont couté tant d'efforts à l'esprit humain, tant de sang & de trésors aux nations, ne sont point parvenues à donner à la Théologie la moindre solidité, la moindre certitude, la moindre unanimité. (*)

Les

(*) Il est bon d'observer, en passant, que ceux qui défendent les préjugés & les superstitions des hommes sont applaudis, honorés, & payés, tandis que ceux qui les attaquent sont honnis, mé-

PRÉJUGÉS. Chap. XI. 273

Les hommes parviennent tôt ou tard à éclaircir plus ou moins leurs idées sur les objets réels qu'ils ont intérêt de connoître; ils raisonneront sans succès & sans fruit sur les objets qui n'existent que dans leur imagination, ou qui ne seront fondés que sur des hypothèses dont ils n'auront point le courage d'examiner les fondemens. Tout être qui sent & qui pense, dès qu'il est à portée de faire des expériences, découvre bientôt les moyens de se conserver & de se rendre heureux: ce n'est que faute d'expériences qu'il reste en chemin ou qu'il s'égare; le besoin lui donne des aîles, il le rend industrieux, il lui fait tenter la nature, il le familiarise avec ses loix, lors même qu'il est incapable de les méditer; c'est ainsi que l'homme du commun parvient à labourer, à forcer la terre de le nourrir, à se garantir des injures de l'air, à multiplier ses ressources, à varier ses plaisirs. Une chaîne d'expériences successives conduit l'homme sauvage jusqu'à l'état où nous le voyons dans une

prisés & punis. Malgré ces avantages, les partisans de l'erreur vivent dans des allarmes continuelles, & tremblent des moindres coups de leurs foibles adversaires, dénués de crédit, de richesses & de pouvoir.

S

société civilisée, où il s'occupe des sciences les plus sublimes & des connoissances les plus compliquées. Nous le trouvons plus ou moins éclairé dans les choses sur lesquelles la marche de son esprit & le cours de ses expériences n'ont point été gêné ; nous le trouvons ignorant & déraisonnable dans les choses qu'il n'a pu soumettre à l'examen. Il faut que l'homme soit libre pour qu'il s'éclaire ; il faut qu'il soit dégagé de crainte & de préjugés pour s'assurer des objets qui l'intéressent ; il faut qu'il sente ses véritables besoins pour qu'il se donne la peine de chercher les moyens de les satisfaire. La politique, la science du gouvernement & la morale sont bien moins difficiles à concevoir que le calcul, que la musique, ou qu'une infinité d'arts & de professions que nous voyons journellement exercer par des hommes qui nous paroissent dépourvus de lumieres & d'esprit.

Pour donner à tout homme des idées justes sur le gouvernement ne suffit-il pas de lui faire sentir qu'il a droit d'être heureux, que son bien est à lui, que le fruit de son labeur lui appartient en propre, que nul de ses semblables n'a le droit d'être injuste à son égard, de le vexer, de le priver du fruit de ses peines; que ses forces & sa volonté, combinées avec celles de ses associés, suffisent pour faire cesser les malheurs qui l'affligent? Pourquoi donc les nations connoissent-elles si peu des vérités si claires? Pourquoi sont-elles comme des troupeaux que des pasteurs tondent & livrent ensuite à des bouchers cruels qui les menent à la mort? C'est que leurs guides religieux & politiques les ont enyvrées d'opinions sur lesquelles ils ne leur ont jamais permis de réfléchir. Jamais elles n'ont pensé à leurs propres intérêts; on les a menacées de dangers chimériques si jamais elles tentoient de mettre fin à leurs peines.

Pourquoi les hommes sont-ils dans l'incertitude & le doute sur la morale; pourquoi vivent-ils dans un honteux oubli de leurs devoirs les plus saints? pourquoi la vertu est-elle si problématique & si rare? c'est que l'on néglige leur éducation; c'est que l'on fonde leurs devoirs sur les oracles de leurs Prêtres : c'est que les chefs qui les gouvernent les rendent vicieux, ou ignorent eux-mêmes les vrais mobiles qui les porteroient à la vertu; c'est que ceux qui leur enseignent la morale ne connoissent point ses principes naturels, & qu'au lieu de l'établir sur l'essence de l'homme, sur le desir du bonheur, sur son intérêt réel, ils lui donnent des bases chimériques & la fondent sur des hypothèses ridicules (*). Les vérités de la morale sont aussi simples, aussi démontrées, aussi susceptibles d'être senties par les hommes les plus grossiers que les vérités dont l'assemblage constitue l'agriculture ou une profession quelconque. Les hommes ne sont dans le doute que parce qu'on les empêche de faire des expériences, ou parce que ceux qui les instruisent n'osent point en faire eux-mêmes & craignent de leur montrer la vérité.

On blâme avec raison un scepticisme qui affecte de ne rien sçavoir, de n'être sûr de rien, de jetter du doute sur toutes les questions. Dès que nous serons raisonnables nous sçaurons distinguer les

(*) Il est évident que les incertitudes que nous présentent presque tous les livres de morale viennent des idées fanatiques & romanesques qu'on lui a presque toujours associées : nos systêmes de morale ont communément pour base des notions théologiques & métaphysiques totalement étrangeres à la nature de l'homme; elles supposent toujours sa nature corrompue, l'expérience incertaine, sa raison sujette à le tromper. Toute morale doit se fonder sur le desir du bonheur, & pour être efficace elle doit conduire au bonheur.

choses sur lesquelles nous devons douter de celles dont nous pouvons acquérir la certitude. Ainsi ne doutons point des vérités évidentes que tous nos sens s'accordent à nous montrer, que le témoignage du genre humain nous confirme, que des expériences invariables constatent à tout moment pour nous. Ne doutons point de notre existence propre; ne doutons point de nos sensations constantes & réitérées; ne doutons point de l'existence du plaisir & de la douleur; ne doutons point que l'un ne nous plaise & l'autre ne nous déplaise; par conséquent ne doutons point de l'existence de la vertu, si nécessaire à notre être & au soutien de la société; ne doutons pas que cette vertu ne soit préférable au vice qui détruit cette société, & au crime qui la trouble; ne doutons point que le despotisme ne soit un fléau pour les Etats, & que la liberté affermie par les Loix ne soit un bien pour eux; ne doutons point que l'union & la paix ne soient des biens réels, & que l'intolérance, le zèle, le fanatisme religieux ne soient des maux réels, qui dureront aussi long-tems que les peuples seront superstitieux.

S'il n'est point permis à des êtres raisonnables de douter des vérités qui leur sont démontrées par l'expérience de tous les siecles, il leur est permis d'ignorer & de douter de la réalité des objets qu'aucun de leurs sens ne leur a jamais fait connoître; qu'ils en doutent sur-tout quand les rapports qu'on leur en fait seront remplis de contradictions & d'absurdités; quand les qualités qu'on leur assignera se détruiront réciproquement, qand malgré tous les efforts de l'esprit il sera toujours impossible de s'en former la moindre idée. Qu'il nous soit donc permis de douter de ces dogmes théologiques, de ces mysteres ineffables, incompréhensibles même pour ceux qui les annoncent; doutons de la nécessité de ces cultes si contraires à la raison: osons douter des révélations prétendues, des préceptes révoltans, des histoires si peu probables que des Prêtres intéressés débitent aux nations pour des vérités constantes. Doutons des titres de la mission de ces imposteurs qui nous parlent toujours au nom d'une divinité qu'ils avouent ne point connoître. Doutons de l'utilité de ces religions qui ne se sont illustrées que par les maux dont elles ont accablé le genre humain. Doutons des principes de ces Théologiens impérieux qui ne furent jamais d'accord entre eux, sinon pour égarer les peuples & faire naître par-tout des querelles & des combats. Doutons de la réalité de ces vertus divines & surnaturelles qui rendent les hommes engourdis, inutiles & nuisibles, & qui leur font attendre dans le ciel la récompense du mal qu'ils se seront fait à eux-mêmes ici-bas, ou qu'ils auront fait aux autres. L'inutilité & les dangers des préjugés religieux ne peuvent être douteux que pour ceux qui jamais n'en ont envisagé les conséquences fatales, ou qui refusent de se rendre à l'expérience de tous les âges.

On voit donc que le scepticisme philosophique a des bornes fixées par la raison. Douter de la réalité où de l'utilité des vertus sociales, ce seroit douter de l'existence du plaisir; ce seroit douter s'il existe des mets dont notre bouche soit agréablement affectée. Douter s'il est des vices & si nous leur devons notre haine, c'est douter de l'existence de la douleur, ce seroit mettre en problême s'il existe des poisons; être incertain sur les sentimens que l'homme doit avoir pour le vice & la vertu, c'est affecter d'ignorer si la santé est préférable à la maladie.

L'expérience suffit pour nous faire découvrir tout ce que nous avons besoin de connoître dans notre existence actuelle; elle ne nous abandonne que lorsque notre curiosité inquiette nous porte à vouloir approfondir des matieres étrangeres à notre esprit, & qui dès-lors ne peuvent aucunement intéresser. En récompense tout ce que l'expérience montre constamment à nos sens bien disposés, est certain & suffit pour nous guider dans les routes de la vie. En appliquant ces découvertes à notre conduite, nous serons des philosophes pratiques, des sages véritables, des hommes vertueux; si, contens de nos spéculations, nous les démentons dans la pratique, nous ne ferons que des vicieux éclairés.

Que les détracteurs de la philosophie cessent donc de se prévaloir contre elle des choses qu'elle nous laisse ignorer; qu'ils cessent de lui reprocher son scepticisme ou l'incertitude dans laquelle elle jette les esprits sur une infinité d'objets; ceux sur lesquels l'expérience ne peut rien nous apprendre, sont inutiles dès-lors ou sont pour nous comme s'ils n'existoient point. Tout homme de bonne foi n'affectera point d'indécision sur les choses que l'expérience de tous les tems, de tous les pays, de tous les individus de l'espece humaine, pourra s'accorder à lui montrer comme favorables ou comme nuisibles; si l'on ne peut douter qu'un embrasement ne soit capable de réduire une ville en cendres, l'on ne peut douter que le fanatisme religieux, les passions des Rois, les désordres des sujets ne conduisent les Etats à leur destruction.

D'ailleurs, comme on vient de le prouver, ce n'est point aux ennemis de la philosophie qu'il appartient de l'accuser d'être incertaine & chancelante. Les ministres de la religion sont-ils donc plus d'accord dans leurs principes que les philosophes? Ne laissent-ils aucuns doutes dans les esprits de leurs disciples? ne s'excite-t-il aucuns débats entre eux? sont-ils parfaitement unis de sentimens sur les Dieux qu'ils présentent, sur les cultes qui peuvent leur plaire, sur la façon d'entendre leurs décrets infaillibles? Qu'ils ne reprochent donc plus à la philosophie ses lumieres incertaines qui la forcent d'aller à tâtons: Le doute modeste & l'ignorance avouée ne sont-ils point préférables à une science présomptueuse, à une ignorance tyrannique, à une arrogance dogmatique & décidée qui rendent les mortels opiniâtres & cruels?

Quelle perplexité ! quels embarras pour tout homme qui pense, si parvenu à l'âge mûr, & non préoccupé des préjugés de l'enfance, il vouloit se décider en faveur de l'une des religions si variées qui se partagent l'empire de notre Globe ! Comment choisir entre ces différens Dieux, ces différens cultes, ces dogmes si contradictoires, ces fables si bizarres que nous voyons les objets de la vénération de tant de peuples qui couvrent la face du monde ! Toutes les religions ne prétendent-elles pas à la même importance ? Toutes ne se vantent-elles pas d'être émanées du ciel ? Toutes ne disent-elles pas que leur Dieu est le maître des autres Dieux ? Leurs prétentions sont égales, leurs titres sont les mêmes, chacune croit posséder exclusivement la vérité & la faveur du Très-Haut ; chacune promet un bonheur ineffable à ses disciples, & menace de tourmens éternels ceux qui refusent d'admettre ses hypothèses ; chacune se fonde sur des miracles, ou sur des œuvres contraires au cours de la nature ; chacune se glorifie de ses pénitens, de ses enthousiastes, de ses martyrs ; enfin l'homme sensé ne voit par-tout qu'une égalité de fables, d'absurdités, de mensonges ; il voit avec douleur que les sectateurs de toutes ces folies se détestent, se regardent avec horreur, se détruisent réciproquement, & que le nom même de la religion est pour eux le flambeau des furies, à la sombre lueur duquel ils se déchirent & se massacrent sans pitié.

Que pensera le philosophe à la vue de ces sectes multipliées, qui parties d'une même tige, ou enfantées par les mêmes peres, ne font que se traiter avec plus d'inimitié? Quelle est celle dont la haine lui paroîtra la mieux fondée? Par-tout la religion lui tend des piéges & met sa pénétration en défaut: nul système ne lui offre des idées claires; nulle hypothèse ne lui montre cet heureux accord, cette liaison, ce bel ensemble que l'on ne rencontre jamais que dans les ouvrages de la vérité. En jugera-t-il par les effets? hélas! nulle religion ne lui montre des sectateurs unis, contens, heureux, jouissans de la paix, indulgens, justes, tempérans, humains & vertueux. En un mot il ne trouve point que le bonheur soit nulle-part l'ouvrage de la religion; il la voit au contraire perpétuellement aux prises avec la félicité publique & travaillant à détruire le bien-être dans l'esprit de tous ceux qu'elle a soumis à son joug.

Ainsi défendons notre esprit d'une science fatale dont les avantages sont impossibles à connoître & dont les suites pernicieuses sont assûrées. Abandonnons des systêmes qui ne sont propres qu'à diviser les enfans de la terre, puisqu'ils se fondent sur des rêveries impossibles à concilier. Consentons à ne jamais parcourir des labyrinthes où les mortels se sont toujours égarés ; renonçons à des notions que l'expérience des siecles & que les efforts du genre humain n'ont jamais pu constater : enfin que l'homme sage ne cherche plus la vérité dans ces productions informes de l'yvresse & de l'imposture dont la fausseté est prouvée par le mal qui en résulte. Tout ce qui contredit le bien-être de l'homme, ne peut avoir que le mensonge pour auteur; tout systême qui lui nuit ne peut être véritable; la vérité n'est un bien que parce qu'elle est utile ; elle n'est utile que parce qu'elle est nécessaire au bonheur de l'homme; le bon & le vrai sont inséparablement associés ; ce qui est vrai ne peut être mauvais; ce qui est mauvais ne peut être véritable ; ce qui est bon ne peut avoir la fausseté pour base; ce qui est nuisible ne peut être que l'ouvrage de la fraude ou du délire, & par conséquent ne peut mériter les respects du vrai Sage. La sagesse n'est rien si elle ne conduit au bonheur.

CHAPITRE XII.

Si la Philosophie contribue au bonheur de l'homme & peut le rendre meilleur.

Dans toutes ses entreprises l'homme cherche nécessairement le bonheur; nous le voyons continuellement occupé du soin d'acquérir ce qu'il juge utile, & d'écarter ce qu'il présume devoir nuire à sa félicité. Il jouit de sa raison, il agit d'une façon conforme à la nature d'un être intelligent toutes les fois qu'il travaille à se mettre en possession d'un bien-être solide, dont il soit à portée de jouir constamment & indépendamment des caprices du sort. Nous estimons très-heureux tout homme qui découvre les moyens de posséder à chaque instant les objets de ses desirs; nous trouvons légitimes les voies qu'il met en usage pour se rendre heureux, dès qu'elles ne sont point nuisibles aux êtres de notre espece; nous chérissons ces moyens dès que nous les trouvons utiles à nous-mêmes, & nous admirons son intelligence, ses talens, sa conduite, à mesure qu'il les emploie avec plus de succès pour procurer à lui-même & aux autres des avantages véritables. Un être intelligent est celui qui sçait adapter les moyens les plus propres à la fin qu'il se propose.

La philosophie spéculative est, comme on a vu, la connoissance de la vérité, ou de ce qui peut vraiment & solidement contribuer au bonheur de l'homme. La philosophie pratique est cette connoissance appliquée à la conduite de la vie. La philosophie spéculative dépend de la justesse de nos idées, de nos jugemens, de nos expériences: la philosophie pratique dépend de notre organisation particuliere, de notre tempérament, des circonstances où nous nous trouvons, des passions plus ou moins fortes que nous avons reçues de la nature, & des obstacles plus ou moins puissans que nous rencontrons pour les satisfaire. Le bonheur n'est jamais que l'accord qui se trouve entre nos desirs & nos besoins & le pouvoir de les satisfaire.

Mais nous avons deux sortes de besoins: les uns sont des besoins *physiques* inhérens à notre nature, ils sont à-peu-près les mêmes dans tous les êtres de notre espece. Les autres sont des besoins *imaginaires* ; ils sont fondés sur nos opinions vraies ou fausses, sur des réalités ou sur des chimeres, sur l'expérience ou sur l'autorité, sur la vérité ou sur nos préjugés. Ces besoins varient dans presque tous les individus de l'espece humaine & dépendent de l'imagination diversement modifiée par l'éducation, par l'habitude, par l'exemple, &c.

Tous les hommes cherchent le bonheur, mais ils sont sujets à se tromper & sur les objets dans lesquels ils le font consister & sur les moyens de les obtenir. L'ignorance, l'inexpérience, les préjugés, dont ils sont continuellement abbreuvés, les empêchent de distinguer le bonheur de ce qui n'en est que le signe, & leurs passions inconsidérées les aveuglent sur les routes qu'ils prennent pour se le procurer. C'est ainsi que l'argent, devenu la représentation du bonheur dans toutes les sociétés policées, est l'objet des desirs de presque tous les citoyens ; ils se persuadent qu'ils seront heureux dès qu'ils en posséderont assez pour être à portée de contenter tous leurs desirs ; & souvent ils employent des travaux incroyables & les voies les plus déshonnêtes pour l'acquérir ; enrichis une fois ils s'apperçoivent bientôt qu'ils n'en sont pas plus avancés, que leur imagination, toujours féconde, leur forge des besoins fictifs avec bien plus de promptitude qu'ils ne peuvent les satisfaire ; ils trouvent que leurs passions assouvies ne leur laissent que des remors & des chagrins qui punissent leur imprudente avidité. Il en est de même de l'ambition ou du desir du pouvoir ; on regarde ce pouvoir comme un bonheur réel, on se flatte qu'il fournira les moyens de s'asservir les volontés des hommes, & de les faire concourir à ses propres desseins ; mais bientôt l'ambitieux voit ses espérances déçues ; il se sent malheureux, parce que son imagination lui suggere que son pouvoir n'a pas encore toute l'étendue nécessaire pour contenter tous ses caprices & ses desirs insatiables. Il en est de même de tous les objets qui excitent les passions des hommes & que leurs tempéramens ou leurs préjugés leur font desirer comme utiles à leur bonheur. C'est ainsi que les uns soupirent après des dignités, des honneurs, des distinctions, des titres ; tandis que d'autres soupirent après la renommée, l'estime de leurs concitoyens, & d'autres plus

mo-

modérés travaillent à se procurer le contentement intérieur, qui ne peut être que le fruit de la vertu.

La philosophie spéculative, n'étant que la recherche de la vérité, apprend à fixer un juste prix aux choses, d'après l'utilité réelle qui peut en résulter ; elle donne donc nécessairement des avantages à ceux qui s'en occupent ; si elle ne détruit point les vices du tempérament, elle sert du moins à les corriger : si elle ne remédie point à l'ardeur des passions, elle fournit au moins des motifs pour les réprimer.

Quant à la philosophie pratique, elle ne peut être solidement fondée que sur le tempérament. Des passions modérées, des desirs bornés, une ame paisible sont des dispositions nécessaires pour juger sainement des choses & pour régler sa conduite ; une ame impétueuse est sujette à s'égarer. Nos passions ne sont jamais plus efficacement réprimées que quand elles le sont par la nature ; nos besoins ne sont jamais plus aisés à satisfaire que quand elle les a limités. (*) Pour

---

(*) *Efficit hoc Philosophia : medetur animis : inanes sollicitudines detrahit : cupiditatibus liberat : pellit timores. Sed hæc ejus vis non idem potest apud omnes : tùm valet multùm, cùm est idoneam com-*

être heureux nous-mêmes il faut que la nature établisse un juste équilibre dans notre cœur & mette nos desirs à l'unisson de nos facultés : pour rendre les autres heureux il faut que notre conduite à leur égard soit d'accord avec leurs desirs; pour modérer ses propres desirs il suffit de voir les objets tels qu'ils sont.

C'est cette heureuse disposition que nous reconnoissons dans les vrais Sages, en qui la spéculation éclairée fortifie toujours la pratique. C'est dans son propre cœur que le vrai philosophe va puiser la philosophie; il y trouve ses passions dans l'ordre; les desirs qui s'y forment sont honnêtes & faciles à contenter; ceux qui seroient déshonnêtes ou difficiles à satisfaire sont aussitôt réprimés par les motifs destinés à les contenir. Une indifférence raisonnée sert à circonscrire ses besoins : il ne hait, il ne méprise ni les richesses, ni le pouvoir, ni la grandeur; mieux que personne il connoît les moyens de s'en servir pour son bonheur; mais son ame accoutumée à la tranquillité se rebuteroit des efforts pénibles qu'il faudroit faire pour les obtenir; son cœur noble rougiroit s'il falloit employer la

plexa naturam. V. TUSCULAN. II. Cap.

bassesse, la fraude, ou sacrifier l'estime de soi-même & des autres pour se les procurer; il se console donc lorsqu'il s'en voit privé; d'ailleurs l'expérience lui montre les traverses nécessaires que rencontrent tous ceux qui multiplient leurs rapports. Il s'enveloppe alors *du manteau de la philosophie*, qui n'est autre chose que le contentement de soi, le calme intérieur, le retour agréable sur soi-même, qui ne peuvent être le partage que de la sagesse pratiquée.

En effet l'homme à qui la nature accorde les dispositions, ou qu'elle place dans les circonstances nécessaires pour s'occuper de la recherche du vrai & pour pratiquer les leçons de la sagesse, détrompé des objets futiles dont le vulgaire est enivré, exempt par son tempérament des passions emportées qui entraînent les autres, garanti par l'étude de l'ennui qui dévore l'ignorante oisiveté, libre des inquiétudes qui tourmentent l'ambitieux, l'avare, l'intriguant; le Sage se plaît avec lui-même, la retraite n'a rien de fatiguant pour lui. (*) S'il forme des de-

(*) *Turbam rerum hominumque desiderant qui se pati nesciunt.* SENEC. Cicéron dit de Scipion: *quæ res quæ languorem afferunt cœteris, Scipionem acuebant, otium & solitudo.* CICER. DE OFFICIIS III.

sirs ils sont faciles à satisfaire; ne peut-il les contenter? le juste prix qu'il sçait mettre aux choses, l'empêche de sentir trop vivement les privations affligeantes pour le commun des mortels; son ame est préparée contre les rigueurs du sort; les événemens ont sur lui moins de prise que sur l'inconsidéré qui ne s'est point mis en garde contre les coups de la fortune.

La philosophie ne peut pas sans doute changer le tempérament ni rendre l'homme impassible, mais du moins elle lui fournit des consolations inconnues de ceux qui n'ont point réfléchi. Si elle n'en fait point un être parfait, elle lui fournit plus qu'à d'autres des motifs pour se rendre meilleur & pour se familiariser avec les accidens de la vie: elle sçait même tourner ses privations à son profit. *Que de choses*, disoit Socrate, *dont je n'ai nul besoin!* Ainsi le vrai philosophe s'applaudit avec raison de ne point dépendre ni des succès incertains, ni des objets que le caprice du sort peut lui ravir à chaque instant; il a droit de se féliciter d'être bien avec lui-même, d'être exempt des desirs incommodes, des besoins in-

---

Qui secum loqui poterit sermonem alterius non requiret. TUSCULAN. V. Cap.

nombrables, des terreurs imaginaires qui tourmentent les ames vulgaires; il trouve par-tout des raisons pour s'accommoder à son état, qu'il juge très-heureux dès qu'il se compare aux autres.

Le philosophe qui met son bonheur à méditer, trouve à tout moment le moyen de jouir; il éprouve à chaque instant des plaisirs inconnus à ces êtres frivoles, pour qui la nature entiere vaguement parcourue est bientôt épuisée. Il porte au dedans de lui-même une source intarissable de plaisirs diversifiés; tout fournit une ample moisson à son esprit. Dans la solitude il se nourrit des provisions que l'univers, le genre humain, & la société lui fournissent incessamment. Enrichi d'une foule d'expériences son esprit se sert de pâture à lui-même. (*) Le passé, le présent, l'avenir l'occupent agréablement; il ne connoît point la langueur; son ame est sans cesse éveillée, agissante, occupée; le monde met sous ses yeux des tableaux aussi étendus que variés; tout le ramene avec plaisir à lui-même.

L'habitude de converser avec soi tend toujours à rendre l'homme meilleur. On ne consent à descendre au fond de son

(*) *Ipse alimenta sibi.*

propre cœur que lorsqu'on est satisfait de l'ordre qui s'y trouve. Les mortels, pour la plupart, sont perpétuellement occupés à s'éviter eux-mêmes; ils cherchent dans les dissipations couteuses, dans les plaisirs bruyans, des diversions aux chagrins qui les rongent, aux passions qui les troublent, aux ennuis qui les dévorent. Socrate avoit raison de dire *qu'une vie sans examen ne peut être appellée une vie.* Connoître la sagesse & pratiquer la philosophie, c'est vivre avec connoissance de cause; c'est multiplier son être; c'est diversifier ses sensations à l'infini; c'est savourer chaque instant de sa durée; c'est se sentir, c'est mettre l'univers dans la balance, c'est apprendre à s'aimer quand on en est vraiment digne, c'est apprendre à se corriger pour mériter d'être bien avec soi; en un mot le philosophe pratique c'est l'homme de bien éclairé. (*)

Heureux, & mille fois heureux celui qui te cultive, ô divine Sagesse! Heureux celui que la nature & la réflexion ont rendu propre à tes célestes entre-

---

(*) *Hic igitur (animus), si est excultus, & si ejus acies ita curata est ut non cœcetur erroribus, fit perfecta mens, id est absoluta ratio; quod est idem ac virtus.* Tusculan. V. Cap.

tiens! Les Muses, si souvent bannies des palais de la Grandeur, ne dédaignent pas sa pauvreté, elles viennent lui faire compagnie dans son humble réduit; il jouit de leurs concerts harmonieux. La Poësie l'échauffe de ses brillantes images, l'Histoire rend présens à ses yeux les hommes qui ne sont plus; la Puissance altiere vient comparoître devant son tribunal équitable; Uranie déscend du Firmament pour lui communiquer ses découvertes; le livre entier de la nature est ouvert à ses yeux; il s'égare avec plaisir dans le dédale du cœur humain; la Politique ne le croit point indigne de ses leçons; la Morale & ses préceptes font son occupation la plus chere; rien ne trouble des plaisirs renaissans & diversifiés. L'homme le plus heureux n'est-il donc pas celui qui peut toujours s'occuper délicieusement? Que manque-t-il au bonheur du Sage si la fortune favorable l'exempte des soins incommodes que l'indigence lui imposeroit? Quel mortel plus heureux si jouissant de l'opulence, il possede un cœur sensible au plaisir de faire des heureux!

L'enthousiasme du Sage est une chaleur douce & vivifiante qui le pénetre & l'échauffe, qui se communique à des ames analogues, & qui s'alimente ainsi de lui-même. S'il opere des changemens sur les esprits de ses concitoyens, ils sont doux, jamais ils ne produisent ces secousses violentes & inconsidérées qui ébranlent ou qui troublent les Empires. Le philosophe n'est point assis sur le trépied comme le fanatique & l'imposteur; il ne rend point d'oracles; il ne cherche point à effrayer ou à séduire comme le prêtre; il ne songe point à exciter des troubles comme l'ambitieux; il ne veut que porter le calme & la paix dans les ames, & les ramener à cette raison paisible dont les institutions des hommes s'efforcent de les éloigner; l'objet de ses desirs est de mériter la gloire; elle ne peut sans injustice être ravie à tous ceux qui les servent utilement.

Voilà l'esprit qui doit guider le philosophe; voilà, comme on l'a dit ailleurs, l'ambition & les motifs qu'il peut avouer sans rougir, & que nul homme sur la terre n'est en droit de blâmer. Pour peu qu'il considere ces erreurs accumulées qui aveuglent les mortels, cette longue chaîne de calamités qui les affligent, son cœur s'attendrit, il en cherche les causes primitives, il en voit les conséquences, il en propose les remedes, & croit faire fon devoir en communiquant fes idées à la fociété dont il eft membre, à laquelle il eft comptable de fes lumieres.

Si le Sage ne peut fe flatter de faire difparoître tout d'un coup les préjugés des hommes, il fe flatte au moins d'en détruire quelques-uns ou de les ébranler peu à peu; s'il ne peut efpérer que fes leçons foient écoutées de fes contemporains, il étendra fes vues fur la poftérité; fi fes concitoyens font fourds à fa voix & s'obftinent à conferver les opinions qui les divifent & qui troublent leurs ames, il parvient au moins à fe procurer à lui-même le calme heureux qu'il ne peut communiquer aux autres. Dégagé de leurs funeftes opinions, il fe met en liberté; il contemple de fang-froid les vains phantômes dont on fe fert pour l'effrayer; il apprécie les efpérances & les craintes qu'on lui montre dans l'avenir; il examine les fondemens de ces notions merveilleufes que la violence s'efforce de faire adopter; enfin il les juge d'après les effets terribles qu'elles produifent en ce monde, d'après le trouble affreux qu'elles portent dans tous les cœurs; il en conclut que c'eft en vain que le genre humain attendroit fon bien-

T 5

être de ces systêmes qui ne font que perpétuer de race en race des extravagances & des désordres.

Le vrai Sage préfere la réalité aux doutes & aux chimeres; son bonheur véritable & présent, à son bonheur idéal & futur; la vertu réelle, aux préceptes souvent nuisibles & toujours contradictoires de ceux qui font parler la Divinité. Telles sont les dispositions du philosophe désabusé des préjugés; tels sont les motifs de ses recherches & les fondemens de ses principes. En un mot tel est l'homme sur qui les calomnies du sacerdoce veulent attirer la vindicte publique. Tel est l'homme qu'elles montrent comme l'ennemi de toute vertu, le destructeur de toute morale, l'apologiste du crime, le défenseur du vice, l'empoisonneur de la société. Si l'on s'en rapporte aux partisans de la religion, ou à ceux qu'on nomme *dévots*, il n'est plus de principes pour quiconque a secoué le joug de la religion, il n'a plus de motifs pour suivre la raison ni pour aimer la vertu; on le défere à la société comme prêt à se livrer à toutes les impulsions d'une nature déréglée, dépourvu de honte & de remors, ne vivant que pour le moment, indifférent au bien public, n'écoutant que ses passions & ne voyant rien de plus important que de les satisfaire au plus tôt. Le vulgaire allarmé de ses écrits, croit qu'auffitôt qu'ils seront lus la femme va se livrer à l'adultere, le fils à la révolte, la fille à la proftitution, le serviteur au larcin, l'ami à la trahison, les concitoyens à la fraude, le peuple au vol & aux assassinats, le Souverain à la tyrannie, les Magistrats à l'iniquité, &c. Mais hélas ! malgré les vaines chimeres dont on se sert par-tout pour effrayer les humains, ces désordres ne subsistent-ils pas ? Voyons-nous que la Religion en impose à tant de gens corrompus que leurs passions sollicitent au mal ? L'autorité suprême, que nous trouvons par-tout revêtue d'un si grand pouvoir, bien loin de contenir les passions des hommes, ne contribue-t-elle pas plus que toute autre cause à les allumer ? Tout ne s'efforce-t-il pas d'étouffer les idées de probité, de décence ? Les déréglemens les plus affreux ne s'autorisent-ils point par l'exemple ? L'opinion publique n'est-elle pas plus forte que la terreur des loix, que la religion même ? Enfin les supplices si cruellement multipliés, sont-ils capables d'en imposer à tant de malheureux que mille causes réunies poussent incessamment au crime ?

Il faut donc chercher des remedes plus réels & plus efficaces à la dépravation humaine que ceux qui jusqu'ici n'ont fait que l'augmenter. Il faut remplacer des opinions fausses par des opinions plus vraies. Les préjugés établis ne paroissent si avantageux à la plupart des hommes que parce qu'ils favorisent leur ignorance, leur paresse naturelle, & les dispensent de chercher & de mettre en jeu des mobiles plus réels qui porteroient à la vertu. On croit que l'on a tout fait pour ses enfans en les rendant religieux; le Souverain se tient assuré de la patience & de l'obéissance de son peuple en le rendant superstitieux; le pere de famille se flatte par le secours de son prêtre de contenir sa femme, ses enfans, ses valets; le Monarque croit par son moyen être déchargé du soin de faire de bonnes loix, de veiller à l'éducation publique, de s'occuper du bonheur de son peuple. Que les Princes éclairés rendent leurs peuples heureux, & ils n'auront aucun besoin de les tenir dans l'ignorance; qu'ils encouragent la vertu, qu'ils la récompensent fidélement, qu'ils punissent le crime, qu'ils ne soient jamais injustes eux-mêmes, & bientôt ils auront des sujets honnêtes, équitables & vertueux. Que les peres ne soient point dissipés & livrés à la débauche ; qu'ils apprennent à leurs enfans les suites des voluptés ; qu'ils leur montrent le libertin languissant sur un grabat ; qu'ils leur fassent voir l'intempérant abruti, méprisé, privé de la santé ; qu'ils montrent à leurs filles la débauche n'osant lever les yeux ; qu'ils donnent à leurs compagnes l'exemple de la fidélité ; que celles-ci, meres actives & soigneuses, donnent à leurs filles l'exemple d'une vie réglée & occupée ; que tout conspire dans les familles à rendre la probité, la décence, la vertu respectables, & bientôt l'on reconnoîtra l'inutilité des chimeres pour contenir les hommes ; l'on sentira l'efficacité d'une morale réduite en pratique & rendue habituelle ; l'on cessera de regarder les leçons de la philosophie comme destructives des bonnes mœurs, & le philosophe comme l'ennemi de la vertu.

La vraie philosophie, comme on l'a si souvent répété, ne fait divorce avec la religion que parce qu'elle la trouve contraire aux intérêts du genre humain ; elle seroit une pure frénésie, si elle se privoit des secours d'un mobile vraiment capable de rendre les leçons de la Sagesse plus fortes sur les hommes. Quoi! est-ce donc au fanatique zêlé & si souvent cruel qu'il appartient de reprocher son enthousiasme au philosophe qui ne prêche que l'indulgence & l'union? De quel droit le superstitieux mélancolique & chagrin ose-t-il accuser de misantropie celui qui ne cherche qu'à rendre les mortels amis les uns des autres? Le dévot exalté & toujours dans l'ivresse est-il fait pour blâmer l'homme qui prétend établir le calme dans tous les cœurs? Le Sacerdoce ambitieux, décisif & toujours opiniâtre, est-il bien autorisé à taxer d'orgueil le Sage qui propose modestement ses vues, qui les soumet à l'examen, qui toujours invite à l'expérience, en un mot qui ne reconnoît d'autorité que celle de l'évidence? Cette religion depuis tant de siecles en possession de faire égorger des nations entieres, a-t-elle des raisons pour craindre les triomphes de la sagesse dont les disciples furent toujours les victimes de ses fureurs & de ses vengeances? Enfin ces mauvais Princes, dont les exemples & les violences continuelles rendent tant de peuples infortunés & vicieux, sont-ils en droit d'accuser la philosophie d'énerver le courage & de corrompre les mœurs? Ne sont-ce point plutôt leurs vices, leurs iniquités, leurs négligences qui découragent leurs sujets, qui les rendent méchans, qui les forcent au crime? N'est-ce pas le fanatisme religieux qui seul s'arroge le droit de les soulever, de les enivrer, de leur mettre en main le couteau régicide?

Malgré ces inconséquences, nous voyons la superstition, si souvent meurtriere, honorée, récompensée, & la philosophie proscrite & calomniée; ses disciples sont regardés comme des séditieux, comme des pestes publiques, comme des frénétiques dont le projet est d'anéantir toute vertu, de lâcher la bride aux passions, de troubler le repos des nations, & de sapper les fondemens de l'autorité. Ainsi l'on appelle destructeurs de la vertu ceux qui veulent la substituer à ces vertus inutiles & insensées que la religion préfere à l'humanité, à l'indulgence, à la grandeur d'ame, à l'activité! L'on accuse de corrompre les mœurs, des hommes qui ne connoissent d'autre religion que la morale! On traite de perturbateurs des spéculateurs paisibles qui gémissent des troubles, des désordres & des ravages que des zélés turbulens excitent en tout pays! On regarde comme les ennemis des trônes ceux qui voudroient mettre les Souverains à couvert des attentats du fanatisme, & fonder leur pouvoir sur les loix, sur l'équité, la bonté, la raison, & sur l'amour des peuples!

Par quelle étrange fatalité ne peut-on être approuvé des hommes qu'en nourrissant leurs préjugés, en flattant leurs tyrans, en secondant les vues sinistres de tous ceux qui les écrasent? Jusqu'à quand les mortels regarderont-ils comme leurs amis ceux qui ne font qu'encourager leurs oppresseurs & consolider leurs chaînes? C'est ainsi que les nations sont pour ainsi dire de moitié dans les maux qu'on leur fait; c'est ainsi que les ames les plus honnêtes se laissent quelquefois prévenir contre la philosophie, par les suggestions du sacerdoce intéressé, des fauteurs de la tyrannie, des adhérens de l'iniquité, en un mot de tous ceux que leurs passions rendent les ennemis de la sagesse & les persécuteurs de la vérité.

Le dévot ne peut contempler sans colere la sécurité de ceux qui ne tremblent point comme lui; il s'irrite en voyant qu'ils ont mis sous leurs pieds des terreurs qui, sans le rendre meilleur, le font frissonner lui-même; il craint d'être un objet

jet de rifée pour le Sage qu'il voit moins pufillanime & plus éclairé que lui; d'ailleurs tout fuperftitieux fe croit obligé de montrer de l'ardeur dans la caufe de fon Dieu, il fe perfuade que ce Dieu peut avoir des ennemis, & que c'eft le fervir, que de les décrier, les calomnier, les détruire. En conféquence il fe croit tout permis contre eux; la fraude, le menfonge, l'injuftice, l'inhumanité deviennent des moyens légitimes de nuire quand on les emploie dans la caufe du Très-Haut.

Tels font les hommes par lefquels en tout tems la philofophie fut décriée, & dont le public eut la foibleffe de partager les paffions; la fuperftition & la tyrannie furent toujours affez habiles pour fe faire appuyer de ceux-mêmes qu'elles écraferent. Ainfi dans l'opinion publique le nom de philofophe devint fouvent le fynonyme de débauché, d'homme fans mœurs, fans probité, fans loi; & même d'un fou méprifable dont les méditations avoient troublé le cerveau, ou d'un féditieux dont l'infolence devoit être étouffée dans fon fang. Les hypocrites, les fuperftitieux & les flatteurs, toujours lâches, & par conféquent cruels, font pour l'ordinaire implacables &

privés d'indulgence; leurs passions diverses s'enveniment au contraire par l'approbation d'un Dieu, qui sert à les justifier & à les rendre plus fortes. L'homme donnera toujours un libre cours à ses passions toutes les fois qu'il se persuadera qu'elles sont approuvées par son Dieu.

La moindre réflexion suffiroit néanmoins pour rendre suspectes les idées sinistres que l'imposture ou la calomnie s'efforcent d'inspirer contre les philosophes; nous les avons déja suffisamment distingués de ces libertins vicieux qui se vantent de professer la sagesse lors même qu'ils l'outragent par leurs mœurs ou leurs écrits; nous n'entreprenons donc l'apologie que de ceux qui brûlans d'un amour sincere de la vérité & du desir de se rendre utiles ont pesé des opinions & combattu des préjugés qu'ils ont trouvé nuisibles. C'est sur l'alliage monstrueux que l'on a prétendu faire de la morale avec la religion que sont fondés les reproches & les imputations calomnieuses que l'on vomit sans cesse contre la philosophie; l'on a cru que ce mélange ridicule ne pouvoit plus se séparer; on s'est imaginé que le mensonge & la folie ne pouvoient sans danger être détachés de la sagesse & de la vérité, dégradées par cette union. Quoi donc! parce que la théologie est une science imaginaire ou l'ouvrage de l'enthousiasme & de l'imposture, s'ensuit-il que la morale, fondée sur la nature de l'homme, ne soit comme elle qu'un science idéale? Celui qui ne croit pas des chimeres, qui ne s'occupe point l'esprit de vaines conjectures, qui refuse de se soumettre à des pratiques, déraisonnables, qui rejette avec horreur des préceptes nuisibles au bien-être des humains, peut-il refuser de croire qu'il est homme, qu'il vit sur la terre, qu'il a des associés utiles à son bonheur, dont il est intéressé de mériter la bienveillance & de cultiver l'affection? Celui qui refuse d'admettre ces prétendues révélations, ces oracles obscurs qu'on lui annonce comme émanés du ciel, ces mysteres inintelligibles pour ceux-mêmes qui les font adorer, est-il en droit de mépriser cette révélation que la nature fait à tout être intelligent? Parce qu'un homme dédaigne des cérémonies puériles & bizarres, des questions inutiles ou dangereuses, s'ensuit-il qu'il doive se mettre au dessus des loix de la décence, des régles de la pudeur, des préceptes de la vertu?

De ce qu'il ose fermer les yeux sur un avenir impénétrable pour ne s'occuper que de son bonheur présent, en conclura-t-il qu'il peut se livrer ici-bas à une intempérance destructive, à des penchans qui rendroient son existence incommode, à des vices & des crimes qui le dégraderoient, ou le feroient détester de ses Concitoyens? (*)

Non, il n'est point de liaison entre un acquiescement stupide à des fables, & l'obéissance éclairée, respectueuse, raisonnée que tout être pensant doit aux loix évidentes, aux vérités saintes, aux préceptes si clairs de la nature. Elle nous dira toujours que pour être heureux il faut que l'homme se conserve lui-même, & que par sa conduite il détermine les autres à seconder ses vues. Voilà le précis de toute morale; c'est à cela que se réduisent les dogmes de la raison, si souvent obscurcis ou contredits par la religion. En suivant cette régle le Sage est assuré d'être heureux dans ce mon-

---

(*) *Quid de officio? num quis Haruspicem consuluit quemadmodum sit cum parentibus, cum fratribus, cum amicis vivendum? quemadmodum utendum pecuniâ? quemadmodum honore? quemadmodum Imperio? ad Sapientes hæc, non ad DIVINOS referri solent.*

CICERO DE DIVINAT. LIB. 2. Cap.

de, quel que puisse être son destin dans un autre.

La superstition s'est tellement emparée de l'esprit humain, s'est tellement identifiée avec l'homme, qu'il sembleroit que tous ceux qui s'en séparent cessent d'être des hommes, sont des êtres dénaturés, & perdent tout droit aux avantages de la société. Par-tout la philosophie est proscrite; exclue de l'éducation publique, de la faveur & de la présence des Rois, de l'amitié des Grands, elle vit isolée, elle languit dans les mépris, elle ne parle qu'à des sourds ou à des insensés. Les droits de la raison par une longue prescription sont tombés dans un tel oubli, que l'on se moque de tous ceux qui veulent les faire revivre, & que l'on regarde comme des Tribuns rebelles ceux qui ont le courage de réclamer pour elle un empire usurpé par l'erreur. Penser librement, ou être en démence sont réputés la même chose; parler ou écrire avec liberté, passe pour un excès d'audace, qui mérite les châtimens les plus sévères. Tout homme qui prend en main la cause de la vérité n'a d'autre récompense en ce monde que la conscience d'avoir bien fait; s'il se tire de son obscurité il doit s'attendre à être accablé sous les traits de l'envie, du mépris, de la satire, de la calomnie, de la haine puissante; sa mort même, loin de toucher, n'est regardée que comme un juste salaire de son imprudente folie. Ainsi le philosophe doit consentir à croupir dans l'oubli, à ramper dans l'indigence, à vivre dans l'inutilité, ou bien s'il ose élever sa voix dans la foule, il ne doit espérer que des prisons, des fers, des supplices infamans.

Que dis-je! la tyrannie attaque souvent la philosophie jusque dans l'obscurité qui sembloit la dérober à ses fureurs. Il n'est presque point de contrée sur la terre où il soit permis à l'homme de penser avec liberté. La superstition s'arroge le droit de fouiller dans la pensée; le despotisme ombrageux punit jusqu'aux paroles; le vulgaire, qui n'a jamais que les impressions qu'on lui donne, regarde avec colère tous ceux qui ne sont point aussi stupides que lui. Par-tout la liberté de penser nuit à la fortune & au repos; dans les pays qui se vantent d'être les plus libres le préjugé est assez puissant pour punir quiconque s'écarte des opinions reçues. Voilà sans doute la cause de la lenteur des progrès que fait la vérité; voilà pourquoi les nations ont tant de peine à perfectionner leur sort ; voilà pourquoi les principes de la morale ne sont ni connus ni suivis. Il n'y a que la liberté de penser, de parler & d'écrire, qui puisse éclairer les nations, les guérir de leurs préjugés, faire disparoître leurs abus, réformer leurs mœurs, perfectionner leurs gouvernemens, assurer les Empires, faire fleurir les sciences, porter les hommes à la vertu.

Ainsi le vrai Philosophe n'est point un homme à craindre, l'ami de la vérité n'est point l'ennemi du genre humain. L'ennemi de la tyrannie est l'ami du pouvoir légitime, des loix équitables, des institutions raisonnables. Celui qui hait le despotisme est bien plus l'ami des Princes que les flatteurs qui les trompent. Celui qui combat les préjugés des Grands n'est point l'ennemi de la grandeur éclairée, noble, bienfaisante, utile à son pays. L'ennemi d'un fanatisme odieux n'est point un rebelle, un régicide, un perturbateur de la société. Celui qui décrie les vertus inutiles & fictives de la religion, respecte & recommande les vertus réelles nécessaires au bien-être des humains. Celui qui se dégage des idées fausses du vulgaire, travaille du moins à son propre bonheur.

CHAPITRE XIII.

Des vraies causes de l'inefficacité de la Philosophie. La vraie Morale est incompatible avec les préjugés des hommes.

DE toutes les accusations que l'ignorance & la mauvaise foi intentent contre les philosophes, il n'en est point de plus grave & de plus mal fondée que celle qui les taxe d'une volonté permanente de détruire sans jamais édifier; c'est à cette imputation, que des personnes, même bien intentionnées, font souvent à la philosophie, qu'il est important de répondre, afin que la vérité n'ait plus pour adversaires que ceux qui auront le courage de se déclarer hautement les ennemis du genre humain, les défenseurs du mensonge, les soutiens des erreurs humaines. Quoique nous ayons déjà en partie répondu à cette difficulté, il est nécessaire de s'y arrêter encore.

L'on accuse la philosophie de tout *fronder*, de tout blâmer, de n'être contente de rien, de n'être de l'avis de personne, de faire main-basse sur tout ce que l'opinion & l'habitude rendent le plus respectable aux hommes. Nous avons déjà prouvé que ses mécontentemens sont légitimes & fondés; nous avons fait sentir que tout homme qui pense & qui s'intéresse au bonheur de ses semblables ne peut voir sans douleur, sans indignation, sans colere, les fatales erreurs que l'imposture fait sucer avec le lait; le poison dont le fanatisme infecte les peuples; l'ignorance profonde dans laquelle la superstition les nourrit; le renoncement à la raison dont elle leur fait un devoir; cette abjection d'ame qu'elle transforme en vertu; cette léthargie stupide dans laquelle par ses soins les nations sont par-tout plongées; enfin ces frénésies cruelles & sanguinaires qu'elle excite partout où elle fait éclorre ses dangereuses querelles. Tout citoyen qui gémit sous l'oppression, qui se voit la victime impuissante du pouvoir, de l'injustice & des mépris de la rapacité d'un gouvernement inique, n'est-il point forcé de maudire les indignes préjugés qui font naître & qui soutiennent ces abus si crians? N'est-il pas tenté d'examiner les titres & les droits prétendus de tant de monstres divinisés, de ces courtisans insolens, de ces esclaves qui se croient formés d'une argile plus pure, de tant de malfaiteurs que l'opulence ou la faveur font jouir impunément de la faculté de fouler & d'écraser leurs malheureux concitoyens? Tout homme qui raisonne n'est-il pas consterné en voyant ces guerres inutiles & fréquentes qui dépeuplent le monde? N'est-il pas choqué des usages barbares, des loix absurdes, des abus sans nombre & souvent si cruels, des opinions insensées qu'il voit regner sur la terre? Enfin tout homme qui prend quelque interêt au sort de son espece a-t-il tort d'être mécontent d'une religion ennemie, qui ne semble inventée que pour fournir à des Princes en délire les moyens d'accabler les nations, de faire taire l'équité, de violer sans risque les loix de la raison? Est-il donc possible à un être qui sent & qui pense de voir sans émotion les droits de l'homme par-tout impudemment outragés, le bonheur des peuples trahi & sacrifié, la justice immolée au caprice d'un petit nombre de mortels, qui n'apportent d'autres titres que ceux que leur donnent l'ignorance, les préjugés, la stupidité? Il faut avoir un cœur d'airain ou une ame de boue pour contempler les cruautés & les folies dont les hommes sont les victimes, sans en être attendri,

PRÉJUGÉS. Chap. XIII.

Il n'y a que des monstres dénaturés par l'erreur ou par l'intérêt, qui puissent avouer que les maux de l'humanité ne sont pas faits pour les toucher; le Sage vertueux est un homme; il trouve que tout ce qui intéresse l'homme a des droits sur son cœur. (*)

Les mécontentemens d'un cœur honnête sont donc très-légitimes & très-fondés; tout homme qui ne s'est point dépouillé de tout sentiment d'humanité doit verser des larmes sur les maux de son espece, & s'occuper, s'il le peut, des moyens d'en écarter les causes; indiquer la cause du mal & laisser agir la nature est le seul moyen que la vérité doive employer; ce n'est qu'à l'imposture irritée qu'il appartient d'aiguiser des poignards, d'exciter des tumultes, de se venger par des trahisons & des crimes. La vertu opprimée se contente de gémir & ses plaintes sont rarement écoutées. Dans ce cas, nous dira-t-on peut-être, à quoi sert de se plaindre? Hélas! n'est-ce donc pas une consolation pour les infortunés que de s'entretenir de leurs peines? Il n'y a que les bourreaux impitoyables du genre humain qui puissent avoir l'in-

---

(*) *Homo sum; humani nihil à me alienum puto.* Terent. Heautontim. Act. I. Scen. I.

justice de s'irriter des soupirs & de punir les cris qu'ils arrachent aux mortels; le dernier dégré de barbarie, c'est d'étouffer les gémissemens des misérables que l'on tourmente. Si l'humanité exige que l'on plaigne les malheureux, la justice demande que l'on réclame pour eux, & que l'on ruine les erreurs d'où partent tous leurs maux. Pour les soulager il ne s'agit que de dissiper le mensonge, & bientôt l'on verra paroître la vérité; l'édifice dont les hommes ont besoin, le sanctuaire & l'azile où ils trouveront la fin de leurs miseres, a toujours subsisté; pour que nos yeux le découvrent, il suffit de lever le voile dont l'imposture & le prestige s'efforcent de l'environner.

Il est en effet un monument aussi vieux que le monde; les âges n'ont point endommagé sa solidité; sa beauté ne dépend point des caprices & des conventions des hommes, elle est faite pour frapper en tout tems les yeux qui voudront la considérer; sa simplicité fit souvent méconnoître son mérite, il parut trop uniforme à des yeux dépravés; mais la justesse de ses proportions, l'heureux accord de ses parties, la majesté de son ensemble, l'étendue de son utilité feront toujours l'admiration de tous ceux qui s'arrêteront pour le contempler. Que l'on détruise le temple gothique de la superstition; que l'on brise ces ornemens inutiles & sans goût qui menacent nos têtes; que l'on fasse disparoître ces ténebres qui couvrent notre entendement, & bientôt nous verrons le temple de la nature que celui des chimeres déroboit à nos regards; son sanctuaire éclairé est ouvert à tous les hommes; le Souverain qui commande & le sujet qui obéit, le philosophe qui médite & le cultivateur qui travaille, peuvent également y venir consulter la vérité; elle leur parle à tous une langue intelligible, elle leur donne des leçons proportionnées à leurs besoins; elle n'annonce point de mysteres, elle ne s'enveloppe point d'allégories, elle n'est point entourée du cortége de la terreur, elle n'enivre point les mortels d'espérances chimériques; elle leur montre ce qu'ils sont, elle les instruit de leurs vrais intérêts, elle leur apprend à s'aimer, à travailler à leur propre bonheur; elle leur prouve que ce bonheur par des chaînes indestructibles est lié à celui de leurs semblables; ceux qui refusent de l'entendre sont malheureux dès lors; ceux qui suivent ses loix sont immédiatement heureux ; la nécessité punit & récompense pour elle ; la haine, les mépris, la honte, les remors, le vertige vengent les outrages qu'on lui fait ; la tendresse, l'estime, la gloire & le contentement intérieur sont les récompenses assurées de ceux qui s'attachent à son culte. Les Souverains qui la consultent ont des Empires heureux, florissans & puissans ; ceux qui refusent de l'écouter n'ont qu'un pouvoir précaire, fondé sur l'opinion & ne régnent que sur des Etats malheureux : les sociétés dociles à sa voix ont de l'activité, des talens, des vertus ; celles qui la dédaignent sont sans lumieres, sans principes, & sans mœurs.

Si tant d'hommes méconnoissent les devoirs que la nature leur impose, c'est que tout contribue à les défigurer, à les rendre douteux. La religion a toujours pour principe de combattre la nature, d'anéantir des passions nécessaires, d'avilir la raison, de lutter contre l'évidence, de lui opposer sous le nom de *vérités divines* des dogmes inintelligibles, des mysteres impénétrables, des préceptes incompatibles avec le bonheur des humains. La politique ne combat pas moins cette nature, elle contredit évidemment le but de la société, l'ordre éternel des choses; elle n'a pour objet que d'ôter à l'homme sa liberté naturelle, d'envahir sa propriété, de soumettre ses desirs aux fantaisies de ceux qui le gouvernent & qui trop souvent l'invitent à être vicieux & méchant. La nature est pareillement contrariée par la loi; elle n'est trop communément que la nature de l'homme soumise à la violence & forcée de plier sous le joug du caprice & de l'iniquité puissante. Enfin la nature est étouffée dès le berceau par l'éducation, dont le but ne semble être que de remplir l'esprit de préjugés propres à lui rendre chers l'aveuglement, le fanatisme, la servitude; ou à faire adopter tous les vices sans lesquels on ne peut réussir dans des sociétés corrompues.

Ainsi tout concourt à empêcher l'homme de s'éclairer, de se connoître, de sentir ses rapports, de consulter sa raison, de travailler à sa félicité propre, & de voir qu'elle est liée à celle de ses associés. C'est pourtant de cette connoissance que dépend toute la morale, & c'est à la morale que le bien des sociétés, des Princes qui les commandent, sera toujours nécessairement attaché.

Si la religion & le gouvernement s'accordent par-tout à faire des sujets stupides, ils deviendront corrompus; si les mobiles les plus forts obligent sans cesse les hommes à craindre la vérité, à suivre le torrent du préjugé, à se conformer à l'usage en dépit de la raison, à vivre dans une guerre perpétuelle avec leur propre nature, à résister à l'expérience, à fermer les yeux aux lumieres les plus frappantes, comment veut-on qu'ils ayent des idées de morale? Si les honneurs & les récompenses sont partout réservés à la bassesse, à l'incapacité, au hazard de la naissance, à l'opulence injustement acquise; si l'homme ne peut se promettre de parvenir au bien-être sans immoler sa vertu; si cette vertu n'est elle-même qu'un sacrifice douloureux de ses intérêts les plus chers; si par-tout les talens, l'activité, la grandeur d'ame, la noblesse des sentimens sont réprimés ou punis; quel succès peut-on attendre des préceptes incommodes d'une morale qui mis en pratique empêcheroient d'obtenir les avantages que l'on montre à tous les mortels comme dignes de leurs efforts? Comment leur faire entendre qu'ils doivent être humains, indulgens, modérés, tandis que leurs prêtres leurs diront d'être zélés,

lés, opiniâtres, ennemis de leur propre repos & de celui des autres ? Comment leur perfuader qu'ils doivent être équitables, finceres, défintéreffés, lorsque l'exemple & l'éducation leur feront fentir qu'il ne peut y avoir de bonheur pour eux s'ils n'obtiennent la faculté d'opprimer, & de s'enrichir par toutes fortes de moyens ? Enfin comment les convaincre que la vertu eft un bien lorfqu'ils la verront fans ceffe négligée, méprifée, perfécutée ? Les hommes ne feront vertueux que lorfqu'ils trouveront qu'il eft utile de l'être; ils ne fentiront cet intérêt que lorfqu'ils auront des lumieres, ils ne feront éclairés que lorfqu'ils cefferont d'être des efclaves du Defpotifme & de la Superftition.

Rien de plus évident & de mieux prouvé que l'incompatibilité de la morale avec les principes religieux & politiques des hommes. Sous des Dieux injuftes annoncés par des Prêtres menteurs; fous des chefs licentieux & méchans, les fujets ne feront jamais ni vertueux ni heureux. La morale eft forcée de rompre pour toujours avec la religion & la politique. En vain les Tyrans & les Prêtres fe donnent-ils pour les protecteurs & les apôtres de la vertu; elle ne peut s'accommoder ni des caprices des uns ni des impostures des autres. Elle ne peut approuver le trafic honteux des expiations que le sacerdoce établit entre le ciel & la terre: elle ne peut se prêter aux vues ni de ces imposteurs qui mettent leurs mensonges à la place de la vérité, ni de ces tyrans qui substituent leurs volontés aux loix de la nature & aux intérêts de la société.

Ainsi la morale est forcée de renoncer à la faveur de ces hommes pervers, qui ne se servent de son nom que pour attirer les mortels dans leurs piéges dangereux. Elle choisit pour ses interprêtes & ses ministres des hommes plus honnêtes, qui, après avoir médité la vérité, ont le courage de l'annoncer aux autres. Par-là il s'établit deux religions dans les sociétés civilisées; l'une ne s'occupe que de phantômes, & ne cherche qu'à plonger ses disciples dans l'avauglement, l'autre s'occupe de l'étude de la nature, & du soin de guérir les esprits des plaies que des puissances rivales ne font qu'envenimer sans cesse. L'une défend à l'homme de penser; l'autre lui dit de faire des expériences, de travailler sans relâche à rendre son sort plus doux. L'une lui défend de consulter la raison; l'autre le ramene toujours aux autels de cette raison injustement dédaignée, qui seule peut lui procurer de vrais biens. Les apôtres de l'une fondent leur mission sur des prestiges, des mensonges & des merveilles qu'ils défendent d'examiner; les apôtres de l'autre fondent la leur sur l'expérience & recommandent de tout examiner. Les uns employent la violence & les menaces pour établir leurs opinions; les autres se servent de la persuasion & cherchent à attendrir l'homme sur sa propre situation. Les uns portent le trouble dans la société & la terreur dans les ames; les autres font des efforts pour y porter la sérénité, la concorde & la paix. Enfin les uns prêchent une morale humaine, les autres annoncent une morale surnaturelle, mystique, obscure, contradictoire, impossible à pratiquer.

L'on ne manquera pas de reprocher à la morale philosophique son peu d'efficacité & le peu de fruit qu'elle a produit jusqu'ici: nous en conviendrons sans peine, mais nous dirons que cette inefficacité n'est due qu'aux obstacles insurmontables que la vérité rencontre de toutes parts, aux traverses & aux persécutions qu'on lui suscite, au mépris que l'on montre à la philosophie & à tous ceux qui l'annoncent. La superstition, le mensonge & le préjugé sont de longue main en possession de l'esprit des hommes, ils enseignent hautement tandis que la vérité ne peut donner des leçons qu'à la dérobée, & n'ose jamais élever sa voix contre les menaces imposantes du Despotisme & du Sacerdoce. D'ailleurs, comme on a vu, le philosophe lui-même, soit effrayé de la puissance du mensonge, soit imbu en partie des préjugés régnans, n'ose ni les attaquer de front ni rompre totalement avec eux. La plupart des écrivains rebutés de la variété & de la multiplicité des vices & des maux du genre humain n'ont point tenté de remonter à leurs vraies causes ou bien ils ont jugé qu'il seroit inutile de vouloir les combattre; d'autres étonnés des différentes formes sous lesquelles les vices se masquent, ont désespéré de les découvrir, ils ont regardé l'homme comme une énigme, & les peuples comme destinés à languir à jamais dans l'erreur.

Nous avons assez prouvé que c'est dans les préjugés qu'il faut chercher la vraie cause du peu de progrès des lumieres & sur-tout de la morale. (*) Des philoso-

(*) V. Chapitre VI.

phes furent jadis les législateurs des peuples, les instituteurs des Princes & des héros. Dans les tems glorieux de la Grece & de Rome, les hommes destinés à gouverner l'Etat, à défendre la patrie, à l'aider de leurs conseils, alloient chercher les leçons de la sagesse dans les écoles des Sages. C'est de là qu'on vit sortir des Xénophons, des Epaminondas, des Cicérons; on n'accusoit point alors l'étude de la philosophie de détacher le Citoyen de son pays, de le refroidir sur ses devoirs, de le rendre incapable des objets dignes de l'ambition. Des Princes, des Généraux, des Consuls, des Sénateurs puisoient dans la philosophie, maintenant si dédaignée, les maximes nécessaires à l'administration publique. Les Rois eux-mêmes honoroient cette philosophie, l'invitoient à leurs Cours, se faisoient gloire de devenir les disciples des Sages, & ne rougissoient point d'apprendre d'eux l'art pénible de régner. Par un effet de la barbarie de nos gouvernemens modernes, toujours armés, toujours féroces & superstitieux, l'ignorance est l'appanage de la grandeur; la naissance & les titres donnent le droit exclusif d'approcher de la personne des Rois; ce n'est qu'à des ignorans illustres qu'il est permis d'élever les mortels destinés à commander aux autres; des Prêtres fanatiques ont seuls droit de les instruire; des Grands dépourvus de lumieres, des Courtisans intéressés à corrompre leurs maîtres sont chargés d'entretenir & de former le cœur des Princes que le sort destine à gouverner des Empires. Est-il donc surprenant de voir si souvent les maîtres de la terre privés de sentimens, de grandeur d'ame, de talens ? (*) Les peuples gémissent de race en race sous des Prin-

(*) Agrippine ne vouloit pas qu'on instruisît Néron dans la Philosophie. *A philosophiâ eum mater avertit, monens imperaturo contrariam esse.* Sa mere fut la premiere victime de son ignorance; il fut superstitieux, il fut un grand Musicien, il fut un odieux Empereur. Les plus grands hommes d'Etat ont eu des idées bien différentes de la Philosophie; mais pour l'aimer il faut être éclairé & animé de l'amour du bien public, passion trop grande pour des ames rétrécies. Voici comme un homme d'Etat, qui avoit été ministre du plus grand Empire du monde, s'exprime en parlant à la philosophie. *O vita Philosophia dux ! ô virtutis indagatrix expultrixque vitiorum! quid non modo nos, sed omnino vita hominum sine te esse potuisset?.... tu inventrix Legum; tu magistra morum & disciplinæ fuisti: ad te confugimus, à te opem petimus........ at philosophia quidem tantum abest ut perinde ac de hominum vita est merita laudetur, ut à plerisque neglecta, à multis etiam vituperetur. Vituperari quisquam vita parentem, & hoc parricidio se inquinare audet!* CICERO TUSCULAN. V.

ces à qui l'orgueil de l'étiquette, le faste, la prodigalité tiennent lieu de gloire; à qui une superstition servile tient lieu de vertu.

Ainsi par la folie des préjugés la sagesse est écartée du Trône; des Courtisans abjects, des Prêtres insensés ou trompeurs, des Grands qui se font gloire de leur stupidité, forment autour du Souverain une épaisse muraille que la voix de la vérité ne peut jamais percer. Si par hazard les plaintes de la raison pénetrent jusqu'à lui, bientôt on lui persuade que ces plaintes les plus légitimes sont des cris séditieux; que tout homme qui pense est un rebelle, un ennemi du pouvoir, un mauvais citoyen; qu'il faut le châtier dès qu'il ose parler, ou qu'il n'est destiné qu'à languir dans l'obscurité. C'est ainsi que le Prince apprend dès son enfance à mépriser ou à haïr la raison qui pourroit l'éclairer. C'est ainsi que les nations deviennent les jouets de quelques hommes livrés à l'erreur pour toujours, & que la vérité ne peut jamais détromper.

Par une suite de l'importance fatale que les Souverains & les peuples attachent à la religion, ses ministres sont partout chargés du soin d'élever la jeunesse

& d'instruire les citoyens. Ces hommes mercénaires leur enseignent-ils la sagesse? Leur montrent-ils leurs vrais rapports? En font-ils des Peres, des Epoux, des Amis, des Sujets actifs, des Citoyens vertueux? Non, ils en font ou des esclaves abjects de la tyrannie religieuse, ou des fanatiques remuans prêts à tout entreprendre pour elle, de pieux inutiles, des ignorans entêtés & déraisonnables, des hypocrites intriguans, factieux & rebelles quand il s'agit de leurs prêtres; en un mot des insensés souvent aussi nuisibles à eux-mêmes qu'à la société. Qu'apprend-on dans les écoles de ces maîtres vénérables, qui remplacent parmi nous les Sages d'Athènes & de Rome? A la philosophie ils ont substitué un jargon barbare que l'on peut définir l'art de déraisonner par système, & d'obscurcir les vérités les plus claires; leurs écoles sont des arsenaux dans lesquels on arme l'esprit au point de le mettre à l'épreuve de toutes les attaques de la raison. L'éducation & les instructions que le Sacerdoce donne à des citoyens se bornent à leur dire ce qu'ils doivent aveuglément croire, sans jamais leur indiquer comment ils doivent agir & pour eux-mêmes & pour la patrie. Des dogmes, des fables, des mysteres, des pratiques, des cérémonies ridicules absorbent l'attention des peuples; on leur inspire un attachement imbécille pour ces importantes folies, & la haine la plus cruelle ou le mépris le plus injuste contre tous ceux qui ne partagent point leur délire.

Ainsi l'instruction sacerdotale, au lieu de développer la raison, ne fait que l'écraser dans son germe; au lieu d'exciter l'esprit à la recherche de la vérité, elle l'égare dans des chemins tortueux qui n'y conduisent jamais; au lieu d'enseigner une morale humaine & sociable, elle rend l'homme haineux, intolérant, cruel; au lieu de déployer l'énergie & l'activité de l'ame, elle la plonge dans la langueur, elle rétrécit le génie, elle met des entraves à l'esprit, elle le détourne de la science, elle l'intimide, elle étouffe en lui le desir de la gloire, elle lui ôte le courage de s'élever aux grandes choses. En un mot elle persuade que le moyen le plus sûr d'obtenir le bien-être est de ramper, de se laisser guider, de gémir, de prier, de ne rien entreprendre d'utile à la Patrie. D'ailleurs, est-il une patrie en ce monde pour le superstitieux? & peut-il y en avoir une pour l'esclave dont le pays n'est pour lui qu'une prison incommode ?

Quelle peut être la morale d'un être ainsi dépravé ? Il ne connoît d'autres vertus que celles qui conviennent aux intérêts de son Prêtre; celui-ci lui fait entendre que sa nature est essentiellement corrompue; il lui fait un mérite de sa profonde déraison; il lui dit d'attendre dans l'autre monde la récompense de son inutilité en celui-ci; il l'applaudit de son ignorance soumise, de l'abjection de son ame, de sa haine pour la vérité, & quand il lui a fait remplir quelques pratiques futiles & des devoirs imaginaires, il l'assûre que sa conduite est agréable aux yeux d'une Divinité pour laquelle il a pris soin de lui inspirer une crainte servile capable d'anéantir en lui tous les sentimens nécessaires à son bonheur ici-bas. D'où l'on voit que la religion ne fait point connoître à l'homme sa nature véritable; elle le jette dans l'abattement, elle le rend méprisable à ses propres yeux, elle brise le ressort de son ame; elle ne lui présente que des motifs imaginaires, elle ne lui offre que des phantômes, & jamais des réalités !

La législation suppose pareillement la

nature humaine essentiellement dépravée, tandis que c'est visiblement la négligence & la perversité de ceux qui donnent des loix aux hommes qui les rendent injustes, ambitieux, avares, envieux, dissimulés, vains, fourbes & vicieux. Les Souverains n'employent pour l'ordinaire les mobiles qu'ils ont en main que pour inviter quelques citoyens qu'ils favorisent ou qui leur sont nécessaires, à les seconder dans le projet d'opprimer & de contenir les autres: la bassesse, la flatterie, la complaisance sont les uniques moyens de réussir auprès d'eux, & leurs loix ne sont que des entraves incommodes qui obligent le grand nombre à être le témoin tranquile du bien-être de ceux qui vivent de ses malheurs. La nécessité, le besoin, l'indigence forcent le malheureux d'éluder ou de violer ouvertement la loi qui le retient dans la misere; il se permet le vol, la rapine, la fraude, & n'écoute point une morale contraire à ses intérêts que la nécessité la plus urgente le force souvent à mépriser; poussé par sa démence ou ses besoins il brave tout & s'expose à la mort dans la guerre qu'il fait à la société.

Telles sont les idées fausses que la religion & la politique se font de l'homme;

tels sont les motifs qu'elles mettent en jeu pour le forcer d'agir : cependant pour peu qu'on l'envisage sans préjugé, on trouvera qu'il n'est par lui-même ni bon ni méchant ; ses vices & ses vertus sont les suites de son tempérament modifié par la culture ; son esprit est un terrein qui produit en raison des semences qu'on y jette ; il est susceptible de recevoir toutes les impressions, les idées, les opinions qu'on lui donne : c'est l'habitude qui le familiarise avec ses notions vraies ou fausses ; ses vices ou ses vertus, les objets réels ou fictifs de ses passions diverses (*), l'âge, l'exemple, l'autorité ne font que le confirmer dans sa conduite, cimenter ses habitudes, les changer en besoins : s'il est une fois trompé dans ses principes, s'il s'est fait de fausses idées du bonheur, s'il place son intérêt dans des objets nuisibles, c'est-à-dire, qu'il ne peut se procurer sans se nuire à lui-même & à ses pareils, il faut que sa conduite soit mauvaise, elle n'est plus qu'un tissu d'éga-

---

(*) *Erras si existimas vitia nobiscum nasci; supervenerunt, ingesta sunt.*

SENEC. EPIST. 91, 95, 124.

Les Loix sont communément assez attentives à punir les crimes, mais ceux qui font les Loix ne s'occupent nullement du soin de les prévenir.

remens : cette conduite eût été bonne, louable, vertueuse, si dans ce terrein, propre à tout recevoir, l'on eût semé de bonne-heure la vérité, la raison, la grandeur d'ame, la passion d'être utile, la bienfaisance, la justice, l'humanité. Ces semences eussent germé & produit des fruits avantageux, si la main bienfaisante du législateur eût arrosé ce terrein, eût arraché l'ivraie & les plantes inutiles ou pernicieuses qui s'opposent à leur croissance. En un mot la vertu, les lumieres, les talens deviendroient aussi communs qu'ils sont rares aujourd'hui, si la politique au lieu d'être injuste, au lieu de se croire intéressée à la corruption & à l'avilissement des hommes, souffroit qu'on les familiarisât avec la vérité, & ne faisoit germer dans les cœurs que des passions utiles. C'est en vain que la religion, la morale, la sévérité des loix combattront des passions pour des objets que les hommes s'accoutumeront à regarder comme nécessaires ; les hommes seront toujours méchans, tant qu'ils n'auront aucun intérêt à bien faire ; jamais ils ne sentiront cet intérêt, si la vérité ne les éclaire ; la vérité ne les éclairera que quand la sagesse guidera les conducteurs des nations.

C'est en vain que la philosophie méditera sur nos devoirs; c'est en vain que la morale nous prescrira des vertus, si elles ne nous conduisent au bonheur. Dans la présente constitution des choses la sagesse exclue de tout pouvoir, bannie de la faveur, méprisée par la grandeur altiere, ne peut donner du poids à ses leçons; en vain montre-t-elle la vérité; en vain rappelle-t-elle les hommes à la raison que tout leur rend odieuse & nuisible; en vain leur vante-t-elle les charmes de la vertu, qui jamais ne conduit qu'à la misere; les préceptes de la philosophie ne seront que des déclamations inutiles tant que la religion prêchera sa morale fanatique, ses vertus insociables, le mépris de la raison au nom d'un Dieu plus important que la vie & dépositaire d'un bonheur éternel: tant que le Despotisme pervertira les cœurs, poursuivra la vérité & proscrira la vertu: tant que l'exemple du crime heureux anéantira ses spéculations & ses conseils: tant que le luxe, la dissipation, l'oisiveté, l'amour de la frivolité, allumeront dans tous les cœurs des passions impossibles à contenter sans nuire à la félicité publique. Pour que la sagesse se fît écouter & rendît ses leçons efficaces, il faudroit qu'elle procurât des avantages; il faudroit qu'elle fût à portée de récompenser; il faudroit que l'on trouvât de l'intérêt à la suivre; en un mot pour que les peuples se soumissent à la sagesse, il faudroit qu'ils fussent gouvernés par des Sages.

Tout est lié dans le monde moral comme dans le monde physique. Les volontés des hommes sont sujettes aux mêmes loix que tous les corps de la nature; des impulsions qui partent de différens côtés leur font décrire des routes moyennes ou leur font changer de direction. Si les différens mobiles qui influent sur les volontés des hommes se réunissoient pour les porter au bien, ils seroient indubitablement vertueux, parce que tous se trouveroient intéressés, invités, sollicités, forcés à l'être. Les mortels sont communément flottans entre le vice & la vertu; leur volonté, que la nature met dans une sorte d'équilibre, est entraînée tantôt d'un côté tantôt d'un autre; leur conduite n'est si souvent inconséquente & contradictoire; leur pratique ne dément si fréquemment leurs spéculations, que parce qu'à chaque instant leurs cœurs sont tirés selon des directions opposées par des intérêts qui se combattent les uns les autres; c'est ainsi que l'humanité, l'indulgence, l'équité, la bienfaisance, la bonne foi, la modération, dont tout le monde reconnoît l'utilité & le prix, sont continuellement effacés du souvenir des hommes soit par la superstition soit par le gouvernement. La vertu, qu'en théorie tout le monde trouve aimable, déplaît parce que sa pratique nuit à notre bien-être ; parce qu'en la suivant il faut renoncer à des avantages présens. La raison & la vérité, que tout le monde juge nécessaires à l'homme, sont forcées de se taire devant la religion qui les condamne & la tyrannie qui les punit. Partout la superstition, la loi, l'usage, l'exemple autorisent ce que la raison défend ; par-tout on souffre où l'on est puni dès qu'on veut vivre conformément à la sagesse ; par-tout on court les plus grands dangers quand on veut annoncer aux autres la raison & la vérité.

C'est ainsi que l'homme est perpétuellement tiré de son équilibre par des forces contraires qui le font chanceler & tomber à chaque pas. Les mobiles propres à le déterminer, au lieu de se réunir pour le pousser où il devroit aller, sont continuellement en opposition : au milieu de ces efforts discordans, qui agissent à chaque instant sur lui, la nature, re, la raison, la vérité le soutiennent pourtant encore contre les assauts qu'il éprouve de toutes parts. L'homme est bon toutes les fois que son cœur tranquile n'est point forcé par quelque intérêt fictif d'être méchant; il est raisonnable toutes les fois que l'on n'a point corrompu son jugement. Il seroit vertueux si tout ne conspiroit à le dénaturer, à l'empêcher de s'éclairer & de connoître ses véritables intérêts.

Nous ne pouvons douter que l'homme ne s'aime lui-même ou ne desire d'être heureux; mais il a deux manieres de faire son bonheur; la premiere est de se rendre heureux sans préjudice des autres, elle est très-légitime & s'appelle vertu quand elle remplit son objet en procurant aux autres le bien-être qu'ils desirent pour eux-mêmes. La seconde consiste à se rendre heureux aux dépens de la félicité des autres; celle-ci est injuste, elle s'appelle vice ou crime; elle déplaît nécessairement à des êtres qui s'aiment eux-mêmes & qui desirent le bonheur. Ainsi c'est de l'heureux accord de notre bien-être propre avec celui de nos associés que résulte la vertu.

Le grand art du moraliste, du législateur, du politique, consisteroit donc à réunir, à confondre les intérêts des hommes; ceux-ci ne font méchans ou nuisibles à leurs semblables que parce que tout contribue à les diviser d'intérêts ou à rendre le bonheur de chaque individu totalement incompatible avec celui des êtres qui l'entourent.

Il est aisé de voir que la religion heurte de front les sentimens primitifs de notre nature en nous défendant de nous aimer nous-mêmes, en nous interdisant les plaisirs les plus innocens, en nous soumettant à des Dieux bizarres & malfaisans qui s'irritent de notre félicité, & dont l'idée funeste n'est propre qu'à troubler notre tranquillité. Cette religion, bien loin de nous unir d'intérêts avec les êtres de notre espece, ne fait que diviser les malheureux enfans de la terre pour des notions futiles qu'ils n'entendirent jamais. En effet comment concilier une nature qui nous porte à nous aimer, à nous conserver, à rendre notre existence agréable, avec les décrets d'une divinité redoutable qui veut que ses créatures s'oublient elles-mêmes pour ne s'occuper que de ses terribles jugemens? Comment concilier nos propres intérêts & ceux des nations qui nous sollicitent à être actifs, laborieux, vigilans, industrieux, avec les préceptes ou les conseils d'une religion qui veut que nous renoncions à toutes les choses d'ici-bas, & qui nous montre la perfection dans une vie inutile & contemplative, dans des mortifications volontaires, dans une frénésie qui souvent nous engage à nous détruire nous-mêmes? Comment concilier l'équité, l'humanité, l'ordre public, avec un fanatisme querelleur qui apporte le glaive de division entre les hommes, qui les arme de zéle, qui bannit la concorde, qui ose même violenter la pensée, & fouiller dans les replis du cœur de l'homme pour y trouver des prétextes de le haïr, de le persécuter, de l'exterminer? Les nations ont-elles lieu de s'applaudir de ces guerres atroces que firent & que feront toujours naître dans leur sein des hommes enhardis par l'impunité, corrompus par l'oisiveté, qu'elles nourrissent pour les dévorer elles-mêmes & pour les déchirer par leurs disputes insensées? Les intérêts des familles se trouvent-ils bien réunis par les préceptes insociables d'une religion qui fixe nos regards sur un Dieu jaloux de notre cœur & qui nous défend de le partager entre lui & ses créatures? Comment accorder avec de tels principes les sentimens si doux que la raison devroit nous inspirer pour les êtres avec qui nous vivons, & que tout nous montre si nécessaires à notre propre félicité? Que deviennent les douceurs de l'union conjugale, de l'amitié, sous les loix d'un Dieu farouche qui ordonne de quitter pour le suivre pere, mere, épouse, enfans, amis?

Ce n'est donc point dans la religion qu'il faut chercher des motifs pour opérer cette heureuse réunion d'intérêts qui constitue le bonheur social; nous ne les trouverons pas plus dans une aveugle politique, qui, graces aux délires des Princes & aux préjugés des nations, n'est devenue que l'art de diviser les citoyens pour les dompter plus aisément. Quels sont en effet les fruits que la politique procure aux hommes? Ne voyons-nous point les Souverains occupés sans cesse du projet d'anéantir la liberté des peuples, d'étouffer en eux l'amour du bien public? Ne les voyons-nous pas séparer leurs intérêts de ceux de la patrie; se liguer avec un petit nombre de citoyens perfides pour accabler tous les autres; multiplier sans cause des guerres inutiles & cruelles qui dépeuplent les Etats; sur les prétextes les plus injustes & les plus frivoles troubler le repos de leurs voisins

& prodiguer le sang de leurs propres sujets; pour contenter leur ambition propre ou l'avidité de leurs cours, inventer chaque jour des moyens violens & rafinés d'envahir la propriété; forcer les sujets à gémir sous l'oppression, à semer pour que d'autres recueillent, ou bien les inviter à devenir les complices des cruautés que la puissance souveraine fait éprouver à ceux qu'elle devroit défendre & secourir? Les maîtres de la terre ne sont-ils point follement épris de l'idée vaine de se rendre heureux tout seuls, de contenter à chaque instant leurs passions, leurs fantaisies, leurs caprices sanguinaires? S'ils font part de leur bien-être à quelques-uns de leurs sujets, n'est-ce point à ceux qu'ils jugent les plus propres à subjuguer les peuples, les plus disposés à les vexer, les plus ingénieux à les tourmenter, les plus grands ennemis de leurs concitoyens? Ces politiques ne se servent-ils pas des amorces de la grandeur, du crédit, des richesses, des titres, des priviléges, des dignités pour semer la discorde & pour faire naître dans les uns l'ambition, l'avarice, la soif des honneurs, & dans les autres l'envie, l'esprit d'intrigue & une rivalité dangereuse qui fait que personne n'est content de son fort ? Sous de tels chefs que font les loix, les usages, les préjugés, sinon des chaînes qui empêchent l'homme de travailler, qui gênent sa liberté, qui le dépouillent de ses biens sans aucun avantage ni pour lui-même ni pour la société, dont l'intérêt sert pourtant de prétexte aux violences qu'on lui fait ?

D'après sa religion l'homme ne peut ni travailler à son bien-être ni s'occuper de son bonheur sans risquer de déplaire à son Dieu ; d'après ses institutions politiques il ne peut réclamer ses droits, travailler pour lui-même, servir la société, prendre ses intérêts en main, sans s'exposer à déplaire aux arbitres de son sort, qui prétendent avoir reçu de la divinité le droit inaliénable de tyranniser la personne & les biens de leurs sujets & de se jouer à volonté du bien-être de la Patrie. Enfin par la rivalité fâcheuse qui s'établit entre les concitoyens d'un même Etat nul homme ne peut se rendre heureux ou avouer l'amour qu'il a pour lui-même sans devenir un objet haïssable à tous ses concurrens.

Ainsi l'homme fut l'ennemi du ciel & de la terre, l'objet du courroux des Dieux & des hommes, toutes les fois qu'il osa travailler à sa propre félicité ;

il fut obligé de s'isoler, de cacher ses desseins, de faire bande à part, de séparer ses intérêts de ceux des autres, & de devenir méchant, parce qu'il vit que sans cela il seroit inutile de se flatter d'obtenir les choses auxquelles les préjugés font attacher le bonheur : s'il rougit quelquefois de ses égaremens c'est lorsqu'il put entendre le cri de la nature; elle lui montra quelquefois ses véritables intérêts ; elle lui fit voir les sentimens nécessaires qu'il excitoit dans ses semblables ; elle le força de se haïr & de se mépriser lui-même, toutes les fois qu'il eut la conscience de l'indignation & du mépris que sa conduite devoit produire dans les autres.

Mais bientôt ces reproches de la conscience, ces remontrances de la raison furent étouffés par les intérêts puissans que la religion & la politique montrerent à l'homme; il se justifia ses excès à lui-même par la nécessité d'être heureux, & par l'impossibilité de l'être en suivant les conseils dangereux d'une raison contredite à chaque instant. C'est ainsi que le dévot zélé se justifie à lui-même sa malice, la noirceur de son ame, son humeur atrabilaire, sa lâche cruauté, son intolérance par l'idée de plaire à son Dieu,

& de défendre sa cause. C'est ainsi que le mauvais Prince se justifie ses rapines, ses extorsions, ses guerres sous prétexte du bien de son peuple & de la défense nécessaire des intérêts qui lui sont confiés. C'est ainsi qu'un courtisan se justifie ses bassesses, ses flatteries, ses trahisons, ses injustices par la nécessité de plaire à son Souverain, de se conformer à ses vues, de soutenir son rang, d'obtenir des graces, d'avancer sa famille, de se mettre à portée de procurer des avantages aux autres. C'est ainsi que le voleur public se justifie par l'autorité du Prince qui lui permet de voler, par la Loi, par l'usage, par l'exemple d'autrui. C'est ainsi que le tyran subalterne se justifie par la nécessité d'exécuter des ordres supérieurs, qui veulent qu'il soit injuste ou qu'il renonce à sa place. C'est ainsi que l'homme du peuple justifie ses fraudes & même ses crimes par le besoin de vivre & de subsister. En un mot dans tous les états les hommes trouvent des raisons pour se justifier à eux-mêmes la conduite la plus odieuse & pour exténuer les iniquités que l'habitude leur a rendu nécessaires.

D'où l'on voit que les reproches de la conscience & les remontrances de la raison sont bientôt anéantis dans les cœurs des hommes que toutes leurs institutions forcent à violer les loix de la nature, & à mépriser les intérêts de la société, toutes les fois qu'ils veulent songer aux leurs. La morale devient incertaine pour eux, & lorsqu'ils sont criminels, ils trouvent une foule de motifs pour s'excuser de la conduite la plus criante.

Tels sont les fruits que la morale recueille en tout pays de la religion, de la politique, de l'usage, de l'opinion, qui contrarient presque toujours la vertu, ou qui combattent les intérêts les plus évidens du genre humain. Si l'on écoute quelquefois la nature, bientôt on est obligé de lui imposer silence pour écouter la religion ou le gouvernement tout puissant, ou l'usage tyrannique, ou des préjugés dont souvent on reconnoît la folie. L'homme ne sçait donc à qui entendre ; sa volonté est le jouet continuel de divers motifs opposés qui se disputent le droit de le déterminer. Il se décide pour l'ordinaire en faveur de ceux que ses passions présentes, ses caprices passagers, ses intérêts momentanés lui font trouver les plus forts ; ce n'est que quand par hazard les forces de l'intérêt & de la raison se réunissent que l'homme connoît des principes sûrs; toutes les fois que ces forces se croisent, sa morale devient problématique; son propre tempérament, ses habitudes, ses circonstances décident alors de sa conduite.

Cependant la morale est une pour tous les êtres de l'espece humaine; si leur nature est la même, quoique diversement modifiée dans les individus, leurs principes de conduite doivent être invariables, & la raison fondée sur l'expérience devroit toujours les guider. Si cette raison présidoit, comme elle en a le droit, aux institutions humaines, la religion n'auroit jamais le front de la réduire au silence; le gouvernement seroit forcé de lui obéir; la loi seroit son interprête, l'éducation ne seroit que la raison semée dans les cœurs & convertie en habitude; alors tout s'accorderoit à nous montrer nos véritables intérêts, à nous prouver la conduite que nous devons tenir, à nous rendre la vertu facile & la morale sacrée; nous ne serions jamais incertains sur la façon dont nous devons agir, parce que toujours nous nous sentirions intéressés à bien faire.

Mais la religion, orgueilleuse de sa céleste origine, méprise la nature, réjette l'expérience, met en fuite la raison & veut élever ses intérêts sur la ruine de ceux des habitans de la terre. Eprise des objets merveilleux qui l'occupent dans l'Empyrée & des avantages imaginaires qu'elle y suppose, elle néglige ce monde & renverse tout ce qui pourroit nuire à l'empire exclusif qu'elle y veut exercer. D'un autre côté l'autorité suprême, placée entre les mains de quelques mortels divinisés, ne connoît d'autre regle que son caprice, ni d'intérêt plus fort que celui de dépouiller les peuples qu'elle devroit protéger; la nature, la raison, l'équité sont accablées sous le joug de la volonté arbitraire qui se rit impunément des plaintes de la foiblesse. Envahie par la religion, l'éducation, comme on a vu, n'a pour objet que d'énerver de bonne heure l'esprit & le cœur des mortels, afin de les asservir pour toujours, & de les apprivoiser avec les chaînes qu'ils porteront pendant la vie.

Les hommes n'ont jamais que la portion de raison que le Sacerdoce & le Despotisme consentent à leur laisser; dès qu'ils vont au delà ils sont menacés de la colere du ciel ou punis en ce monde. Le genre humain, retenu dans une enfance éternelle, ne peut faire un pas sans l'aveu de ses guides : ceux-ci ne l'occupent que de vains jouets ou de vaines terreurs pour en rester les maîtres ; ils ont soin d'écarter tous ceux qui pourroient le rassurer ou développer sa raison. (*)

Ne soyons donc point surpris si la vraie morale, contredite à chaque pas, a fait si peu de progrès. Les hommes n'ont eu jamais que celle qui convenoit à leurs Prêtres & à leurs Tyrans ; elle

---

(*) Nous voyons qu'en tout pays les hommes ne songent qu'à se procurer des amusemens puérils, & sont traités comme des enfans par ceux qui les gouvernent. Si les Princes favorisent des talens, ce ne sont pour l'ordinaire que ceux qui s'occupent d'objets futiles, & peu intéressans pour la société. Si des Despotes ont quelquefois fondé & doté des sociétés littéraires, ce ne fut que pour avoir des esclaves qui rendissent hommage à leur vanité ; ces sociétés n'eurent point de liberté ; elles furent tenues dans une dépendance continuelle ; la faveur dicta communément le choix des membres de ces Académies ; la liberté de penser, si nécessaire aux progrès de l'esprit, en fut exclue ; des talens médiocres & des ames serviles furent maîtres des suffrages ; & si les individus produisirent des ouvrages utiles & lumineux, le corps n'en produisit point, parce que le grand nombre fut abject & rampant. Nous voyons en Europe des Académies pour toutes les sciences & les arts, nous n'en voyons nulle part qui s'occupent de la politique & de l'art de bien vivre. Bien plus, il n'existe dans aucun pays une Ecole de morale,

fut capricieuse, versatile & changeante comme leurs intérêts & leurs volontés; elle n'eut point de principes sûrs, parce que tout ce qui est invariable est fait pour déplaire au caprice qui veut avoir la faculté de changer à tout moment. La sagesse ne put se faire entendre, parce qu'elle eut à combattre les intérêts de la méchanceté revêtue du pouvoir. La vérité fut dangereuse parce qu'elle conduisit évidemment à la ruine sous des maîtres dont la puissance n'avoit pour appui que l'opinion & l'imposture. La morale, dépourvue de motifs sensibles, incapable de distribuer des récompenses & d'infliger des peines, privée de la faculté de procurer aucun des objets dont les mortels sont épris, ignorée ou méprisée par les Princes & les Grands, cultivée par des hommes obscurs & détestés; eût-elle pu se faire respecter dans des nations à qui tout rendoit l'aveuglement, le vice, la déraison nécessaires? En vain fit-elle des menaces; elles ne furent point écoutées par des hommes que le malheur des autres pouvoit seul rendre heureux; en vain fit-elle des promesses, on la vit dans l'impossibilité de les tenir, ou de procurer des récompenses, des richesses, du crédit, des honneurs. En vain séduisit-elle l'imagination, on trouva bientôt que la vertu, si belle en théorie, étoit nuisible dans la pratique ou ne menoit à rien.

Pour que la morale ait du pouvoir sur les hommes il faut les éclairer sur leurs vrais intérêts; pour qu'ils soient éclairés il faut que la vérité puisse les instruire; pour les instruire il faut que le préjugé soit désarmé par la raison; c'est alors que les nations, tirées de cette enfance, que leurs tuteurs s'efforcent d'éterniser, s'occuperont de la réforme de leurs institutions, des abus de la législation, des idées fausses qu'inspirent l'éducation, des usages nuisibles dont elles souffrent à chaque instant. C'est alors que les sociétés humaines seront heureuses, actives, florissantes. C'est alors que les citoyens, détrompés de terreurs paniques, d'espérances imaginaires, des opinions qui les soumettent à des chefs corrupteurs & corrompus, sentiront que leur intérêt est lié à celui de l'Etat. C'est alors que l'éducation inspirera à la jeunesse le goût des objets utiles, en un mot c'est alors que tout conspirera à donner des principes sûrs, invariables, non sujets à dispute. Tout confirmera les promesses de la morale, tout encouragera la vertu & forcera le vice de lui céder la place.

La vertu est de l'aveu de tout le monde le soutien des Empires ; mais les nations ne peuvent être vertueuses si elles ne sont instruites. Des peuples ignorans, remplis de préjugés, tremblans sous le joug de l'opinion, accoutumés à se mépriser eux-mêmes, découragés par l'oppression, ne sont que des amas d'esclaves crédules & bornés, sans vues pour l'avenir, incapables d'activité, prêts à recevoir tous les vices qui pourront les tirer de la misere. Si tels sont les sujets auxquels le Despotisme veut commander, un gouvernement plus sensé en veut d'autres ; il veut des citoyens dont les intérêts se confondent avec ceux de l'Etat, qui s'occupent de sa félicité, qui le servent utilement, qui s'intéressent à sa prospérité, & qui le défendent avec courage. La patrie n'est jamais qu'où se trouve le bien-être ; il n'y a de bien-être que dans une contrée gouvernée par des loix justes ; les loix ne sont justes que lorsqu'elles ont pour objet le bonheur du grand nombre. Un citoyen vertueux dans les Etats des Tyrans est un être déplacé ; c'est une plante étrangere au climat où elle se trouve.

Cependant ces hommes si ennemis de

toutes lumieres font eux-mêmes les victimes des préjugés des peuples. Combien de fois ces Princes qui ne demandent que des sujets abrutis, ne sentent-ils pas qu'ils auroient besoin qu'ils fussent plus éclairés ? Combien de fois ces Souverains fauteurs de la superstition ont-ils eu lieu de gémir de ses coups & des obstacles qu'elle mettoit à leurs projets ? Ils trouvoient alors que les préjugés étoient bien plus forts qu'eux ; ils trouvoient que l'opinion sacrée étoit capable d'ébranler le trône même & de briser le sceptre dans la main des Rois ; enfin souvent ils ont trouvé la mort dans cette superstition ingrate qui les flattoit de rendre leur personne inviolable & sacrée. Quelle que soit la lenteur des progrès de la raison, on ne peut douter qu'elle n'influe à la longue sur ceux-mêmes qui lui sont les plus opposés : la lumiere de la vérité se réfléchit tôt ou tard sur le visage des méchans qui, en s'efforçant de l'éteindre, ne font souvent que la rendre plus éclatante & plus pure.

Il faut donc éclairer les mortels si l'on veut les rendre raisonnables ; il faut leur montrer leur vraie nature & leurs intérêts véritables ; il faut les arracher à leurs amu-

amusemens puérils, les faire rougir de leurs préjugés avilissans; leur inspirer de la vigueur, leur enseigner leurs vrais devoirs; leur montrer leur dignité, & les conduire ainsi à la virilité. La vertu ennoblit l'ame; elle apprend à l'homme à s'estimer lui-même, elle le rend jaloux de l'estime des autres; elle lui fait sentir qu'il est quelque chose dans la nature; la raison lui prouve qu'il doit ambitionner les suffrages de ses concitoyens, & que pour les obtenir d'une façon légitime & sûre il doit acquérir des talens, se rendre utile, & montrer des vertus: voilà la route que la sagesse ouvre à tous ceux qui voudront se distinguer. Toute considération qui n'est fondée que sur l'opinion & le préjugé ne peut être solide, elle est faite pour disparoître aux approches de la vérité.

CHAPITRE XIV. & dernier.

La vérité doit tôt ou tard triompher de l'erreur, & des obstacles qu'on lui oppose.

RÉFORMER le genre humain & le détromper de ses préjugés fut toujours une entreprise qui parut aussi vaine qu'insensée. Les personnes les mieux intentionées & les plus éclairées sont, comme on a vu, trop souvent elles-mêmes tentées de croire que les folies des mortels sont incurables, & qu'il seroit inutile de vouloir les guérir. Tout homme qui avoue le projet de changer les idées de ses semblables paroît à tous les yeux un extravagant, dont le moindre châtiment est d'être couvert de ridicule. Cependant si nous considérons attentivement les choses, nous trouverons des raisons très-fortes, au moins pour douter, si l'opinion de ceux qui croient l'esprit humain inguérissable est réellement fondée. Si l'homme est un être raisonnable comment peut-on imaginer que la raison ne soit point faite pour lui, ou ne soit uniquement réservée qu'à quelques individus choisis, tandis que l'espece entiere en sera toujours privée? Quoi! l'esprit humain n'est-il donc susceptible de se perfectionner que sur des objets frivoles? Est-il condamné à demeurer dans une enfance perpétuelle sur ceux qui l'intéressent le plus? Des nations forcées par les circonstances ne se sont-elles pas détrompées peu à peu d'une partie de leurs préjugés? Celles qui se sont civilisées sont-elles les dupes des mêmes erreurs que leurs sauvages ancêtres? Si le fanatisme de la religion, si des erreurs nuisibles sont souvent parvenues à changer la face du globe; pourquoi l'enthousiasme de la vérité ne pourroit-il pas un jour saisir les peuples & les porter à faire main-basse sur les opinions & les usages qui les désolent? Faut-il donc désespérer de voir un jour les hommes fatigués de leurs délires, recourir à la vérité pour en trouver les remedes? Enfin n'est-ce pas faire à la race humaine la plus sanglante injure que de prétendre qu'il n'y a que l'erreur & le vice qui soient en droit de lui plaire, & que la vérité & la vertu, dont elle sent les charmes & le besoin, ne soient point faites pour l'éclairer ou pour guider sa conduite?

N'ayons point de notre espece des idées si défavorables. Si l'homme est dans l'erreur, c'est que tout conspire à le tromper; s'il chérit le mensonge, c'est qu'il le prend pour la vérité; s'il est obstinément attaché à ses préjugés, c'est qu'il les croit nécessaires à son repos, à son bien-être dans ce monde & dans l'autre. S'il méconnoît sa nature c'est qu'il ne lui est point permis ni de penser par lui-même, ni d'entendre la vérité, ni de faire des expériences; s'il ferme son oreille à la voix de la raison, c'est que tout concourt à le rendre sourd & à le prémunir contre elle; c'est que les clameurs du fanatisme & de la tyrannie l'empêchent d'entendre ses leçons: enfin, si sa conduite est si dépravée, si contraire à son propre bonheur & à celui des êtres avec lesquels il doit vivre, c'est que tous les motifs qui devroient se combiner pour le rendre vertueux se réunissent pour le retenir dans l'ignorance & le pousser au crime.

Cependant ne désespérons point de la guérison du genre humain; pourquoi ne se guériroit-il point par les mêmes moyens qui l'ont empoisonné? Si c'est l'erreur qui causa tous ses maux, qu'on lui oppose la vérité; si ce sont ses vaines terreurs qui l'ont égaré, qu'on le rassure; si c'est l'éducation qui propage & qui éternise ses préjugés, qu'on la rende plus sensée; si c'est pour avoir méconnu les voies de la nature qu'il s'est perpétuellement égaré, qu'on le ramene à cette nature, qu'il fasse des expériences, qu'il développe sa raison; si ce sont ses gouvernemens qui le rendent malheureux & qui corrompent ses mœurs, donnons-lui de la grandeur d'ame, montrons-lui tous ses droits, inspirons-lui l'amour de la liberté, prouvons à ses Souverains que leurs véritables intérêts sont essentiellement les mêmes que ceux des sujets qu'ils gouvernent, & doivent l'emporter sur les intérêts futiles des flatteurs qui leur suggerent qu'ils ne peuvent être puissans & respectés qu'en rendant leurs sujets foibles & misérables.

La nature toujours en action ne peut-elle donc point dans ses combinaisons éternelles faire naître des circonstances propres à détromper les hommes, au moins pour un tems, de leurs folies? La nécessité ne peut-elle pas amener des événemens qui les forcent à renoncer à leurs extravagances? S'obstinera-t-elle toujours à les enchaîner dans les ténebres de l'opinion? Ne seront-ils jamais gouvernés par des Princes qui connoissent leurs avantages réels, leur vraie puissance, leur vraie gloire? Les nations ne se lasseront-elles jamais de ces superstitions qui les appauvrissent sans fruit, de ce despotisme qui les énerve, de ces guerres qui les désolent, de ces jalousies qui les mettent aux prises, de ces conquêtes & de ces victoires qui coutent le sang du citoyen, de ces vains efforts que suit l'épuisement des Etats ? Ne verrons-nous jamais les sociétés politiques détrompées de ces institutions qui les oppriment, de ces usages que le bon sens condamne, de ces préjugés qui n'ont que l'antiquité pour eux, de ces distinctions onéreuses qui font de tous les citoyens des oppresseurs ou des opprimés, des orgueilleux ou des hommes vils, des Grands altiers ou des esclaves rampans, des riches insatiables ou des indigens misérables, qui manquent du nécessaire & qui recourent au crime pour se le procurer? Enfin toutes les institutions tendront-elles toujours à peupler les villes d'êtres frivoles & vains, d'oisifs fatigués de leur existence; de peres déréglés & négligens, de femmes légeres, dissipées ou sans pudeur; d'enfans rebelles & ingrats, de faux amis prêts à se trahir, d'avares courant après des richesses qui ne leur procureront point le bonheur ; d'ambitieux qui par toutes sortes de voies veulent obtenir un rang qui ne peut rassasier leurs desirs ; de citoyens divisés d'intérêts, & indifférens sur le sort de la patrie ?

S'il n'est point permis de croire que la raison puisse un jour éclairer la race humaine entiere, pourquoi ne nous flatterions-nous pas de la voir du moins régner sur une portion de la terre ? Si les nations, ainsi que les individus, ne peuvent espérer un bonheur permanent & inaltérable, pourquoi douter qu'elles puissent au moins en jouir pour quelque tems ? Osons donc prévoir ces heureux instans dans l'avenir ; que notre cœur se réjouisse de pressentir qu'un peuple puisse, du moins pendant des intervalles favorables, être gouverné par la raison. Le malade habituel ne prévoit-il pas avec plaisir les momens de repos que ses infirmités lui laisseront ? Les maux les plus violens ne sont-ils pas forcés de se suspendre quelquefois ? Le genre humain est-il le seul frénétique qui n'ait point des intervalles lucides ?

Ainsi le Sage qui aura médité ne se rebutera point des obstacles sans nombre que la vérité rencontre toutes les fois qu'elle contredit les préjugés universellement établis. C'est en remontant à leurs vraies causes que l'on peut en tarir la source ; c'est en détruisant ces causes que l'on anéantira leurs dangereux effets. Ramenons les hommes à l'expérience, & bientôt ils découvriront la vérité. Donnons-leur une balance dans laquelle ils puissent peser avec certitude leurs opinions, leurs institutions, leurs loix, leurs usages, leurs actions, leurs mœurs. Ils ne se tromperont jamais quand ils régleront leurs jugemens sur l'utilité durable & permanente qui résulte de leurs façons de penser & d'agir. D'après cette regle éternelle, invariable, nécessaire, ils jugeront sainement de tout, leur esprit aura un guide sûr pour fixer à jamais ses idées.

En appliquant cette regle infaillible à la religion, ils trouveront que ses vaines chimeres n'ont servi dans tous les tems qu'à troubler l'imagination de l'homme, qu'à porter la consternation dans son cœur, qu'à le remplir d'inquiétudes, qu'à étouffer en lui l'énergie nécessaire pour travailler efficacement à son bonheur ici-bas, ils verront que les notions

religieuses, toujours directement opposées à celles de l'évidence & de la raison, doivent nécessairement donner lieu
à des disputes interminables : ils sentiront que ces disputes, tant que l'on y at-
tachera la plus grande importance, ne
manqueront pas de troubler la tranquillité publique : l'histoire de tous les siecles leur prouvera que leurs Prêtres, loin
de procurer aux mortels des moyens de
parvenir au bonheur, n'ont été pour eux
que des furies qui par-tout ont répandu
la discorde, & se sont fait payer chére-
ment des mensonges & des ravages qu'ils
ont apportés sur la terre. L'expérience
journaliere leur fera voir l'inutilité de
ces prieres dont elles fatiguent les Dieux;
de ces cultes, de ces pratiques, de ces
rites, de ces sacrifices souvent barbares,
à l'aide desquels depuis tant de milliers
d'années les nations se flattent vainement
de rendre propices des divinités, qui ne
sont favorables qu'aux peuples bien gouvernés.

En examinant les avantages qui résultent des institutions politiques, l'on
trouvera que presqu'en tout pays le caprice d'un seul homme, appuyé par les
forces des instrumens de son pouvoir,
décide irrévocablement du sort des na-

tions. Ils verront que les loix nuisibles au plus grand nombre, n'ont pour objet que l'utilité du maître & de quelques citoyens qui par leurs lâchetés & leurs intrigues ont mérité sa faveur. Ils reconnoîtront que ces indignes Visirs, ces Courtisans si fiers sur qui les richesses & les récompenses des sociétés s'accumulent, sont souvent les plus cruels ennemis de l'Etat, & que ces Grands qui s'attirent la considération, les respects, la vénération d'un peuple imbécille ne sont communément que les artisans des malheurs de la patrie. Ils demeureront convaincus que par les préjugés vulgaires, si favorables à la puissance illimitée, les sujets ne sont pour l'ordinaire que des captifs destinés à gémir toute leur vie dans les fers, & à mordre la poussiere aux pieds de quelques mortels, qu'ils ont la simplicité de croire d'une autre espece que la leur. Détrompées de ces honteux préjugés, les nations sentiront qu'elles sont libres, qu'elles ont droit au bonheur, qu'elles peuvent en appeller des institutions absurdes de l'antiquité à leur utilité présente, & qu'elles ne sont point faites pour être éternellement les dupes d'opinions fausses, transmises de race en race sans jamais avoir été examinées. Elles trouveront que leurs chefs sont des hommes choisis par elles-mêmes pour veiller à leur sûreté, qui méritent leur soumission, leur reconnoissance, leur amour lorsqu'ils sont vraiment utiles ou fideles à remplir les engagemens qu'ils ont contractés avec elles. Le citoyen, cessant de s'avilir sans cause, demeurera persuadé qu'il n'est point un esclave, que la nature l'a fait libre, qu'il a des droits incontestables, que les mortels naissent égaux, que la seule vertu met de la différence entre eux ; qu'ils ne doivent de l'affection & des respects, qu'à ceux qui par leurs talens, leurs vertus, leur utilité sont les plus nécessaires à la patrie & lui procurent les avantages les plus réels.

C'est sur l'utilité réelle ou supposée que se fondent nécessairement tous nos sentimens pour les hommes & pour les choses. Nous sommes visiblement dans l'erreur toutes les fois que nous accordons notre estime, notre vénération, notre amour à des hommes, à des actions, des usages, des institutions, des opinions inutiles ; le dernier dégré de la démence est d'aimer & d'estimer ce qui nous est nuisible. Le citoyen le plus utile doit être dans tout Etat le plus chéri, le plus considéré, le mieux récompensé. Le Souverain vertueux est d'après ces principes le mortel le plus digne de l'attachement & des respects de tous ceux qui éprouvent à chaque instant les heureuses influences de ses soins vigilans. Ceux qui sous lui partagent les travaux pénibles de l'administration, sont évidemment les hommes le plus justement considérés. Les hommages que nous rendons à la grandeur, au rang, aux places, aux dignités, ne peuvent avoir pour motifs que les avantages que nous recevons ou que nous sommes en droit d'espérer de ceux qui les possedent; ces hommages ne seroient plus que des effets d'une habitude machinale, d'une crainte servile, d'un préjugé déraisonnable, si nous les accordions indistinctement à des êtres malfaisans ou dépourvus de mérite. Les distinctions, les titres, les prérogatives sont faits pour représenter à nos yeux les services réels, les lumieres, la faculté d'être utile; dès que ces choses ne sont plus que les symboles de la faveur, de l'intrigue, de la bassesse, de la vénalité; dès qu'elles ne servent qu'à couvrir l'ineptie, l'ignorance, la fraude, la méchanceté favorisées; dès qu'elles ne nous annoncent que le pouvoir de nuire, nous devenons les complices des maux que nous éprouvons quand nous leur prostituons un encens qui n'est dû qu'au mérite & à l'utilité.

Pour peu que nous réfléchissions, nous serons convaincus que l'utilité, ou du moins son image & ses apparences, souvent trompeuses, sont toujours les objets que les hommes chérissent, admirent, honorent. Leurs sentimens sont raisonnables toutes les fois que leur affection & leur vénération portent sur des objets vraiment avantageux; ils sont dans l'aveuglement & le délire, quand les objets de leur vénération en sont indignes, c'est-à-dire, sont inutiles ou pernicieux pour eux-mêmes.

L'utilité des talens de l'esprit fut en tout tems reconnue par les mortels; la supériorité des lumieres a subjugué le monde. Des hommes plus instruits que les autres ont pris en tout tems un ascendant nécessaire sur ceux qui n'avoient ni les mêmes ressources ni les mêmes talens. Les premiers Législateurs des nations furent des personnages plus éclairés que le vulgaire, qui porterent des lumieres, de la science, de l'industrie à des Sauvages épars, dénués de secours, exposés à la faim, à la misere, privés d'expérience, dépourvus de prévoyance, en un mot dans l'état de l'enfance. Ces hommes, merveilleux sans doute pour des êtres malheureux, les réunirent en société, faciliterent leurs travaux, leur apprirent les moyens de mettre leurs forces à profit, développerent leurs facultés, leur découvrirent quelques secrets de la nature, réglerent leur conduite par des Loix. Les sociétés tirées de la barbarie, rendues plus heureuses par les soins de leurs légiflateurs, reconnoissantes de leurs bienfaits, obéirent de plein gré à des hommes si utiles, eurent en eux la confiance la plus entiere, reçurent avidement leurs leçons, adopterent indistinctement les vérités & les fables qu'ils voulurent annoncer, montrerent la déférence la plus entiere pour eux; en un mot les chérirent, les respecterent, & finirent souvent par les adorer, comme des êtres plus grands, plus sages, plus puissans que les mortels ordinaires.

D'où l'on voit que les hommes les plus utiles ont été les premiers Législateurs, les premiers Prêtres, les premiers Souverains, les premiers Dieux des nations. Nous voyons par-tout l'utilité déifiée. Des peuples ignorans, languissans dans la misere, ne subsistans qu'avec peine, exposés continuellement aux rigueurs de la nature, sans moyens de s'en garantir, durent regarder comme des Etres d'un ordre supérieur, comme des Puissances surnaturelles, comme des Divinités, ceux qui leur apprirent à soumettre la nature elle-même à leurs propres besoins. Tout est prodigieux, tout est *divin* pour l'homme sans expérience : en conséquence nous voyons en tout pays les peuples à genoux devant les personnages qui les premiers leur enseignerent à cultiver, à semer, à moissonner. Les Osiris, les Bacchus, les Cérès ne furent que des hommes expérimentés qui porterent à des Sauvages des connoissances utiles; les Hercules, les Odins, les Mars nous montrent des guerriers qui apprirent aux nations l'art de se défendre & d'attaquer avec succès. En un mot tous ceux qui s'annoncerent par des découvertes, des talens, des qualités extraordinaires, sont devenus les maîtres, les oracles & souvent les Dieux des hommes.

C'est, sans doute, là-dessus que dans l'origine se fonda le pouvoir de ces personnages célestes dont la mémoire & la vénération se sont transmises jusqu'à nous. Les Orphées, les Moyses, les Numas furent des êtres de ce genre; ils devinrent de leur vivant les Souverains absolus des sociétés qu'ils avoient formées. Leurs successeurs héritèrent de leur pouvoir ; les peuples accoutumés à leur joug, soit par déférence à leurs volontés, soit par reconnoissance pour leur mémoire, eurent pour ces successeurs, ou pour leurs descendans, la même soumission qu'ils avoient montrée à leurs prédécesseurs ou leurs peres. Ils furent honorés, obéis, enrichis ; on continua de recevoir leurs arrêts, ils furent chargés de veiller à la sûreté publique, on leur laissa le pouvoir illimité de régler le sort de la société, qui les rendit dépositaires de ses forces, de ses richesses, & de son autorité. (*)

Mais l'abus accompagne communément

(*) Il est évident que, par une suite de leurs anciens préjugés, les nations prennent encore leurs Souverains pour des Dieux. En effet il faudroit des forces plus qu'humaines & des talens divins pour qu'un seul homme pût remplir dignement les fonctions & les devoirs immenses de la Souveraineté, devenus si compliqués depuis que les peuples se sont civilisés. Aussi pour l'ordinaire les Princes ne gouvernent point par eux-mêmes ; souvent ils n'ont aucune idée des devoirs de leur place, & des besoins de l'Etat. Presque par-tout le chef est une Idole muette, dont les ministres interpretent les prétendus oracles.

ment le pouvoir; les hommes qui dans l'origine avoient été utiles, devinrent bientôt inutiles & dangereux. La puissance, qui leur avoit été confiée par la société, fut tournée contre elle-même; les chefs des nations séparerent leurs intérêts de ceux de leurs sujets; ils se liguerent avec quelques-uns d'entre eux pour subjuguer & dépouiller tous les autres; dépositaires des richesses publiques, dispensateurs des récompenses, maîtres absolus des graces, ils ne les répandirent que sur ceux qui furent utiles pour eux-mêmes & nuisibles à leurs concitoyens. Les Prêtres, destinés à instruire les peuples, formerent un ordre à part plus instruit que les autres, qui n'eut pour objet que de les tromper, de les tenir dans l'ignorance, afin de les soumettre & de les dévorer à l'aide de l'opinion. Ils prêterent leurs secours à la Tyrannie quand elle leur fut favorable, ils se déclarerent les ennemis de l'autorité légitime quand elle leur fut contraire; leur empire subsiste encore parce que les peuples n'ont point acquis des lumieres suffisantes pour découvrir la futilité & le danger de leur vaine science.

Malgré les maux continuels que les peuples éprouverent en tout tems de la part de leurs guides temporels & spirituels, ils crurent toujours pouvoir attendre d'eux de la protection, des secours, du bonheur. Ils souscrivirent à leurs caprices, ils obéirent à leurs décrets, ils adoptèrent sans examen leurs opinions, leurs préjugés, leurs dogmes; ils continuèrent à respecter des institutions antiques, des usages, des régles, des pratiques, des préceptes qu'ils crurent avantageux pour eux-mêmes, parce que leurs ancêtres y avoient été aveuglément soumis. En un mot ils s'imaginèrent toujours voir des Dieux dans leurs Souverains les plus incapables ou les plus méchans; ils crurent voir des hommes éclairés de lumieres surnaturelles, doués d'une sagesse consommée, d'une probité à toute épreuve dans leurs Prêtres; ils crurent voir les défenseurs de la patrie dans les guerriers qui la retenoient dans les chaînes de la servitude; ils crurent voir des hommes utiles & respectables dans ceux à qui l'intrigue & la faveur avoient procuré des places, des honneurs, des distinctions qu'ils supposerent des récompenses du mérite. Ils crurent voir des êtres d'un ordre supérieur dans tous ceux qui jouissoient de la grandeur, du pouvoir, de la naissance; ils considérerent, ils honorerent les signes de l'utilité dans ceux-mêmes qui furent les plus inutiles, ou même les plus dangereux à la société.

Ainsi par la suite de leurs préjugés habituels, les peuples continuerent à respecter sans raison les objets de l'admiration de leurs ancêtres; ils eurent une vénération traditionnelle pour des hommes que souvent leur mérite & leurs talens auroient dû placer au dernier rang. (*) Fiers des suffrages stupides d'une multitude ignorante, ils s'en prévalent insolemment pour lui faire éprouver les plus cruels outrages : couverts du masque de l'utilité, ils recueillent sans pudeur les fruits de la reconnoissance peu raisonnée des peuples pour ceux qui dans l'antiquité la plus reculée leur ont procuré quelquefois des avantages réels, mais plus souvent encore imaginaires. Tels sont les foibles titres que présentent aux nations ceux qui jouissent exclusivement du droit de régler leurs destinées.

Les institutions religieuses & politi-

(*) Quelles que soient les préventions, tout homme raisonnable ne pourra disconvenir qu'un laboureur ou un artisan, versés dans leurs professions, ne soient des citoyens plus utiles à la société qu'un Général d'armée dont l'incapacité la perd, qu'un Pontife qui la trouble, &c.

ques, ainsi que les préjugés & les opinions des peuples, datent des tems d'ignorance, c'est-à-dire, de ces siecles où l'inexpérience & la foiblesse des nations les livroient sans réserve au pouvoir de quelques hommes assez rusés pour les séduire, ou assez forts pour les dompter. L'ignorance & la crainte ont fait naître les religions & les cultes; ainsi l'ignorance fut en tout tems la base du pouvoir sacerdotal, qui ne peut subsister qu'autant que subsisteront les ténebres de l'esprit humain. L'imprudente reconnoissance des peuples, leur défaut de prévoyance, leurs idées superstitieuses, enfin la violence ont fait éclore le despotisme, le pouvoir illimité, les loix injustes, les distinctions partiales, les privileges & les titres accordés aux soutiens d'une puissance illégitime. Ainsi le pouvoir arbitraire ne peut subsister qu'autant que subsisteront l'imprudence & la stupidité des peuples qui s'en laissent accabler.

Avec des titres si peu fondés cessons donc d'être surpris de voir ceux qui n'en ont point d'autres à présenter, s'opposer au progrès de la vérité, dont la force feroit cesser le charme qui tient les nations engourdies. L'ignorance & l'erreur sont favorables à ceux qui ont intérêt à nuire; l'obscurité est l'azyle ténébreux de tous ceux qui trompent; la vérité est l'ennemie née des êtres malfaisans ou qui ne veulent point se désister de leurs projets dangereux; elle est l'amie des cœurs droits & sinceres & de tous ceux qui consentent à revenir de leurs égaremens. La crainte de la vérité est un signe infaillible de l'imposture, de la fraude, de la perversité confirmée; s'irriter contre la vérité, s'en offenser, la poursuivre, la persécuter, indiquera toujours une conscience allarmée, qui tremble de voir sa turpitude exposée au grand jour, & payée du mépris ou de l'indignation qui lui sont dûs. Déclarer sa haine contre la vérité, c'est proclamer ouvertement qu'on a sujet de la craindre & que l'on est résolu de persister dans son iniquité.

Ces réflexions peuvent expliquer la conduite que tiennent constamment tous ceux qui s'opposent avec fureur aux progrès de l'esprit humain, & qui font des efforts continuels pour retenir les peuples dans les ténebres de l'ignorance. C'est ainsi que le zêle, l'esprit intolérant & persécuteur des Prêtres, leur inimitié pour la science, leur haine pour la philosophie & pour ceux qui la professent, prouvent évidemment la conscience qu'ils ont de la foiblesse de leur cause, de la futilité de leurs systêmes, la crainte de voir leurs opinions discutées, & l'imposture dévoilée aux yeux de l'univers. La cruauté de ces Prêtres décele la lâcheté de leurs ames; l'imposture est toujours inquiete & craintive ; la lâcheté fut toujours & perfide & cruelle, parce qu'elle ne se crut jamais en sûreté ; les méchans ne veulent jamais être vus tels qu'ils sont ; ils sçavent que le voile du préjugé peut seul adoucir la difformité de leurs traits.

C'est d'après les mêmes principes que les Tyrans déclarent une haine irréconciliable à la vérité, & s'efforcent d'écraser ceux qui ont l'ame assez forte pour oser l'annoncer. Dès que cette vérité les blesse, ils interposent habilement le voile de la religion entre eux & leurs sujets ; ils échauffent les peuples contre cette vérité, en la faisant passer pour une sédition, un délire, un attentat contre le ciel même, pour un blasphême contre les représentans de la Divinité. Au défaut de la religion ils font intervenir l'intérêt public & déferent à la vengeance des nations ceux qui ont le courage de stipuler pour elles, de leur montrer leurs droits, de leur indiquer les routes du bonheur, de les désabuser des opinions funestes dont elles sont les victimes. En un mot à l'aide de la Loi, qui n'est communément que l'expression de son propre caprice, le Tyran travestit l'ami du genre humain, le bienfaiteur de ses concitoyens en un rebelle, un infame, un perturbateur, dont les fureurs doivent être rigoureusement châtiées. Que prouve cette conduite inique des maîtres de la terre, sinon une conscience allarmée, une défiance inquiete sur la réalité de leurs droits, un dessein permanent de continuer à opprimer des peuples dont l'ignorance & la stupidité sont les uniques appuis de la puissance odieuse qu'on exerce contre eux?

Le plus grand nombre des hommes craint la vérité parce qu'il craint d'être apprécié & mis au dessous de la valeur que lui attache le préjugé, ou qu'il se fixe à lui-même. Tout homme qui pese les choses dans la balance de l'utilité, est un juge incommode pour des imposteurs ou des charlatans, qui sentent qu'ils ont tout à perdre de l'examen. La grandeur réelle accompagnée de la vertu, de la bienfaisance, de l'équité ne craint point les approches du Sage ; elle est bien plus flattée des suffrages de l'homme éclairé que des respects imbéciles d'une multitude ignorante & servile. La grandeur factice & fausse est ombrageuse, elle a la conscience de sa propre petitesse ou de sa perversité ; elle évite avec raison les regards pénétrans qui pourroient démêler l'homme méprisable au travers des titres, des honneurs, des dignités ; il ne lui faut que des flatteurs, des stupides, des délateurs, des sycophantes, des complaisans disposés à dévorer des outrages pour obtenir des graces. L'homme droit, qui connoît la vérité, a communément l'ame haute : la conscience de sa propre dignité l'empêche de s'avilir ; il se respecte lui-même ; il ne s'abaisse point à l'intrigue, il sçait qu'elle n'est faite que pour ceux qui n'ont ni talens ni vertus : l'éclat ni la grandeur ne lui en imposent point ; il connoît ses droits, il sçait qu'il est homme, & que nul mortel sur la terre ne peut, sans se dégrader & se déshonorer, exercer un pouvoir inique sur lui ; il sçait que l'oppresseur injuste & les esclaves qui l'applaudiffent font les plus méprifables des humains. Il ne pliera donc point un genou fervile devant eux ; fi la noble fierté de fon cœur s'oppofe à fa fortune, il fera confolé par l'eftime des gens de bien. Le vrai Sage ne rend hommage qu'au mérite, aux talens, à la vertu; il ne prodiguera jamais fon encens au fafte, au crédit, au pouvoir; il payera librement un tribut légitime à la puiffance lorfqu'il la verra vraiment occupée du bonheur des hommes. Il reconnoît un ordre *hiérarchique* dans la fociété ; il fçait que le Souverain qui remplit fes devoirs difficiles, eft le premier des hommes ; il fçait que le Miniftre qui travaille péniblement au bonheur des nations, eft le plus grand des citoyens ; il fçait que le mérite & les talens unis à la grandeur en font bien plus éclatans ; il fçait que celui qui fert vraiment la patrie doit être chéri, diftingué, refpecté. Il fçait que le vrai mérite eft acceffible au mérite, & que la grandeur éclairée eft difpofée à prévenir, encourager, à tendre la main aux talens dans l'obfcurité, & qu'il feroit inutile & dangereux pour l'homme de bien de fe préfenter aux yeux de l'ignorance fuperbe, de l'arrogance hautaine, de la perverfité foupçonneuse. (*) Enfin il sçait que l'homme de génie peu fait à l'intrigue & au manége, ne peut lutter avec succès contre la médiocrité toujours souple & rampante.

Ainsi la vérité & ceux qui l'ont méditée ne peuvent être des objets déplaisans, que pour ceux qui, dépourvus de mérite & de grandeur réelle, se sont habitués à se repaître de chimeres & à faire valoir des titres frauduleux. L'homme de bien ne s'approche de la grandeur que lorsque la grandeur l'appelle. C'est quand le Souverain s'occupera sincérement de l'utilité générale que le Philosophe aura l'ambition de servir son pays; rien de plus déplacé, de plus inutile, de plus odieux que l'homme qui pense dans une nation livrée au despotisme, à l'imprudence, au luxe, à la corruption; les idées les plus saines, les plus évidentes paroissent des systêmes chimériques à des êtres frivoles qui n'entendent jamais le langage de la raison; l'impéritie trouve impraticables les moyens les plus simples & les plus efficaces; le Despote est un enfant dépourvu de prévoyance; il

---

(*) *Virtus, repulsa nescia sordida,*
incontaminatis fulget honoribus.

HORAT. LIB. III. OD. 2.

ignore l'art de préparer les événemens, de semer pour recueillir, de planter pour obtenir des fruits : toujours guidé par le caprice du moment, il ne s'occupe jamais du bonheur à venir ; tous ceux qui osent réclamer contre ses puériles fantaisies, lui paroissent des censeurs incommodes, des rêveurs ridicules, des frondeurs haïssables, des sujets séditieux. Des chefs imprudens ne sont point en état d'envisager le lendemain, ils n'écoutent que ceux qui leur fournissent les moyens de satisfaire sur le champ leurs desirs pétulans. La réflexion meûrit l'esprit ; le Sage est un homme fait, qui dans un pays frivole se trouve entouré d'une troupe inconsidérée dont il excite la risée ou la haine dès qu'il entreprend de faire parler la raison. L'homme de génie n'est qu'un rêveur pour des hommes ordinaires ; l'homme de bien est odieux pour des êtres corrompus ; le ton mâle de la vérité est trop fort pour des mortels efféminés qui se sentent trop foibles pour arrêter un Etat sur le penchant de sa ruine : il n'y a que des ames fortes qui puissent exécuter ou saisir les projets du Génie.

Que l'on cesse donc d'être étonné du déchaînement presqu'universel qui s'éleve contre la philosophie ou contre ceux qui ont le courage d'annoncer la vérité, & de stipuler les intérêts du genre humain. La Politique, ainsi que la Théologie, est devenue un monopole entre les mains de quelques hommes, qui seuls se prétendent en droit de s'occuper des intérêts des nations; quiconque, sans leur aveu, a la témérité de penser au bien public, est traité de la même maniere que les marchands frauduleux. Ce n'est jamais qu'en fraude que la vérité se fait jour dans un pays mal gouverné, dont le mensonge est la monnoie courante. Ce n'est qu'en travaillant sous terre qu'on creusera la ruine des formidables remparts que l'erreur oppose partout à la félicité des hommes.

Les grands & le peuple sont dans toutes les nations les derniers qui s'éclairent, parce qu'ils connoissent le moins l'intérêt qu'ils ont de s'éclairer; d'ailleurs les premiers croyent recueillir tout seuls les fruits des erreurs de la terre. Le vulgaire ne connoît presque jamais la vraie source de ses maux; lorsque ses peines sont poussées à l'excès, lorsqu'il est au désespoir, il y cherche des remedes violens, qui finissent communément par les multiplier. C'est alors que les Princes, souvent aux dépens de leur trône & de leur vie, sont forcés de reconnoître le danger de commander à des hommes abrutis; c'est alors que ces Despotes inconsidérés voyent l'étendue des dangers dont l'abus du pouvoir est toujours accompagné; (*) c'est au sein de la disgrace & de l'infortune où le caprice les plonge que les grands s'apperçoivent qu'ils sont eux-mêmes les victimes de la tyrannie qu'ils ont alimentée. (**)

Nul homme dans les Etats n'est donc vraiment intéressé au maintien des préjugés. L'imposture & l'erreur ne donneront jamais que des avantages passagers, que des ressources peu sûres, qu'une puissance chancelante, que des titres incertains & fragiles: il n'y a que la vérité, la raison, la vertu qui puissent donner une force, une sécurité complette. Le Souverain ne peut être puissant qu'à la tête d'un peuple florissant & nombreux; il ne peut être aimé que par un peuple sensible à ses bienfaits &

(*) *Ea demum tuta est potentia qua viribus suis modum imponit.*

PLIN. *Panegyr.*

(**) *Neque enim lex æquior ulla*
Quàm necis artifices arte perire suâ.

à ses soins; il ne peut être courageusement défendu que par un peuple magnanime, qui se sente intéréssé à la conservation de son maître; ce maître ne peut avoir des sujets intrépides, industrieux, vertueux, attachés à la patrie, que quand il commande à des hommes libres. Les grands n'ont une grandeur réelle que quand ils sont libres eux-mêmes; il n'est point de grandeur pour des esclaves, que le soufle d'un Sultan peut à chaque instant précipiter dans la poussiere. Il ne peut y avoir de vraie grandeur, de vrai courage, de vraie patrie sans liberté; le Tyran est lui-même l'esclave de ses craintes, & des Satellites qui l'entourent: sa vie & sa couronne sont à tout désespéré qui bravera la mort. Le Prince n'est libre & sûr qu'au milieu de citoyens contens. Un peuple bien gouverné n'est point tenté de changer de maître; un peuple aveugle & malheureux est toujours dangereux: si une nation éclairée est difficile à tyranniser, elle est facile à gouverner; elle ne deviendra point aisément le jouet ou l'instrument ni du fanatisme religieux ni de l'ambition des méchans.

Si l'Europe a des avantages sur les autres parties de notre globe, c'est sans douté à la supériorité de ses lumieres qu'elle est redevable de ses forces & de sa gloire. Parmi les nations Européennes, quelles sont les plus actives, les plus riches, les plus florissantes ? Ce sont évidemment celles qui sont les plus éclairées. L'on a vu de tout tems les nations les plus libres & les moins superstitieuses, prendre un ascendant nécessaire sur celles qui étoient accablées sous la tyrannie politique & religieuse. L'on a vu avec étonnement le Batave peu nombreux, privé des faveurs de la nature, faire trembler la Monarchie la plus redoutable de notre monde, & prospérer tandis que ses anciens Tyrans sont tombés dans la décadence & le mépris. Les Princes, les Ministres, les Grands, à la vue des conséquences funestes de leurs délires, de l'épuisement que leurs caprices réitérés ont causé, du découragement que l'oppression a produit, de l'abjection & du mépris où les met leur imprudence, sont, quelquefois trop tard, forcés de recourir à la sagesse qu'ils ont long-tems dédaignée, aux lumieres qu'ils ont méprisées, à la vérité qu'ils ont eue en horreur.

La nécessité ramene tôt ou tard les hommes à la vérité; vouloir lutter contre elle, c'est lutter contre la nature universelle, qui force l'homme de tendre au bonheur dans chaque instant de sa durée. Ainsi malgré tous les efforts de la tyrannie, malgré les violences & & les ruses du Sacerdoce, malgré les soins vigilans de tous les ennemis du genre humain, la race humaine s'éclairera; les nations connoîtront leurs véritables intérêts; une multitude de rayons rassemblés formera quelque jour une masse immense de lumiere qui échauffera tous les cœurs, qui éclairera les esprits, qui environnera ceux-mêmes qui cherchent à l'éteindre. Si la vérité concentrée dans l'esprit d'un petit nombre d'hommes fait des pas lents, ils n'en sont pas moins sûrs; elle se répand de proche en proche, & finira par produire un embrasement général dans lequel toutes les erreurs humaines se trouveront consumées.

Ne regardons point cette espérance comme chimérique & vaine; l'impulsion est donnée: à la suite d'un long assoupissement dans les ténebres de l'ignorance & de la superstition, l'homme s'est enfin réveillé; il a repris le fil de ses expériences, il s'est défait d'une portion de ses préjugés, il a pris de l'activité; le commerce l'a mis en société avec

avec les êtres de son espece ; les mortels ont fait un trafic de leurs idées, de leurs découvertes, de leurs expériences, de leurs opinions. Des inventions ingénieuses facilitent la propagation des vérités : l'imprimerie les fait circuler promptement & consigne à la postérité des découvertes dont elle pourra faire usage. Des ouvrages immortels ont porté les coups les plus sûrs au mensonge ; l'erreur chancelle de toutes parts ; les mortels en tout pays appellent la raison à grands cris, ils la cherchent avidement : rassasiés des productions propres à les amuser dans leur enfance, ils demandent une pâture plus solide ; leur curiosité se porte irrésistiblement vers les objets utiles ; les nations, forcées par leurs besoins, songent par-tout à réformer des abus, à s'ouvrir de nouvelles routes, à perfectionner leur sort. Les droits de l'homme ont été discutés, les loix ont été examinées & seront simplifiées, la superstition s'est affoiblie, & par-tout les peuples sont devenus plus raisonnables, plus libres, plus industrieux, plus heureux, dans la même progression que leurs préjugés religieux & politiques ont diminué.

En un mot l'homme s'occupe par-tout de son bonheur ; malgré la lenteur des progrès de son esprit il ressent vivement l'impulsion qu'il a reçue : les obstacles qu'on oppose à sa tendance & à sa marche ne feront que le rendre plus opiniâtre ; ceux-mêmes qui se sont efforcés d'éteindre les lumieres n'ont fait que les répandre ; le grand homme est par-tout assûré des suffrages du génie, de la probité, de la raison ; celui qui a trouvé la vérité, échauffé de son beau feu, brûle de le communiquer aux autres ; enivré d'un enthousiasme utile, il ferme les yeux sur les obstacles & les dangers ; la cigue que la tyrannie lui présente, les coups dont elle le frappe, loin de briser le ressort de son ame le font réagir avec plus d'énergie ; au défaut de la reconnoissance de ses contemporains, son imagination s'allume à la vue de la postérité, qui plus éclairée comprendra mieux son langage, rendra justice à ses travaux, & reconnoîtra l'utilité de ses principes que la stupidité regarde comme les rêves d'un cerveau dérangé, comme des systêmes impraticables, comme des paradoxes insensés.

Mais qu'est-ce qu'un *paradoxe*, sinon une vérité opposée aux préjugés du vulgaire, ignorée du commun des hommes, & que l'inexpérience actuelle les empêche de sentir ? Un paradoxe est pour l'ordinaire le résultat d'une longue suite d'expériences & de réflexions profondes dont peu d'hommes sont capables : ce qui est aujourd'hui un paradoxe pour nous, sera pour la postérité une vérité démontrée. L'homme de génie pense de son tems comme pensera l'avenir; il n'est point de son siecle, il parle très-souvent une langue inintelligible pour lui. Les philosophes profonds sont les vrais *prophêtes* du genre humain. Le Sage sçait que les routes battues ne conduisent qu'à des erreurs universelles, & que le seul moyen de rencontrer la vérité est de s'écarter du chemin où la multitude s'égare.

De son vivant le Philosophe qui pense avec courage, ou dont l'esprit résiste au torrent de l'opinion, paroît ou un homme étrange ou un téméraire punissable, ou un fou ridicule ; ses idées ne sont approuvées que par ceux qui pensent comme lui ; leur suffrage lui suffit, il a pour lui ses vrais juges, il jouit de la récompense de ses peines ; (*) il se console des mépris ; il en appelle à la raison future de la sentence de ces juges frivoles ou intéressés, qui ne connoissent d'autre régle que leurs passions ou qu'une routine stupide. L'avenir qu'il a devant les yeux le dédommage du présent. Il sçait que, semblable au grain de bled, ce n'est qu'après avoir été enfoui dans la terre que le philosophe est fait pour donner son fruit. Si le desir de la gloire & l'heureuse illusion des suffrages de la postérité ne soutenoient dans quelques ames l'amour de la vérité, l'indignation contre l'iniquité, l'enthousiasme du bien public, bientôt la terre seroit privée d'êtres pensans & le genre humain en proie aux imposteurs qui le trompent, aux tyrans qui l'abrutissent, aux vices qui le déchirent n'auroit plus ni raison, ni vertus, ni bonheur.

Malgré l'obscurité du crépuscule, où les nations semblent encore errer, des coups fréquens de lumiere annoncent

---

(*) *Philosophia paucis est contenta judicibus, multitudinem consulto ipsa fugiens, eique ipsi & suspecta & invisa.*

TUSCULAN. II.

l'aurore & la venue du grand jour ; la vérité comme le soleil ne peut point rétrograder ; les ténebres disparoissent d'une façon sensible ; les sçavans des nations sont dans un commerce perpétuel ; ces heureux Cosmopolites, en dépit des inimitiés politiques, demeurent toujours liés ; les ouvrages du génie se répandent en tous lieux ; une découverte intéressante passe en un clin d'œil, des climats hyperboréens jusqu'aux Colonnes d'Hercule ; un livre qui renferme des vérités utiles ne périt plus : la Tyrannie la plus acharnée ne peut plus étouffer les productions de la science ; la Typographie rend indestructibles les monumens de l'esprit humain. Les Nations Européennes, sans une révolution totale du globe, ne retomberont jamais dans cette barbarie, qui fut si longtems leur partage & dans laquelle la superstition & le despotisme tâchent en vain de les faire rentrer. Les circonstances des nations, leurs intérêts mal entendus, les passions de leurs chefs, des événemens imprévus pourront bien arrêter ou retarder quelque tems les progrès des connoissances ; mais la vérité, semblable au feu sacré, sera toujours conservée quelque part: dès que les hommes voudront s'instruire il leur sera facile de reprendre le fil des expériences; les digues mêmes que l'on oppose à la science & à la vérité ne serviront qu'à pousser plus fortement les mortels à les chercher, & leur donneront de nouvelles forces pour l'atteindre. L'esprit humain s'irrite des entraves qu'on lui met; la vérité, semblable aux eaux long-tems accumulées, renversera quelque jour les vains obstacles de l'erreur.

Que les hommes qui pensent répandent donc les lumieres qu'ils ont acquises; qu'ils écrivent; qu'ils laissent aux races futures des traces de leur existence; que sensibles à la gloire ils soient touchés de l'idée de se survivre; qu'ils laissent des monumens qui déposent qu'ils n'ont point inutilement vécu. Si leurs ouvrages sont vrais, s'ils sont vraiment utiles, ni la rage impuissante de la Tyrannie, ni les clameurs intéressées du Sacerdoce, ni les censures de l'ignorance, ni les fureurs de l'envie ne pourront les abolir; ils passeront de races en races; la gloire de leurs auteurs ne se flêtrira point; l'immortalité couronnera leurs travaux.

PRÉJUGÉS. Chap. XIV.

Ainſi Sages! je le répete, vous n'êtes point les hommes de votre tems; vous êtes les hommes de l'avenir, les Précurſeurs de la raiſon future. Ce ne ſont ni les richeſſes, ni les honneurs, ni les applaudiſſemens du vulgaire que vous devez ambitionner; c'eſt l'immortalité. Répandez donc à plaines mains des vérités, elles fructifieront un jour. Trop ſouvent, il eſt vrai, vous ſemez dans une terre ingrate; vos ſervices ſont payés de la haine la plus cruelle; des perſécutions vous menacent; le préjugé condamne & flêtrit vos écrits, la grandeur les dédaigne, la frivolité les juge ridicules; mais ne ſouffrez point que l'injuſtice & la folie briſent le reſſort de vos ames: laiſſez rugir la Tyrannie; laiſſez tonner la ſuperſtition; laiſſez ſiffler les ſerpens de l'envie; le vrai mérite, comme le ſoleil, peut être quelque tems offuſqué par des nuages, mais il en ſort toujours plus éclatant & plus pur. Si la nature humaine eſt ſuſceptible de perfection; ſi l'eſprit humain n'eſt point fait pour s'égarer toûjours; voyez dans l'avenir la ſageſſe & la vérité devenir les guides des Rois, les Légiſlatrices des peuples, les objets du culte des Nations. Voyez les noms des Apôtres de la raison gravés au Temple de mémoire. Voyez les Interprètes de la nature chéris & dédommagés des injustices & des mépris de leur siecle. Comptez que la raison est un azyle auquel les passions des hommes les forceront enfin de recourir : la vérité est un roc inébranlable contre lequel les tempêtes qui agitent le genre humain obligeront ses erreurs de venir se briser.

Que dis-je ? nul homme de génie n'est, même de son tems, privé de récompense. En dépit des menaces de la grandeur, des calomnies de l'imposture, des injustices de l'envie, des sarcasmes de la frivolité, le grand homme jouit des applaudissemens que son cœur doit desirer. Nul ouvrage intéressant pour l'espece humaine & vraiment digne d'estime ne tombe dans l'oubli. Un bon livre surnage toujours au torrent de l'erreur ; la voix du mensonge, de la critique, de l'imposture, est souvent forcée de joindre en frémissant son suffrage à celui des mortels qui applaudissent la vérité.

Quel est en effet chez les hommes

l'ouvrage vraiment utile qui soit tombé dans l'oubli ? Ne jouissons-nous pas avec reconnoissance des leçons que nous ont transmises nos sages maîtres de l'antiquité ? Ne bénissons-nous pas la mémoire de ces Génies bienfaisans qui souvent pour nous instruire se sont exposés à l'Ostracisme, à l'exil, à la mort ? Enrichis de leurs découvertes, aidés de leurs conseils ne sommes-nous pas à portée de marcher en avant ? Déja le genre humain s'est acquis un vaste fonds de lumieres, d'expériences, de vérités : un grand-nombre d'êtres pensans s'est occupé des moyens de rendre l'homme heureux; la religion, la jurisprudence, la morale ont été mises dans la balance; la science de la nature, la médecine, la chymie, l'astronomie, la navigation, tendent de jour en jour à la perfection ; on a quitté le systême pour consulter l'expérience, pour amasser des faits, pour chercher la vérité; ne doutons pas qu'elle ne se trouve, & qu'elle ne devienne un jour le guide sûr des nations depuis tant de siecles égarées par l'opinion. La vérité est le lien commun de toutes les connoissances humaines; elles sont faites pour se procurer un appui réciproque; nous ne pouvons douter qu'elles ne forment un jour un vaste fleuve, qui entraînera toutes les erreurs & les barrieres impuissantes qu'on oppose à son cours.

Opinionum commenta delet dies, Naturæ judicia confirmat.
CICERO.

F I N.

TABLE DES CHAPITRES.

CHAP. I. *De la vérité ; de son utilité : des sources de nos Préjugés.* Page 2

II. *La vérité est le remede des maux du genre humain ; elle ne peut jamais nuire. De la raison, & des avantages qu'elle procure.* 18

III. *Le Peuple est susceptible d'instruction. Est-il dangereux de l'éclairer ? Des maux qui résultent de l'ignorance des peuples.* 44

IV. *La vérité n'est pas moins nécessaire aux Souverains qu'aux Sujets. De la corruption & des vices qui résultent des préjugés des Souverains.* 72

V. *De la vénération pour l'Antiquité, ou du respect que les hommes ont pour les usages, les opinions & les institutions de leurs Peres.* 94

VI. *Les préjugés religieux & politiques corrompent l'esprit & le cœur des Souverains & des Sujets. Le citoyen doit la vérité à ses concitoyens.* 124

TABLE DES CHAPITRES.

VII. *De la Philosophie ; des caracteres qu'elle doit avoir ; du but qu'elle doit se proposer.* 152

VIII. *De la Philosophie pratique & de la Philosophie spéculative.* 175

IX. *Des motifs qui doivent animer le Philosophe. Du courage que doit inspirer la vérité.* 293

X. *De l'antipathie qui subsista toûjours entre la Philosophie & la Superstition. De l'esprit Philosophique, & de son influence sur les lettres & les arts.* 224

XI. *De la cause des vices & des incertitudes de la Philosophie. Du Scepticisme & de ses bornes.* 253

XII. *Si la Philosophie contribue au bonheur de l'homme & peut le rendre meilleur.* 285

XIII. *Des vraies causes de l'inefficacité de la Philosophie. La vraie morale est incompatible avec les préjugés des hommes.* 312

XIV. *La vérité doit triompher tôt ou tard des préjugés & des obstacles qu'on lui oppose.* 354

FIN DE LA TABLE.

www.ingramcontent.com/pod-product-compliance
Lightning Source LLC
Chambersburg PA
CBHW052042230426
43671CB00011B/1755